U0910349

现代社交礼仪

孙庆群　主　编

张小礼　王铭鹤　王　辉　副主编

蔡九江　刘晓方　姚伟达　参　编

张　璐　王敬敏　孙晓佳

刘皓宇　主　审

科学出版社

北　京

内 容 简 介

本书以强化应用、突出技能培养为教学目的，首先对社交礼仪做了概述，然后对仪态礼仪、化妆与美容、服饰礼仪、日常礼仪、馈赠与探望礼仪、公务谈判礼仪、会议礼仪、宴会礼仪、职场礼仪、节庆礼仪、文书礼仪等进行了重点讲述。

本书既可作为本科院校、职业院校学生的教材，也可作为职场人员或商务人员培训及自学的参考用书。

图书在版编目(CIP)数据

现代社交礼仪/孙庆群主编. —北京：科学出版社，2016
ISBN 978-7-03-050213-1

Ⅰ.①现… Ⅱ.①孙… Ⅲ.①心理交往-礼仪-高等职业教育-教材
Ⅳ.①C912.1

中国版本图书馆 CIP 数据核字（2016）第 250046 号

责任编辑：张振华 / 责任校对：马英菊
责任印制：吕春珉 / 封面设计：东方人华平面设计部

科学出版社 出版
北京东黄城根北街 16 号
邮政编码：100717
http://www.sciencep.com
三河市骏杰印刷有限公司印刷
科学出版社发行　　各地新华书店经销
*
2016 年 11 月第 一 版　　开本：787×1092 1/16
2020 年 4 月第五次印刷　　印张：16 1/2
字数 370 000

定价：42.00 元
（如有印装质量问题，我社负责调换〈骏杰〉）
销售部电话 010-62136230　编辑部电话 010-62135120-2005（VT03）

前　言

生活离不开人际间的交往，礼仪便是待人处事、进行社会交往的重要规范。每个人都置身于现实社会当中，为了有秩序地生活和工作，使社会交往和谐而有效，无论你是从政还是经商、日常工作还是出入重要场合、居家还是外出，都要用各种社会规范来调节复杂的人际关系，并用来约束人们的行为，违反了道德和礼仪，就会给社会交往和人际关系造成障碍，还会受到社会舆论的谴责和人们的蔑视。礼仪看似生活小节，但它不仅可以展现一个人的风度与魅力，还能体现一个人的内在精神风貌、个人学识及文化素养。知礼懂礼、守礼行礼，是一个人立足社会的基本前提，更是人们成就事业、获得美好人生的重要条件。因此，身处社会之中，注重仪表形象，掌握交往礼仪，融洽人际关系，便成为每个人人生旅途中的一门必修课。

高校是培养人才的地方，当代青年大学生，肩负着实现中华民族伟大复兴的历史重任，只有坚持改革开放，与世界接轨，才能不断地吸收先进的知识和力量，使我们的国家真正强大起来，而开放离不开沟通，学好礼仪能够帮助大学生顺利地走向社会，走向世界，更好地树立起自身的形象，在与人交往中给人留下彬彬有礼、温文尔雅的美好印象。

正是基于上述目的和人才培养的需要，编者组织编写了这本书。本书在继承传统优秀礼仪的基础上，结合改革开放以来礼仪发展的新趋势，同时又融入编者多年教学实践经验的知识积累。全书共有礼仪概述、仪态礼仪、化妆与美容、服饰礼仪、日常礼仪、馈赠与探望礼仪、公务谈判礼仪、会议礼仪、宴会礼仪、职场礼仪、节庆礼仪、文书礼仪等 12 章。编者为每章设计了“本章导读”“学习目标”“关键词”“课堂实训”和“思考题”等环节，每章还穿插了丰富的资料案例，以使教材的结构更加全面，形式更加新颖，内容更加实用并具有针对性，更便于引导读者自主学习、进行礼仪技能实训及课后复习巩固。

本书理论联系实际，注重培养学生在学习礼仪知识的基础上养成日常的礼仪习惯，从而增强学生运用礼仪知识指导日常生活和工作的实践意识，以及提高人际交往能力。本书的编写力求做到理论性与应用性并重，文字表述通俗易懂，图文并茂，相关案例和重要的知识点相配合，尽量适合当前高职高专学生的特点并易教、易学，且具有较强的可操作性。本书可以根据人才培养的实际需要在 40～60 学时内实施教学。

本书由孙庆群担任主编，张小礼、王铭鹤、王辉担任副主编。其中第一章、第五章、第六章由孙庆群编写，第二章由刘晓方编写，第三章由王敬敏和孙晓佳共同编写，第四章由姚伟达编写，第七章、第八章由张小礼编写，第九章由王铭鹤编写，第十章由蔡九江编写，第十一章由张璐编写，第十二章由王辉编写。各章的资料案例和课堂实训由孙庆群编写。全书由孙庆群设计结构框架并负责统稿，由刘皓宇教授担任主审。

本书在编写过程中参考了大量的文献资料，在此向所有参考资料的作者表示衷心的感谢！由于编者水平有限，书中不妥之处在所难免，敬请广大读者批评指正。

编　者

2016 年 6 月

目　录

第一章 礼仪概述

本章导读

中华民族是礼仪之邦，中国人素以彬彬有礼著称于世。在中华民族连绵不绝的历史长河中，礼仪文化蕴藏着积淀深厚的文化内涵，是中国传统文化的重要组成部分，对中国社会的历史发展进程产生了广泛而深远的影响。在提倡社会主义精神文明建设和构建和谐社会的今天，我们不但要吸收传统民族文化精华，使传统礼仪文明古为今用，更要与时俱进、兼收并蓄，这对于建设具有中国特色的现代化礼仪文明具有极其重要的现实意义。本章概括介绍礼仪。

1. 熟悉礼仪的基本概念。
2. 了解礼仪的起源和发展。
3. 掌握礼仪的原则和特征。
4. 认识礼仪的功能和作用。

关键词

礼仪（etiquette）
礼节（formality）
礼貌（politeness）

生活离不开人际交往，礼仪便是交往的规范。人类为了有秩序地生活和工作，使社会交往和谐而有效，就要用各种社会规范来调节复杂的人际关系，约束人们的行为，违反了道德和礼仪，就会给社会交往和人际关系造成障碍，还会受到社会舆论的谴责和人们的蔑视。

中国素有“文明古国”和“礼仪之邦”之称。我国有5000年的文明史，“礼”强烈地影响和制约着中国人的思想和言行，形成了一套完整的礼仪思想和礼仪规范，重礼仪、守礼法、行礼教、讲礼信、遵礼义已经内化为民众的自觉意识，并贯穿于人们的心理和行动之中，成为中华民族的文化特质和基本表征。

第一节　礼仪的含义

在封建社会，阶级等级森严，各种场合都有规范的礼貌、礼节和礼仪程序。古代从宫廷盛事到民间活动，都要举行不同规模的庆典仪式，大至天子登基、诸侯会盟，小到平民百姓结婚、做寿，以及结拜异姓兄弟，都有固定的礼仪程序和礼节礼貌规定。在现代，礼仪是人们内在修养的外在表现，通过人们的言谈举止，可以直接反映出一个人的整体素质和涵养的高低，礼直接影响着人们处理人际关系和事务的成败。国与国之间，民族与民族之间，单位与单位之间，部门与部门之间，邻里街坊之间，人与人之间（包括同学、战友、同乡、同事、上下级、家庭成员之间等）打交道，都离不开各种各样的礼仪。

一、礼

“礼”字有六种基本含义：①社会生活中，由于道德观念和风俗习惯而形成的仪节，如婚礼、丧礼、典礼；②符合社会整体利益的行为准则，如礼教、礼治、克己复礼；③表示尊敬的态度和动作，如礼让、礼遇、礼赞、礼尚往来、先礼后兵；④表示庆贺、友好或敬意所赠之物，如礼物、礼金、献礼；⑤古书名，《礼记》的简称；⑥姓氏，如卫国大夫礼至、东汉的礼震、明隆庆二年（1568）进士礼门等。

这里所讲的礼，指的是规定社会行为的法则、规范、仪式的总称。礼在中国古代是社会的典章制度和道德规范。作为典章制度，它是社会政治制度的体现，是维护上层建筑以及与之相适应的人与人交往中的礼节仪式。作为道德规范，它是国家领导者和贵族等一切行为的标准和要求。

二、礼仪

“礼仪”与“礼”的概念是不同的。礼仪是在人际交往中，以一定的约定俗成的程序方式来表现的律己敬人的过程和仪式（如敬礼、婚礼、葬礼、典礼），它涉及穿着、交往、沟通、情商等内容。礼仪是我们在生活中不可缺少的一种能力。从个人修养的角度来看，礼仪是一个人内在修养和素质的外在表现。从交际的角度来看，礼仪是人际交往中适用的一种艺术、交际方式或交际方法，是人际交往中约定俗成的示人以尊重、友好的习惯做法。从传播的角度来看，礼仪是在人际交往中进行相互沟通的技巧。礼仪可以大致分为政务礼仪、商务礼仪、服务礼仪、社交礼仪、涉外礼仪五大分支。

礼仪在不同国家、不同民族、不同时代有不同的表现形式。

三、礼节

“礼节”是人与人交往的礼仪规矩，是待人接物的具体礼仪要求；礼节是不妨碍他人的美德，是恭敬人的善行，也是自己行万事的通行证，是需要通达践履的；礼节是人们在日常生活中互致问候、表达祝愿、相互帮助以及相互交流表示尊重的惯用形式，如微笑、尊称、问候、握手、拥抱、道谢、祝颂、鞠躬、磕头等。

要注意礼节与仪式的区别，仪式一般是指集体性的尊重形式，而礼节一般是指个人性的尊重形式。礼节更要注意在不同国家、不同民族、不同地区有不同的风俗习惯，不要搞错。

四、礼貌

“礼貌”是人类为维系社会正常生活而要求人们共同遵守的最起码的道德规范，它是人们在长期共同生活和相互交往中逐渐形成的，并以风俗、习惯和传统等方式固定下来。礼貌是指人与人之间和谐相处的意念和行为，是对别人尊重与友好在言谈举止方面的具体体现。对于一个人来说，礼貌是一个人的思想道德水平、文化修养、交际能力的外在表现。

礼貌的具体要求：热情友好，尊重他人，待人接物落落大方、不卑不亢，办事慎重不推诿，行为举止有教养等。

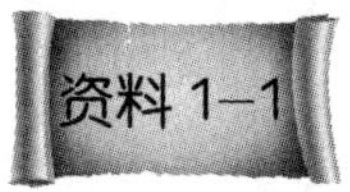

与成功失之交臂

乔·吉拉德正在向一位顾客推销汽车，谈判交易的过程算是比较顺利，当客户正要付款时，另一位推销员跟乔·吉拉德谈起了昨天的足球赛，乔·吉拉德一边跟这位推销员谈着足球，一边心不在焉地伸手去接顾客的付款。不料顾客却突然掉头而去，连车也不买了。后来乔·吉拉德才明白，客户在付款时，谈起了自己家儿子考上大学一事，而自己却和同伴谈的是另一件事——球赛，这是对顾客的不尊重。在这次谈判交易过程中，乔·吉拉德与成功失之交臂。

分析：推销员只顾谈论自己感兴趣的事，而忽略了顾客的感受，这是对顾客的不尊重，因此失去了一笔生意。由此可见，作为营销人员尊重客户是多么的重要！

第二节 礼仪的起源与发展

一、礼仪的起源

礼仪文化历史悠久，源远流长，实际上自从有了人类就有了礼仪。礼仪作为人际交往中重要的行为规范，它既不是随意凭空臆造的，也不是可有可无的。了解礼仪的起源，有利于认识礼仪的本质，自觉地按照礼仪规范的要求进行社交活动。对于礼仪的起源，研究者有各种各样的观点，大致可归纳为以下几种。

1. 起源于祭祀

人类最早对日月星辰、雷鸣电闪、刮风、下雨、冰雹、地震、洪水等自然现象充满了神奇、敬畏和恐惧感，由此产生了各种崇拜和祭祀活动，拜天地、祭神灵，祈祷上天保佑风调雨顺、降福免灾。后来祭祀活动日益频繁，就逐渐形成了固定的模式和规范。

2. 起源于法庭的规定

在西方，“礼仪”一词源于法文“etiguette”，原意是“法庭上的通行证”。古代法国为了保证法庭中活动的秩序，将印有法庭纪律的通告证发给进入法庭的每个人，作为进入法庭应该遵守的规矩和行为准则。后来“etiguette”一词进入英文，演变为“礼仪”的含义，成为人们交往中应遵循的规矩和准则。

3. 起源于风俗习惯

人离不开社会和群体，社会和群体生活离不开人际间的交往，人与人在长期的交往活动中，渐渐地产生了一些约定俗成的习惯，久而久之这些习惯就成为人与人之间交际的规范，当这些交往习惯以文字的形式被记录并同时被人们自觉地遵守之后，就逐渐成为人们交际交往固定的礼仪。遵守礼仪，不仅使人们的社会交往活动变得有序，有章可循，同时也使人与人在交往中更具亲和力。

从礼仪的起源可以看出，礼仪是在人们的社会活动中，为了维护一种稳定的秩序和保持一种交际的和谐而产生的。直到今天，礼仪依然体现着这种本质特点与独特的功能。

二、礼仪的发展

1. 礼仪的萌芽时期（公元前 5 万～前 1 万年）

礼仪起源于原始社会时期，在长达 100 多万年的原始社会历史中，人类逐渐开化。在原始社会中、晚期（约旧石器时期）出现了早期礼仪的萌芽。例如，生活在距今约 1.8 万年前的北京周口店山顶洞人，就已经知道打扮自己。他们用穿孔的兽齿、石珠作为装饰品挂在脖子上。而他们在去世的族人身旁撒放赤铁矿粉，举行原始宗教仪式，这是迄今为止在中国发

现的最早的葬仪。

2. 礼仪的草创时期（公元前 1 万～前 21 世纪）

公元前 1 万年左右，人类进入新石器时期，不仅能制作精细的磨光石器，并且开始从事农耕和畜牧。在其后数千年的岁月里，原始礼仪渐具雏形。例如，在今西安附近的半坡遗址中发现了生活于距今约 5000 年前的半坡村人的公共墓地。墓地中坑位排列有序，死者的身份有所区别，有带殉葬品的仰身葬，还有无殉葬品的俯身葬等。此外，仰韶文化时期的其他遗址及有关资料表明，当时人们已经注意尊卑有序、男女有别。而长辈坐上席，晚辈坐下席；男子坐左边，女子坐右边等礼仪日趋明确。

大约在夏朝以前（公元前 21 世纪前），即古代尧舜时期，就已经有了成文的礼仪制度，即“五礼”：祭祀之事为吉礼，冠婚之事为嘉礼，宾客之事为宾礼，军事之事为军礼，丧葬之事为凶礼。

3. 礼仪的形成时期（公元前 21 世纪～前 771 年）

大约在公元前 21 世纪～前 771 年，中国由金石并用时代进入青铜器时代。尧舜时期制定的礼仪经过夏、商、周这三个时代 1000 余年的总结、推广而日趋完善。

金属工具的使用，使农业、畜牧业、手工业生产跃上一个新台阶。随着生活水平的提高，社会财富除了近期日常消费外有了剩余并逐渐集中在少数人手里，因而出现阶级对立，原始社会由此解体。

公元前 21～前 15 世纪的夏代，中国开始从原始社会末期向早期奴隶社会过渡。在此期间，尊神活动升温。

在原始社会，由于缺乏科学知识，人们不理解一些自然现象。他们猜想，照耀大地的太阳是神，风有风神，河有河神……因此，他们敬畏“天神”，祭祀“天神”。从某种意义上说，早期礼仪包含原始社会人类生活的若干准则，又是原始社会宗教信仰的产物。礼的繁体字“禮”，左边代表神，右边是向神进贡的祭物。因此，汉代学者许慎说：“礼，履也，所以事神致福也。”

以殷墟为中心展开活动的殷人，在公元前 14 世纪～前 11 世纪活跃在华夏大地。他们建造了中国第一个古都——地处现河南安阳的殷都，而他们在婚礼习俗上的建树，被其尊神、信鬼的狂热所掩盖。

殷王朝并取而代之的周朝，对礼仪建树颇多。特别是周武王的兄弟、辅佐周成王的周公，对周代礼制的确立起了重要作用。他制作礼乐，将人们的行为举止、心理情操等统统纳入一个尊卑有序的模式之中。全面介绍周朝制度的《周礼》，是中国流传至今的第一部礼仪专著。《周礼》（又名《周官》），本为一官职表，后经整理，成为讲述周朝典章制度的书。《周礼》原有六篇，详细介绍了六类官名及其职权，现存五篇，第六篇用《考工记》弥补。六官分别称为天官、地官、春官、夏官、秋官、冬官。其中，天官主管宫事、财货等；地官主管教育、市政等；春官主管五礼、乐舞等；夏官主管军旅、边防等；秋官主管刑法、外交等；冬官主

管土木建筑等。

春官主管的五礼即吉礼、凶礼、宾礼、军礼、嘉礼，是周朝礼仪制度的重要方面。吉礼，指祭祀的典礼；凶礼，主要指丧葬礼仪；宾礼，指诸侯对天子的朝觐及诸侯之间的会盟等礼节；军礼，主要包括阅兵、出师等仪式；嘉礼，包括冠礼、婚礼、乡饮酒礼等。由此可见，许多基本礼仪在商末周初已基本形成。此外，成书于商周之际的《易经》和在周代大体定型的《诗经》，其中也涉及一些礼仪的内容。

在西周，青铜礼器是一个人身份的表征。礼器的多寡代表身份地位高低，形制的大小显示权力等级，开始区分贵贱、尊卑、顺逆、贤愚等人际交往准则。当时，贵族以佩带成组饰玉为风气。而相见礼和婚礼（包括纳采、问名、纳证、纳征、请期、亲迎等“六礼”）成为定式，流行民间。从治理国家到家庭生活进行了全面规范，开始形成了古代正式的礼仪。此外，尊老爱幼等礼仪，也已明显确立。

4. 礼仪的发展、变革时期（公元前770～前221年，东周时期）

西周末期，王室衰微，诸侯纷起争霸。公元前770年，周平王东迁洛邑，史称东周。承继西周的东周王朝已无力全面恪守传统礼制，出现了所谓“礼崩乐坏”的局面。

春秋战国时期是我国的奴隶社会向封建社会转型的时期，在此期间，相继涌现出孔子、孟子、荀子等思想巨人，诸子百家争鸣，礼仪也产生了分化，并发展和革新了礼仪理论。礼仪制度成为国礼，民众交往的礼俗逐渐成为家礼。《管子·牧民》中有“大礼”和“小礼”之说，注释为“礼其大者在国家典章制度，其小者在平民日用居处行为之间”。

比较有影响的包括：①儒家，以孔子、孟子为主的儒家学者系统地阐述了礼仪的起源、本质和功能，第一次在理论上全面而深刻地论述了社会等级秩序划分及其意义。②道家，崇尚自然无为，主张废除一切礼仪。③法家，推崇强权政治，主张以法代礼。④墨家，主张平等、博爱、利他、以义代礼制的形成，对后世治国安邦，施政教化，规范人们的行为，培养人们的人格起到了不可估量的作用。

孔子（公元前551～前479年）是中国古代大思想家、大教育家，他首开私人讲学之风，打破贵族垄断教育的局面。他删《诗》《书》，定《礼》《乐》，赞《周易》，修《春秋》，为历史文化的整理和保存做出了重要贡献。他编订的《仪礼》，详细地记录了战国以前贵族生活的各种礼节仪式。《仪礼》与前述《周礼》和孔门后学编的《礼记》，合称“三礼”，是中国古代最早也是最重要的礼仪著作。

孔子认为，“不学礼，无以立”（《论语·季氏篇》）；“质胜文则野，文胜质则史。文质彬彬，然后君子”（《论语·雍也》）。他要求人们用道德规范约束自己的行为，要做到“非礼勿视，非礼勿听，非礼勿言，非礼勿动”（《论语·颜渊》）。他倡导的“仁者爱人”，强调人与人之间要有同情心，要互相关心，彼此尊重。总之，孔子较系统地阐述了礼及礼仪的本质与功能，把礼仪理论提到一个新的高度。

孟子（约公元前372～前289年）是战国时期儒家的主要代表人物。在政治思想方面，孟子把孔子的“仁学”思想加以发展，提出了“王道”“仁政”的学说和民贵君轻说，主张

“以德服人”；在道德修养方面，他主张“舍生而取义”（《孟子•告子上》），讲究“修身”和培养“浩然之气”等。

荀子（约公元前298～前238年）是战国末期的大思想家。他主张“隆礼”“重法”，提倡礼法并重。他说：“礼者，贵贱有等，长幼有差，贫富轻重皆有称者也。”（《荀子・富国》）荀子指出：“礼之于正国家也，如权衡之于轻重也，如绳墨之于曲直也。故人无礼不生，事无礼不成，国无礼不宁。”（《荀子・大略》）荀子还提出，不仅要有礼治，还要有法治。只有尊崇礼，法制完备，国家才能安宁。荀子重视客观环境对人性的影响，倡导学而至善。

5. 礼仪的强化时期（公元前221～1796年）

公元前221年，秦王嬴政最终吞并六国，统一中国，自称始皇帝，建立起中国历史上第一个中央集权的封建王朝。秦始皇在全国推行“书同文”“车同轨”“行同伦”。秦朝制定的集权制度，成为后来延续2000余年的封建体制的基础。

西汉初期，叔孙通协助汉高帝刘邦制定了朝礼之仪，突出发展了礼的仪式和礼节。西汉思想家董仲舒（公元前179～前104年）把封建专制制度的理论系统化，提出“唯天子受命于天，天下受命于天子”的“天人感应”之说（《汉书・董仲舒传》）。他把儒家礼仪具体概括为“三纲五常”。“三纲”即“君为臣纲，父为子纲，夫为妻纲”。“五常”即仁、义、礼、智、信。汉武帝刘彻采纳董仲舒“罢黜百家，独尊儒术”的建议，使儒家礼教成为定制。

汉代时，孔门后学编撰的《礼记》问世。《礼记》共计49篇，包罗宏富。其中，有讲述古代风俗的《曲礼》（第1篇）；有谈论古代饮食居住进化概况的《礼运》（第9篇）；有记录家庭礼仪的《内则》（第12篇）；有记载服饰制度的《玉澡》（第13篇）；有论述师生关系的《学记》（第18篇）；还有教导人们道德修养的途径和方法，即“修身、齐家、治国、平天下”的《大学》（第42篇）等。总之，《礼记》堪称集上古礼仪之大成，上承奴隶社会、下启封建社会的礼仪汇集，是封建时代礼仪的主要源泉。

盛唐时期，《礼记》由“记”上升为“经”，成为“礼经”三书之一（另外两本为《周礼》和《仪礼》）。

宋代时，出现了以儒家思想为基础，兼容道学、佛学思想的理学，程颢、程颐兄弟和朱熹为其主要代表。“二程”认为，“父子君臣，天下之定理，无所逃于天地间”（《二程遗书》卷五）；“礼即是理也”（《二程遗书》卷二十五）。朱熹进一步指出，“仁莫大于父子，义莫大于君臣，是谓三纲之要，五常之本。人伦天理之至，无所逃于天地间”（《朱子文集・未垂拱奏礼・二》）。朱熹的论述使“二程”的“天理”说更加严密、精致。

宋代礼仪发展的另一个特点是，家庭礼仪研究硕果累累。在大量家庭礼仪著作中，以撰《资治通鉴》而名垂青史的北宋史学家司马光（1019～1086年）的《涑水家仪》和以《四书集注》名扬天下的南宋理学家朱熹（1130～1200年）的《朱子家礼》最著名。

明代时，交友之礼更加完善，而忠、孝、节、义等礼仪日趋繁多。

6. 礼仪的衰落时期（1796～1911 年）

清朝定鼎中原后，逐渐接受了汉族的礼制，并且使其复杂化，导致一些礼仪显得虚浮、烦琐。例如，清代的品官相见礼，当品级低者向品级高者行拜礼时，动辄一跪三叩，重则三跪九叩。清代后期，清王朝政权腐败，民不聊生，古代礼仪盛极而衰。而伴随着西学东渐，一些西方礼仪传入中国，北洋新军时期的陆军便采用西方军队的举手礼等，以代替不合时宜的打千礼等。

7. 现代礼仪时期（1911～1949 年，民国时期）

1911 年末，清王朝土崩瓦解，当时远在美国的孙中山先生（1866～1925 年）火速赶回祖国，于 1912 年 1 月 1 日在南京就任中华民国临时大总统。孙中山先生和战友们破旧立新，用民权代替君权，用自由、平等取代宗法等级制；普及教育，废除祭孔读经；改易陋俗，剪辫子、禁缠足等，从而正式拉开现代礼仪的帷幕。辛亥革命以后，由西方传入中国的握手礼开始流行于上层社会，后逐渐普及民间。

20 世纪 30～40 年代，中国共产党领导的苏区、解放区，重视文化教育事业及移风易俗，进而谱写了现代礼仪的新篇章。

8. 当代礼仪时期（1949 年至今）

1949 年 10 月 1 日，中华人民共和国宣告成立，中国的礼仪建设从此进入一个崭新的历史时期。新中国成立以来，礼仪的发展大致可以分为三个阶段。

1）礼仪革新阶段（1949～1966 年）。1949～1966 年，是中国当代礼仪发展史上的革新阶段。此间，摒弃了昔日束缚人们的“神权天命”“愚忠愚孝”以及严重束缚妇女的“三从四德”等封建礼教，确立了同志式的合作互助关系和男女平等的新型社会关系，而尊老爱幼、讲究信义、以诚待人、先人后己、礼尚往来等中国传统礼仪中的精华得到继承和发扬。

2）礼仪退化阶段（1966～1976 年）。1966～1976 年，“文化大革命”使国家遭受了难以弥补的严重损失，许多优良的传统礼仪受到了严重摧残。

3）礼仪复兴阶段（1977 年至今）。尤其 1978 年党的十一届三中全会以来，改革开放的春风吹遍了祖国大地，中国的礼仪建设进入新的全面复兴时期。从推行文明礼貌用语到积极树立行业新风，从开展“18 岁成人仪式教育活动”到制定市民文明公约，各行各业的礼仪规范纷纷出台，岗位培训、礼仪教育日趋红火，讲文明、重礼貌蔚然成风。《公共关系报》《现代交际》等一批涉及礼仪的报刊应运而生，《中国应用礼仪大全》《称谓大辞典》《外国习俗与礼仪》等介绍、研究礼仪的专著、词典、教材不断问世。广阔的华夏大地上再度兴起礼仪文化热，具有优良文化传统的中华民族又掀起了精神文明建设的新高潮。

由上述礼仪的发展历程便知，礼仪是指人们在社会交往中由于受历史传统、风俗习惯、宗教信仰、时代潮流等因素影响而形成，既为人们所认同，又为人们所遵守，是以建立和谐

关系为目的的各种符合交往要求的行为准则和规范的总和。

第三节 礼仪的原则与特征

一、礼仪的基本原则

1. 宽容的原则

宽容的原则包括要宽容原谅对方的过错，不积怨、不记仇。即人们在交际活动中运用礼仪时，既要严于律己，更要宽以待人。要豁达大度，有气量，不计较和不追究。具体表现为一种胸襟，一种容纳意识和自控能力。

2. 敬人的原则

敬人即人们在社会交往中，要敬人之心常存，处处不可失敬于人，不可伤害他人的个人尊严，更不能侮辱对方的人格。敬人就是尊敬他人，尊重他人的意见、正当权利、人格、劳动、爱好、习惯、隐私等，尊老爱幼。敬人也包括尊敬自己，维护个人乃至组织的形象。不可损人利己，这也体现出一个人的品格。

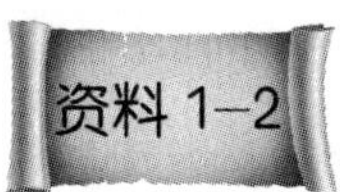

一块钱，还想买态度？

据《××晚报》××××年×月×日载文：在某地一辆公共汽车上曾发生了一起乘客与司机之间的争吵。司机："往里走！往里走！塞在门口干什么？"乘客："师傅，您态度不能好一点吗？"司机："态度？态度多少钱一斤？"乘客："刚才我不是跟你说了嘛，我在下一站下车，人太多挤不过去，过一会儿能不能让我在前门下车？"司机："我刚才不也在跟你说嘛，前门下车不行！你花一块钱，还想买什么态度？"

分析：中国素有"礼仪之邦"之美称。在现实生活中，倡导文明礼貌用语，这既是人际关系和谐的润滑剂，也是尊重别人和尊重自己的客观要求，更是中华民族精神文明的具体体现。对于服务性行业，"您好、请、谢谢、对不起、再见"礼貌用语则是对客服务的基本态度。本案例中的司机居然把态度跟钱联系在一起，表现出来的不仅是对乘客的不尊重，更重要的是他也贬低了自己，如此态度的服务怎能得到别人的尊重？

3. 自律的原则

自律是礼仪的基础和出发点。学习、应用礼仪，最重要的就是要自我要求，自我约束，

自我控制，自我对照，自我反省，自我检查。按照礼仪规范严格要求自己，知道自己该做什么，不该做什么。

4. 遵守的原则

遵守的原则包括遵守制度、遵守时间、讲信誉、守承诺。在交际应酬中，每一位参与者都必须自觉、自愿地遵守礼仪，用礼仪去规范自己的言行举止。遵守的原则既是对行为主体提出的基本要求，更是人格素质的基本体现。只有自觉遵守礼仪规范，才能赢得他人的尊重，确保交际活动达到预期的目标。

5. 适度的原则

适度的原则即是掌握火候、把握分寸、不卑不亢。应用礼仪时要注意把握分寸，认真得体。礼仪是一种程序规定，而程序自身就是一种“度”。在运用礼仪的过程中，无论是表示尊敬还是热情都要把握好“度”，如果“度”把握得不合适，施礼就可能进入误区。

6. 真诚的原则

真诚的原则是以礼相待、待人真诚、言行一致。运用礼仪时，务必诚信无欺，言行一致，表里如一，不虚伪、不做作。交际活动作为人与人之间信息传递、情感交流、思想沟通的过程，如果缺乏真诚则不可能达到目的，更无法保证交际效果。

7. 从俗的原则

由于国情、民族、文化背景的不同，必须坚持入乡随俗，与绝大多数人的习惯做法保持一致，切勿目中无人，自以为是。从俗就是指相互交往的各方都应尊重相互之间的风俗、习惯，了解并尊重各自的禁忌，如果不注意禁忌，就会在交际中引起障碍和麻烦。

8. 平等的原则

平等是礼仪的核心，即尊重交往对象，以礼相待，对任何交往对象都必须一视同仁，给予同等程度的礼遇。礼仪是在平等的基础上形成的，是一种平等的、彼此之间的相互对等关系的体现，其核心问题是尊重以及满足相互之间获得尊重的需求。在交际活动中既要遵守平等的原则，同时又要善于理解具体条件下对方的一些行为，不应过多地挑剔对方的行为。

9. 女士优先的原则

女士优先体现的是男士的一种风度。在一切社交场合，每一名成年男子都有义务主动而自觉地以自己的实际行动去尊重妇女、照顾妇女、体谅妇女、保护妇女，并且想方设法、尽心尽力地为妇女排忧解难。倘若因为男士的不慎而使妇女陷于尴尬、困难的处境，则意味着男士的失职。男士们唯有奉行“女士优先”，才会被人们看作是有教养的绅士，反之，在人们眼里则会成为莽夫粗汉。

二、礼仪的特征

与其他学科相比，礼仪具有一些自身独具的特征。主要表现在规范性、限定性、可操作性、传承性、变动性五个方面。

1. 规范性

礼仪，指的就是人们在交际场合待人接物时必须遵守的行为规范。这种规范性，不仅约束着人们在一切交际场合的言谈话语、行为举止，使之合乎礼仪；而且也是人们在一切交际场合必须采用的一种“通用语言”，是衡量他人、判断自己是否自律、敬人的一种尺度。总之，礼仪是约定俗成的一种自尊、敬人的惯用形式。因此，任何人要想在交际场合表现得合乎礼仪，彬彬有礼，都必须对礼仪无条件地加以遵守。另起炉灶，自搞一套，或是只遵守个人适应的部分，而不遵守不适应自己的部分，都难以为交往对象所接受、理解。

2. 限定性

礼仪，主要适用于交际场合，适用于普通情况下一般的人际交往与应酬。在这个特定范围之内，礼仪肯定行之有效。离开了这个特定的范围，礼仪则未必适用，这就是礼仪的限定性特点。理解了这一特点，就不会把礼仪当成放之四海而皆准的标准，就不会在非交际场合拿礼仪去以不变应万变。必须明确，当所处的场合不同或具有的身份不同时，所应用的礼仪往往会各有不同，有时甚至还会差异很大。一般而论，礼仪主要适合初次交往、因公交往、对外交往三种交际场合。

3. 可操作性

礼仪，最明显的特征就是要切实有效，实用可行，规则简明，易学易会，便于操作。礼仪不是纸上谈兵、空洞无物、不着边际、故弄玄虚、夸夸其谈，而是有总体上的礼仪原则、礼仪规范，在具体运用礼仪时，对“有所为”与“有所不为”都有各自具体的、明确的、可操作的方式与方法。要仔细周详地对礼仪原则、礼仪规范加以贯彻，将其落到实处，使之“言之有物”“行之有礼”，不尚空谈。礼仪的易记易行，能够为其广觅知音，使其被人们广泛地运用于交际实践，并受到广大公众的认可，所以，礼仪要以简便易行、容易操作为第一要旨。

4. 传承性

任何国家的礼仪都具有鲜明的民族特色，任何国家的当代礼仪都是在本国古代礼仪的基础上继承、发展起来的。离开了对本国、本民族既往礼仪成果的传承、扬弃，就不可能形成当代礼仪。这就是礼仪传承性的特定含义。作为一种人类的文明积累，礼仪将人们在交际应酬中的习惯做法固定下来，流传下去，并逐渐形成自己的民族特色，这不是一种短暂的社会现象，而且也不会因为社会制度的更替而消失。对于既往的礼仪遗产，正确的态度不应当是食古不化，全盘沿用，而应当是有扬弃，有继承，更有发展。

5. 变动性

从本质上讲，礼仪可以说是一种社会历史发展的产物，并具有鲜明的时代特点。一方面，它是在人类长期的交际活动实践中形成、发展、完善起来的，绝不可能凭空杜撰，一蹴而就，完全脱离特定的历史背景。另一方面，社会的发展，历史的进步，由此而引起的众多社交活动的新特点、新问题的出现，又要求礼仪有所变化，有所进步，推陈出新，与时俱进，以适应新形势下新的要求。与此同时，随着世界经济的日趋国际化，各个国家、各个地区、各个民族之间的交往日益密切，礼仪也随之不断地相互影响、相互渗透、相互取长补短，不断地被赋予新的内容。这就使礼仪具有相对的变动性。了解了这一点，就不会把它看作一成不变的东西，而能够更好地以发展、变化的眼光去对待它。也不会对礼仪搞“教条主义”，使之脱离生活，脱离时代。

第四节　礼仪的功能与作用

一、礼仪的功能

概括地说，礼仪的功能是表示人们不同地位的相互关系和调整、处理人们相互关系的手段。礼仪的功能表现在以下几个方面。

1. 尊重的功能

尊重的功能是指要尊敬对方，向对方表示敬意，同时对方也还之以礼。礼尚往来，有礼仪的交往行为，蕴含着彼此的尊敬。

2. 约束的功能

礼仪作为行为规范，对人们的社会行为具有很强的约束作用。礼仪一经制定和推行，久而久之，便成为社会的习俗和行为规范。任何一个生活在某种礼仪习俗和规范环境中的人，都会自觉或不自觉地受到该礼仪的约束，只有自觉接受礼仪约束的人才是“成熟人”的标志，不接受礼仪约束的人，社会就会以道德和舆论的手段来对他加以约束，甚至以法律的手段来强迫。

3. 教化的功能

礼仪的教化功能主要表现在两个方面：一方面是礼仪的尊重和约束作用。礼仪作为一种道德习俗，它对全社会的每个人，都有教化作用，都在施行教化。另一方面，礼仪的形成、完备和凝固，会成为一定社会传统文化的重要组成部分，它以“传统”的力量不断地由老一辈传继给新一代，世代相继、相传。在社会进步中，礼仪的教化作用具有极其重大的意义。

4. 调节的功能

礼仪具有调节人际关系的功能。一方面，礼仪作为一种规范、程序和文化传统，对人们之间的相互关系起着规范、约束和及时调整的作用；另一方面，某些礼仪形式、礼仪活动可以化解矛盾和冲突，对建立和发展健康良好的人际关系，使人文环境更加和谐具有重要的促进作用。

二、礼仪的作用

1. 有利于塑造自己的良好形象

一个人讲究礼仪，就会在众人面前树立良好的个人形象；一个组织的成员讲究礼仪，就会为自己的组织树立良好的形象，赢得公众的赞成。现代的市场竞争不仅是产品的竞争，更是企业形象的竞争。只有具有良好信誉和形象的公司或企业，才会赢得社会各方的信任和支持，从而在激烈的竞争中立于不败之地。所以，商务人员时刻注重礼仪，既是个人和组织良好素质的体现，也是树立和巩固良好形象的需要。

一口痰“吐掉”一项合作

某医疗器械厂与外商达成了引进“大输液管”生产线的协议，第二天就要签字了。可当双方一起参观车间的时候，厂长却习惯性地向墙角吐了一口痰，然后又用鞋底使劲地去擦。这一幕被外商看得真真切切并令其彻夜难眠。第二天他让翻译给那位厂长送去一封信：“恕我直言，一个厂长的卫生习惯可以反映一个工厂的管理素质。况且，我们今后要生产的是用来治病的输液管。贵国有句谚语：人命关天！请原谅我的不辞而别……”一项已基本谈成的项目，就这样被“吐”掉了。

分析：一个人的举止风度不仅仅代表自己的形象，体现自己的教养，在一定的场合，个人的行为代表组织的行为，个人的形象代表组织的形象。所以，必须养成良好的习惯，提高个人修养，从小处做好，商机才不会溜走。

2. 促进沟通，有助于加强相互尊重

在社会活动中，随着交往的深入，双方都会产生一定的情绪体验。它表现为两种情感状态：一是感情共鸣，另一种是情感排斥。自觉地执行礼仪规范，可以使交往双方的感情得到沟通，在向对方表示尊重、敬意的过程中，获得对方的理解和尊重。人们在交往时以礼相待，有助于加强人们之间的互相尊重，建立友好合作的关系，缓和或者避免不必要的矛盾和冲突。反之，如果不讲礼仪，粗俗不堪，就容易产生感情排斥，造成人际关系紧张，给对方造成不

好的印象。

3. 规范、约束人们的行为

礼仪最基本的功能就是规范人们的各种行为。在社会生活中，礼仪约束着人们的态度和动机，规范着人们的行为方式，协调着人与人之间的关系，维护着社会的正常秩序，在社会交往中发挥着巨大的作用。

4. 倡导、教育人们遵守道德习俗

礼仪以一种道德习俗的方式对全社会的每一个人发挥着维护社会正常秩序的教育作用。人们通过对礼仪的学习和应用，建立新型的人际关系，从而在交往中严于律己，宽以待人，互尊互敬，互谦互让，讲文明，懂礼貌，和睦相处，形成良好的社会风尚。

5. 凝心聚力、协调关系

在现代生活中，人们的相互关系错综复杂，有时会突然发生冲突，甚至会采取极端行为。礼仪有利于促使冲突各方保持冷静，缓解已经激化的矛盾，使人与人之间的感情得以沟通，建立相互尊重、彼此信任、友好合作的关系，进而有利于各项事业的发展。

课堂实训

1. 实训形式

课堂讨论。

2. 实训题目

根据自己的所见所闻以及在日常社交活动中的亲身体会，谈论礼仪的重要性。

3. 实训地点

教室或实训室。

4. 实训课时

课上讨论 1 个课时。

5. 实训要求

将全班同学分成 3～5 组，各组分别展开讨论，讨论后（课后）各组撰写一份讨论总结报告，篇幅在 500～800 字，交由指导教师进行成绩评定。

1. 简述“礼”字的含义。
2. 简述礼仪的含义。
3. 简述礼节的含义。
4. 简述礼貌的含义。
5. 简述礼仪的发展历程。
6. 礼仪的基本原则是什么？
7. 礼仪的基本特征是什么？
8. 礼仪的功能是什么？
9. 礼仪的作用是什么？

第二章 仪态礼仪

本章导读

仪态是指人的举止、动作的样子，它是仪表的重要组成部分。一个有魅力的人总是令人着迷的，这魅力不仅来源于一个人姣好的容貌和得体的妆饰，还来源于他文雅的举止、潇洒的风度等。仪态属于一个人内在素质的外在表现，反映着一个人的精神面貌。得体的仪态既是对他人的尊重，也是自尊、自爱的一种表现。本章介绍基本的仪态礼仪。

1. 了解仪态美的基本原则与礼仪规范。
2. 掌握保持优美体态和身姿的方法及基本要领。
3. 掌握社交场合中正确的仪态礼仪。

关键词

仪态（deportment）
身姿（bearing）
动作（action）
风度（manner）

仪态，是人的姿势、举止、动作和样子。姿势是指身体呈现的各种形态（体态和身姿），风度则属于气质方面的表露。潇洒的风度、优雅的举止，常常被人们羡慕和称赞，能给人留下深刻的印象。我们往往可以凭借一个人的仪态来判断他的品格、学识、能力和其他方面的修养程度。

不同国家，不同民族，以及不同的社会历史背景，对不同阶层，不同特殊群体的仪态都有不同的标准或不同的要求。西方国家的贵族阶层和统治集团的上层人物的仪态讲究绅士风度，不同宗教对其教徒也讲究具有宗教特征的仪态。我国几千年的封建社会史，也逐渐形成了很多对皇家宫室、儒雅学士、民间妇女等很多方面的仪态标准和要求。在当今社会主义社会，提倡讲文明，讲礼貌，每个人的仪态应当力求美化。

第一节　体态与身姿

体态是人体带有某种意义的活动和姿态。各种体态和身姿都在有意无意地反映着人们的思维活动，产生这样和那样的效果，如张开双臂、抚摸、摆手、微笑、点头、摇头、站立、坐下等都是体态和身姿的表现。在国内交往和涉外活动中，体态和身姿属于基本礼仪的范畴。良好的体态和身姿，能帮助你获得工作的成功，并能给周围的人留下彬彬有礼的良好印象。

一、站、坐、走的姿势

美的体态是人们所推崇的，正如俗话所说“站如松、坐如钟、走如风”“站有站相，坐有坐样”，可见站、坐、走的姿势也应有一定的规矩，在一些正式场合中要求尤其严格。

1. 站的姿势

站是人们生活交往中一种最基本的举止。优美而典雅的造型，是优雅举止的基础。男士要求“站如松”，刚毅洒脱；女士则应秀雅优美，亭亭玉立。标准的站姿要求上半身挺胸收腹，精神饱满，腰直、提臀，双肩平齐、舒展，双臂自然下垂（在背后交叉或体前交叉，两手相搭也可以，但不要两手抱肘），头正、颈直、双眼目视前方，嘴微闭，面带笑容。下半身双腿应靠拢，两腿关节与髋关节展直，身体重心落于两脚中间，不要偏左或偏右。女士站立时，双脚成 V 字形，膝和脚后跟应尽量靠紧；男士站立时，双脚可稍稍叉开，但最多与肩同宽。驼背、躬腰，两眼左右斜视，一肩高一肩低，双臂胡乱摆动都影响站姿。

当站着与别人谈话时，要面向对方，保持一定距离，太远或过近（特别是对异性）都不礼貌。站立姿势要正，可以稍稍弯腰。但身斜体歪，两腿叉开很大距离，或双腿交叉或倚墙靠桌，手扶椅背，双手插入口袋等都是不雅观和失礼的姿态，这样会破坏自己的形象。在正式场合，不要下意识地做小动作，如摆弄打火机、香烟盒，玩弄衣带、发辫，咬手指等，这样不仅显得拘谨，给人以缺乏自信和经验的感觉，而且有失仪表的庄重。当站得太累时，可以交换为调节式站立，其要领如下：身体重心偏移到左脚或右脚上，另一条腿微向前屈，脚部放松，但上身须保持正直。两脚交叉站立的姿势是十分不雅的，这是一种轻浮的举动，极不严肃。手也不能叉在腰间，这是一种含有进犯意识的姿势，如果是在男女之间，这种姿势还有“性的侵略”的潜意识；也不可双手插在衣袋中。实在有必要时，可左手或右手插于左、

右前裤袋，但时间不宜过长。另外，双臂交叉抱于胸前的姿势在世界各地都被人们普遍用来表示防御性与消极的态度。与人交谈时，要避免上述这几种姿势的出现。不正确的站姿常常影响人与人之间的正常交流，同时也暴露出个人修养的欠缺。

站立的姿态对于女性的整体美很重要。两脚分开，重心平分在两脚上，或者两脚平行，贴在一起的站相都不足取。女性站立的姿态最好是一只脚略前，一只脚略后，前脚的脚跟稍稍向后面的脚背靠拢，后腿的膝盖向前腿的膝盖靠拢，两腿靠近，膝部微曲。正确的站姿如图 2-1 所示。

（a）男士正确的站姿　　（b）女士正确的站姿

图 2-1　正确的站姿

2. 坐的姿势

坐是举止的主要内容之一，无论是伏案学习、参加会议，还是会客交谈、娱乐休息都离不开坐。“坐要有坐相”。坐姿文雅，并非一项简易的技能。坐姿要求“坐如钟”，指人的坐姿像座钟般端直，当然这里的端直指上体的端直。优美的坐姿让人觉得安详、舒适、端正、舒展大方。基本要领如下：上体自然坐直，两腿自然弯曲，双脚平落地上，双膝应并拢或稍稍分开。但女士的双膝必须靠紧，脚跟也要靠紧，臀部坐在椅子的中央，腰部靠好，两臂微曲放在桌上，或将小臂平放于坐椅两侧的扶手上，也可放在双膝上，或两手半握拳放在膝上。胸微挺，腰要直，目平视，嘴微闭，面带笑容。

按照国际惯例，坐姿可以分为端坐、侧坐、跪坐、盘坐等，根据不同国家的生活方式和风俗习惯，各有不同的要求。国际上公认的也是最普遍的坐姿是端坐和侧坐。端坐时间过长，会使人感到疲劳，这时可变换为侧坐。侧坐分左侧坐和右侧坐两种，左侧坐需要在保持坐姿基本要领的基础上，左脚和臀部左摆 45°，左摆移动时，两脚跟稍提，脚趾点地，左脚趾随腿左转，同时右脚趾原地向左转，双膝靠拢；左脚左摆到位，右手扶在左手背上，置左膝

之上。右侧坐则方向相反。无论是哪一种坐法，都应以闲雅自如的姿态来达到对别人的尊重，给他人以美的印象。在坐姿方面，还应该注意以下几个方面。

入座时，要走到座位前面再转身，转身后右脚向后退一步，然后轻稳地落座。注意动作要轻盈舒缓，从容自如。落座时声音要轻，不要猛地墩坐，如同与别人抢座位。特别是忽地坐下，腾地站起，如同赌气，造成紧张气氛。

落座时要保持上身平直，不要耷拉肩膀，含胸驼背，前俯后仰，给人以萎靡不振的印象。不要半躺半坐，跷二郎腿，给人以放肆或缺乏修养的感觉。当然，也不要像立正那样过于紧张、僵硬。两手叉腰，两手交叉放在胸前或摊开放在桌上，摆弄手指，将手里的东西不停地晃动，把手中的茶杯转来转去，一会儿拉拉衣服，一会儿整整头发，抠鼻子挖耳朵，都会破坏坐姿，总之，坐姿要求端庄大方、舒适自然。

除了上身姿势和双手的摆法外，腿的摆法也是不可忽视的。两腿笔直前伸，两膝分得太开，两脚并拢而两膝外展，或两脚藏在座椅下，甚至用脚勾着座椅的腿儿，这些都是非“礼”的动作，也会给人传递错误的知觉感受，造成不必要的麻烦。

在人际交往中，坐姿的选择要与不同的场合相适应。在坐椅面较宽大的椅子时，注意不要坐得太靠里面，特别是女士入座时，要用手将裙子往前拢一下，如果将左腿跷在右腿上面，注意不要跷得过高，不要把衬裙露出来，不然会有损风度和美观。起立时，右脚先向后收半步，然后站起。

男士如有需要，可交叠双腿，一般是右腿架在左腿上。在礼仪场合，绝不要首先使用这一姿势，因为会给人以显示自己地位和优势的不平衡的感觉。而 4 字形的叠腿方式和用手把叠起的腿扣住的方式则是绝对禁止的。叠腿且又晃动脚尖则更显得目中无人和傲慢无礼。正确的坐姿如图 2-2 所示。

图 2-2　正确的坐姿

3. 走的姿势

人的走相千姿百态，没有一成不变的固定模式，每个人都有表现自己个性的步态，所以对走姿不像对站姿和坐姿那样有严格规范。矮胖子和瘦高个儿的走路姿态不可能呈现一个模式；同一个女士脚蹬高跟鞋、身穿筒裙，与她穿着球鞋、身着宽松裤的步态也不会一样。走路要受诸多客观因素的影响和制约。但从礼仪的角度来讲，行走时应步伐稳健，步履自然，不给人留下轻佻浮夸、矫揉造作的坏印象。

总的来讲，对走姿的要求是“行如风”，即走起路来要像风一样轻盈、稳健。起步时，上身伸展且略向前倾，身体重心放在前脚掌上。行走时，应目视前方，上身正直，下巴前伸，不低头，双肩向后舒展并自然下垂，两臂自然前后摆动，重心可以稍向前倾，这样有利于挺胸收腹，身体重心落在前脚掌上。如果小腹有一点点凸出，必使身体略微上提，走起路来，就会显得神采奕奕。正常的行走，脚印应是正对前方，保持膝关节和脚尖正对前进的方向，如果走起路来两脚向外成外八字或向内成内八字，就显得很不舒服。有的人走起路来大摇大摆，横冲直撞；有的人走路腿脚屈伸过大，上下颠簸幅度太大；有的人走路提不起脚后跟，好像拖着脚步行路似的，这些都是不良的行走姿势。

另外，行走时两臂摆动时，应注意前后摆动的幅度要与步伐的大小、节奏相协调，既不能像藤条似的顺势耷拉着，也不要像阅兵一样，把手抬至腰带环的高度。从礼仪的角度讲，一般手摆动时，手臂与上身躯干的夹角不宜超过 15° 。再者，走路的步态美好与否，还取决于步位、步度、步高。如果步位和步伐不合乎标准，行走的姿态便会失去协调的节奏。所谓步位，就是脚落到地上时的位置。特别是女士走路的时候，两脚轮换前进，理论上要踩一条线，而不是两条平行线，即通常所说的“一字步”。因为踩两条平行线，臀部就会失去摆动，腰部会显得僵硬，失去步态的优美。但是，在日常生活中，不可能都像时装表演那样走“一字步”，但要注意尽量使“两条平行线”靠近，使臀部产生“似有似无”的轻微摆动。这一点对于年轻的女士来讲尤为重要。

步度是跨步时两脚之间的距离。一般人的步度，有时大有时小，而标准的步度是一个脚的长度。因此，对不同的人来说，标准步度的大小是不同的。使用标准步度可以使步态更优美。

步高是行走时脚抬起的高度。行走时脚抬得不宜过高，但也不宜过低而使鞋底与地相摩擦，那样既不优雅，也不大方，而且给人以“老态龙钟”之感。

几个人一起行走时，应尽量同步行走，如是一男一女，更应注意这方面的问题，女士步幅较小，男士步幅较大，男士应注意适当调整，与女士步调一致。低着头、弓着腰、后仰身子的走姿都是不正确的。正确的走姿如图 2-3 所示。

二、优美的动作

我们在日常生活中，经常处于活动的状态，动作的优美也是我们时刻需要注意的。

图 2-3 正确的走姿

1. 上下楼梯

上楼梯时，身体自然向上挺直，胸要微挺，头平正，臀部要收，膝要弯曲，整个身体的重心要一起移动；下楼梯时，最好走到楼梯前先停一停，扫视楼梯片刻后，运用感觉来掌握行走的快慢高低，沿梯而下。

2. 上下轿车

上轿车时，要侧着身体进入车内，绝不可头先进去。下轿车时，也应侧着身体，移动靠近车门，然后一只脚踏在地面上，眼睛看前方，再以手的支撑力移动另一只脚，头部自然伸出，起身立稳后，再缓步离开。

3. 下蹲拾取低处物品

在日常生活中，人们对掉在地上的东西，一般是习惯弯腰或蹲下将其捡起，而身为白领对掉在地上的东西，也像普通人一样采用一般随意弯腰蹲下捡起的姿势是不合适的。拿取低处物品或拾起落在地上的东西时，不要只弯上身、翘臀部，要利用蹲和屈膝的动作，脚稍分开，站在要拿和捡的东西旁边，微弯上身，拿起物品。正确的蹲姿如图 2-4 所示。

图 2-4　正确的蹲姿

第二节　体形美与形体锻炼

一、最美体形

什么样的体形是美的？古希腊哲学家毕达哥拉斯认为：人的标准体形的各主要部分的比例应符合黄金分割律（也叫黄金比）。黄金分割律是一个奇妙的规律，只要符合这个分割律的物体和几何图形，都使人感到和谐、悦目。文艺复兴时期，人们热衷于研究人体，结果发现人体本身就是黄金分割的一个最杰出的样本。也就是说，当一个人体形的三个比例均符合0.618∶1的关系时就是最美体形。如图 2-5 所示，这三个比例如下：

1）以肚脐为分界点，上半身与下半身的比例；

2）人体直立，两手垂直，以手的中指指尖为分界点，下半身与上半身的比例；

3）肩宽与臀宽的平均数与从肩峰到臀底的距离之比，即躯干的宽与长之比。

希腊美与爱之神维纳斯雕像优美无比的身材就符合这个比例。当然，人的体形标准是不宜做机械的规定的，这是因为人体形态的成长发育，由于不同的遗传因素、地理条件及社会环境的影响，是很难统一的。因此，体形是否美，只要看符不符合对称与比例和谐这两个基本的标准。一般来讲，体形美的纵向指标（如身高）受遗传影响较大，但通过科学的锻炼也能在一定程度上发生改变，而人体美的横向指标（如胸围、臀围、腰围、大小腿围）与身体锻炼有密切的关系。因此，通过适当的因体制宜的形体训练，可以使身体各部位的比例有所变化，使体形更加协调健美。

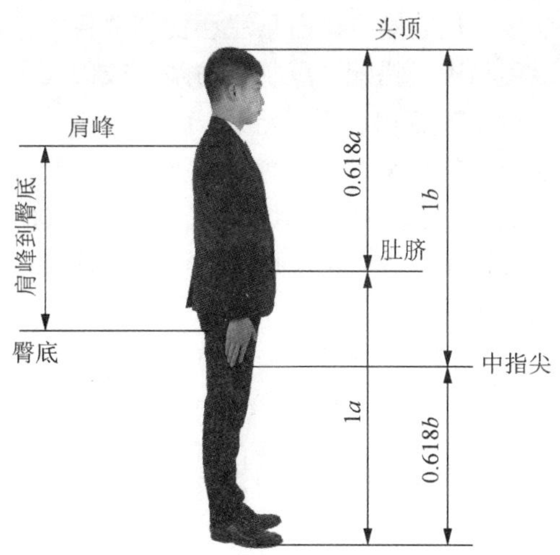

图 2-5　人体黄金分割

二、锻炼与体形的关系

形体训练应以健美为基本内容。健美的含意有两个：一要健康，也就是说，人的体格、体能和适应能力，均应达到健康的要求；二要符合人体美的标准，即在骨骼形态、肌肉丰满、体形匀称、仪态优美、举止稳健、肤色健康、精神饱满等方面，基本符合规定的审美要求。一个疾病缠身、孱弱无力的人，尽管身材适中，也很难表现出良好的气质和形体美。一个有健康身体的人，而体型却过胖或过瘦，也谈不上健美。所以，健美是身健和体美的总和，两者是不可分割的。

要使自己的形体健美，一定要积极参加形体锻炼，通过徒手或器械的练习锻炼身体，可以对身体各个部位进行专门训练和综合训练，使自己两侧对称的肢体均衡发展，对由于日常工作或生活习惯而造成的不够对称的肢体和部位进行强化训练，使劣势得到弥补，促进人体均衡发展。另外，注意形态训练，进行一些腿部基本功、腿形健美、健腰操、胸部健美操、手位组合操等姿态美的训练；并注意在日常生活中持之以恒，不要三天打鱼，两天晒网。

三、膳食与体形的关系

健康的身体是保证体形美的基础，而饮食是保证健康的重要因素之一。因此，必须合理用膳，讲究饮食营养。我国自古到今的习俗是一日三餐，人们把它视为进餐标准，从营养学的角度来看，应该是“少食多餐”，营养学家认为，一日多次小餐比相同的一日三餐储存在体内的脂肪少，因为人体能有效地代谢摄取它的热量。例如，印尼巴原岛的妇女，她们习惯一日五餐，所以与类似的人种相比，她们很少有肥胖者。另外，在饮食中我们要注意平衡营养，进食量应随着身体的生长发育或体力活动强度的大小而定，身体对营养素的需要量大，或消耗量大，吃饭的量就应多，反之则少。而且注意食物中各种营养的种类要齐全、比例要合适。在副食方面，应该蔬菜与肉类搭配，豆制品与蔬菜或肉类合食。此外，还要多吃新鲜水果，但不宜多吃零食，如糖果、话梅、瓜子等。

有些人，尤其是年轻女士，往往采用“偏食”或“绝食”的方法来减肥，以求苗条的身材，如果本人已属于“肥胖型”，可以考虑适当节食；如果体重指数并未超出正常指标，只是自我感觉需要“减肥”而大量减少进食量，那么很可能因营养不良导致体质下降，这样不但达不到健美的目的，反而会适得其反。

目前国际上普遍采用“体重指数”来判断一个人的胖瘦程度。它的计算公式是

$$E=Q/H^2$$

体重＝身高－（100～110）

式中：E——体重指数；

Q——体重（千克）；

H——身高（米）。

国际上公认体重指数为 $E=22$，我国普遍认为 $E=20\sim25$，当体重指数大于 25 时为超重，大于 30 时为肥胖。超过标准时，一方面，要积极参加锻炼，将体内积存的过多脂肪转换成热量消耗掉；另一方面，要改变膳食结构，注意用膳时间，遵从“早吃饱、午吃好、晚吃少”的原则，避免体内继续储存脂肪。

对于瘦弱男女，在饮食方面多数人都存在挑食和偏食现象。因此，应改掉这些不良的习惯，增加膳食摄入量，膳食应丰富多样。多吃碳水化合物，面食最管用。此外，高蛋白食品、蔬菜和水果一样都不能少。在摄入足够蛋白质的情况下，宜多进食一些含脂肪、碳水化合物（即淀粉、糖类等）较丰富的食物。这样，多余的能量就可以转化为脂肪储存于皮下，使瘦弱者体态健壮起来。另外，要适当运动，对于那些长期坐办公室的瘦人来说，每天应抽出一定的时间锻炼，这不仅有利于改善食欲，也能使肌肉强壮、体魄健美。在运动方式上，慢跑是个不错的选择，因为人在慢跑的时候肠胃蠕动次数明显增多，这样可以消耗人体能量，在进餐时胃口就好。一般来说，大运动量运动、短时间运动和快速爆发力运动都能起到增肥效果，也是欲减肥的人最应忌讳的。

第三节　身姿语的表达意义

意大利画家达·芬奇曾经说过，精神应该通过姿势和四肢的运动来表现。同样在社会交往中，人的一举手一投足，都能体现特定态度，表达特定含义。所以，身姿和手势作为一种交流信号，在人际交往中有十分重要的意义。美国心理学家艾伯特·梅拉比安曾经提出一个公式：信息的全部表达＝7%言语＋38%声音＋55%（表情、动作、举止），也就是说，在人

际交往中55%的信息传递是通过身姿语进行的。所以，在人际交往中我们有必要了解和熟悉某些常见身姿语，它将有助于人与人之间更准确地相互了解与交流。

一、目光

眼睛是心灵的窗户。目光接触，是人类最能传神的非言语交往，是非常富有表现力的，切莫小看这简简单单的“一眼”。我们以眼睛自然地传递思想感情，在人际交往中，目光交流不仅可以表示对他人正在叙说的事情的重视，也可表达对他人的兴趣或喜爱。但是，要注意的是在社会交往中应使我们的目光接触适应讲话的内容，适应我们的各种关系。在进行普通的社交性谈话时，听讲者应看着对方，表示关注；而讲话者不宜再迎视对方的目光，除非两人关系已密切到可以直接“以目传情”的程度。讲话者往往说完最后一句话时，才将目光移向对方的眼睛，这是在表示一种询问“你认为我讲的对吗”或暗示“现在轮到你讲了”。对方就会移开目光开起口来。

在交往中，彼此之间的目光接触还因人的地位和自信程度而异。心理学家的一次实验中，让两个互不相识的女大学生共同讨论问题，预先对其中一个说，你的交谈对象是个研究生，同时却告知另一个人说，你的交谈对象是高考多次落第的高中毕业生。结果，自认为自己地位高的女学生，在听和说的整个过程中都充满自信地凝视对方，而自认为地位低的学生，谈话时就很少注视对方。

另外，在交往中用目光注视对方，还要根据具体情况注意注视的时间、区域、角度和方式等问题。

1. 注视时间

在整个交谈的过程中，与对方目光接触应该累计达到全部交谈过程的50%～70%，这样显得比较自然和有礼貌。

2. 注视区域

场合不同，注视的部位也不同。一般分为公务注视、社交注视、亲密注视。

1）公务注视。在洽谈、磋商、谈判等严肃场合，目光要给人一种严肃、认真的感觉。注视的位置在对方双眼或双眼与额头之间的区域，如图2-6（a）所示。

2）社交注视。这是在各种社交场合使用的注视方式。注视的位置在对方唇心到双眼之间的三角区域，如图2-6（b）所示。

3）亲密注视。这是亲人之间、恋人之间、家庭成员之间使用的注视方式。注视的位置在对方双眼到胸之间，如图2-6（c）所示。

（a）公务注视（上三角）区

（b）社交注视（中三角）区

（c）亲密注视（下三角）区

图 2-6　目光注视区域

3. 注视角度

在商务活动中，既要方便开展工作，又不至于引起交往对象的误解，就需要有正确的注视角度。在注视他人时，目光的角度，即其发出的方向，是事关与交往对象亲疏远近的一大问题。注视他人的常规角度有下列四种。

1）平视。平视也叫正规，即视线呈水平状态。在注视他人的时候，目光与对方相比处于相似的高度。在服务工作中平视服务对象可以表现出双方地位平等和不卑不亢的精神面貌。一般适用于在普通场合与身份、地位平等之人进行交往。正视对方是交往中的一种基本礼貌，其含义表示重视对方，如图 2-7（a）所示。

2）仰视。仰视，即主动居于低处，仰面向上看或抬头向上看。它表示尊重、敬畏之意，适用于面对尊长时，如图 2-7（b）所示。

3）俯视。俯视，原意是指从高处或居高临下的地方向下注视。它可用于长辈对晚辈表示宽容、怜爱，也可对他人表示轻慢、歧视，如图 2-7（c）所示。

4）侧视。它是平视的一种特殊情况，即位于交往对角一侧，面向对方，平视着对方。它的关键在于面向对方，否则即为斜视对方，那是很失礼的，如图 2-7（d）所示。

4. 注视方式

无论使用哪种注视，都要注意不可将视线长时间固定在所要注视的位置上。应适当地将视线从固定的位置上移开片刻。这样能使对方心理放松，感觉平等，易于交往。

当与人说话时，目光要集中注视对方。听人说话时，要看着对方的眼睛，这是一种既讲礼貌又不易疲劳的方法。如果表示对谈话感兴趣，就要用柔和友善的目光正视对方的眼区。如果想要中断与对方的谈话，可以有意识地将目光稍稍转向他处。当对方说了错误的话正在拘谨害羞时，不要马上转移自己的视线，而要用亲切、柔和、理解的目光继续看着对方，否

则对方会误认为你高傲，在讽刺和嘲笑他。

(a) 平视

(b) 仰视

(c) 俯视

(d) 侧视

图 2-7 目光注视角度

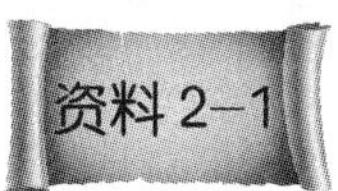

注视不当，影响交往

公司新招来一位员工小王，他是一位热情开朗、大方爽朗的小伙子，喜欢和人交朋友，平时和同事交谈喜欢靠近对方，并盯着对方的眼睛说话，有拍对方肩膀的习惯性动作，并靠得很近，有时甚至凑到同事耳朵跟前说话。可是，一段时间后，小王发现同事们不愿意和他说话，老远看见他就找借口走了，小王很郁闷，不知道自己哪里出了问题。

问题：请问小王在与同事交往的过程中，有何不妥之处？应如何改进？

二、微笑

表情是思想感情的自然外露，它是通过人的面部姿态表现出来的。

人的感情是复杂的，每个人都会经历生活的“喜、怒、哀、乐”，这些感情可以通过一个人的眼睛、眉毛、嘴巴和面部肌肉的变化来表达。其中笑在人际交往中具有非同寻常的意义。

笑，是人的一种平和心态以及善良的内心表现。笑时脸上会露出愉快的表情，或发出欢喜的声音。在中国的语言文学中有微笑、娇笑、冷笑、狞笑、狂笑、奸笑、谄笑、苦笑、耻笑、讥笑、讪笑、皮笑肉不笑等各种特色的笑。不同的笑表达着不同的心态和感情，传递着各种信息。而使人与人之间心理距离缩短，并能创造出交流和沟通的良好氛围的莫过于亲切、温馨的微笑。

微笑，它同眼神一样是无声的语言，是人际交往中的“润滑剂”，是一种广交朋友的有效手段。也是人们表达愉快感情的心灵的外露，是善良、友好、赞美的象征。一种有分寸的微笑，再配上优雅的举止，对于表达自己的主张，争取他人的合作，会起到不可估量的积极作用。当然，微笑应是发自内心的轻松友善的笑，要自然、美好、真诚，如图 2-8 所示，切忌虚假造作的微笑。

图 2-8　正确的微笑

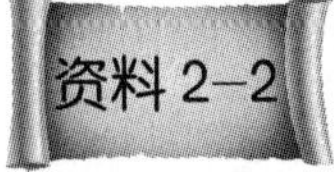

“你今天对客人微笑了吗？”

“你今天对客人微笑了吗？”这是美国希尔顿酒店总公司的董事长康纳·希尔顿在 70 年里，不断到他设在世界各国的希尔顿酒店视察业务时经常问及各级人员的一句话。他说：“无论酒店本身遭受的困难如何，希尔顿酒店服务员脸上的微笑，永远是属于旅客的阳光。”“酒店里第一流的设备重要，而第一流服务员的微笑更重要，如果缺少服务员的美好微笑，好比花园里失去了春日的阳光和春风。假如我是顾客，我宁愿住进那些虽然只有残旧地毯，却处处可见到微笑的酒店，而不愿走进只有一流设备而不见微笑的地方。”正是微笑的魅力，帮助其渡过了 20 世纪 30 年代美国空前的经济大萧条，获得了世界性的大发展。

分析：由上述案例可见，微笑是一门学问，又是一门艺术，随着人际交往的频繁，真诚的微笑不但可以让人们和睦相处，也会给人带来极大的成功。

三、手势

手势是一种极其复杂的符号，能够表达一定的含义。手势更是听力障碍的人互相交际和交流思想的一种最有效的语言，它同时也是有声语言的重要辅助工具，所以说手势也是手语。学手语并不只是便于与聋者沟通，常人间也可以使用，如嘈杂的工厂、公共场所，用手语更便于沟通，同时用手语还可以减少误会，增进情感。手语人人可学，老少皆宜，各行各业的

人士皆可使用手语，例如，有位牙科医生自从学会手语后，聋人竞相传告，凡有患者皆到他开的诊所，业务蒸蒸日上，手语的其他好处也不胜枚举。

在人际交往中，手势更能起到直接的沟通作用。对方向你伸出手，你迎上去握住它，这是表示友好与交往的诚意；你若无动于衷地不伸出手去，或懒懒地稍握一下对方的手，则意味着你不愿与其交朋友；鼓掌是表示赞许、感谢的意思；在交谈中，你向对方伸出拇指，自然是表示夸奖，而若伸出小指，则是贬低对方。这些都是交往双方不言自明、不可随意滥用的符号。而人们常常因在人际交往中，不由自主地表现出一些不适当的手势动作而影响友好的沟通。

人际交往中，手势的运用要规范和适度。与人谈话时，手势不宜过多，也不宜过大，要给人以一种优雅、含蓄和彬彬有礼的感觉。一般认为：掌心向上的手势有一种诚恳、尊重他人的含义；掌心向下的手势意味着不够坦率、缺乏诚意等。攥紧拳头暗示进攻和自卫，也表示愤怒。伸出手指来指点，是引起别人注意，含有教训人的意思。因此在指路、指示方向时，应注意手指自然并拢，掌心向上，以肘关节为支点，指示目标，切忌只伸出食指来指点。当然，仅靠手势指示，而神态麻木或漫不经心是不行的，只有靠面部的表情和身体各部分身姿语的配合，才能给人一种热诚、舒心的感觉。

另外，手势的运用，也要注意文化上的差异。同样一种手势，在不同国家、不同地区却有不同的含义。例如，表示身高的手势，我国和英美等国都是将手心向下与地面平行地放在小孩头部高度位置上表示小孩的身高，但在墨西哥等拉丁美洲国家，这一手势只可用来表示动物的高度，他们表示小孩身高的方法是将手心向左，或手心向前，手指第二关节处弯曲。所以，我国表示人的身高的手势被拉丁美洲国家认为把人当成动物是有意侮辱人了。

在中国，手心向下伸出向人招手，是请人过来，但若一个英国人见到这种手势会转身就走，因为在英国这表示“再见”。如果他们招呼人过来，是手向上展开，弯曲手指数次。然而，在我国和日本，这一动作却要遭人白眼，因为这种手势在我国和日本易被理解成招呼动物和幼儿。

食指指点别人不礼貌

在很多国家，用食指指人都是不礼貌的。例如，马来西亚人认为以食指指人，是对人的一种污辱；其实，在中国自古以来就认为用食指指人是不礼貌的。练气功的人都知道，伸出的食指，也称“剑指”，在气功学上来说，它发的是阴气，带着一种阴性的消极负意识，是对所指向的人或物有伤害或克制的。所以才有“指到哪里，打到哪里”的说法；也才有当人们吵架激烈的时候，人们才不自觉地用食指来指点对方，甚至指点着对方而不停地漫骂。

向上伸大拇指［图 2-9（a）］，这是中国人最常用的手势，表示夸奖和赞许，意味着“太好了”“妙极了”“真棒”“高明”“漂亮”“厉害”“佩服”“顶呱呱”“盖了帽了”。在尼日利亚，宾客来临，要伸出大拇指，表示对来自远方的友人的问候。在日本，这一手势表示“男人”“您的父亲”。在韩国，这一手势表示“首级”“父亲”“部长”和“队长”。在美国、墨西哥、荷兰、斯里兰卡等国家，这一手势表示祈祷幸运。在美国、印度、法国，若想拦路搭车时可横向伸出大拇指。在印度尼西亚，可以伸出大拇指指东西。但在澳大利亚，竖大拇指则是一个粗野的动作。在日本，如果一个女孩向一位单身男子伸出大拇指，就是在问对方是否有女朋友，如果你不了解，照样也伸出大拇指，这个女孩就会想，你在邀请她出去玩。

用拇指和食指合成圆圈，另外三指微开［图 2-9（b）］，在美国表示“OK”，是赞扬和允诺的意思；而在法国一些地方，有时可解释为零，即“毫无价值”之意；在巴西、俄罗斯和土耳其是骂人的意思；在日本则表示“钱”或“货币”。

伸出食指在太阳穴处转一圈［图 2-9（c）］，在美国和巴西是指别人是个疯子；在阿根廷意指有人要在电话里和你说话；在德国开车时使用这种手势，表示骂别人开车技术太差。

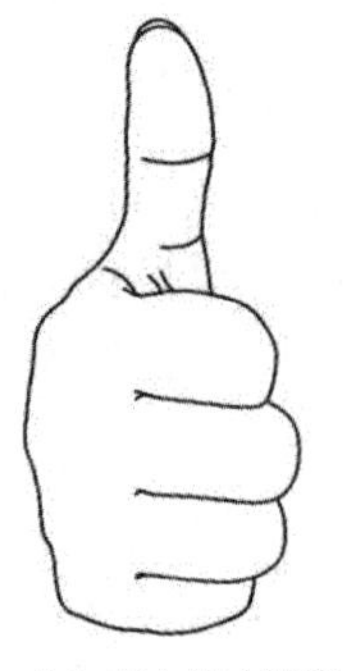

（a）向上伸大拇指

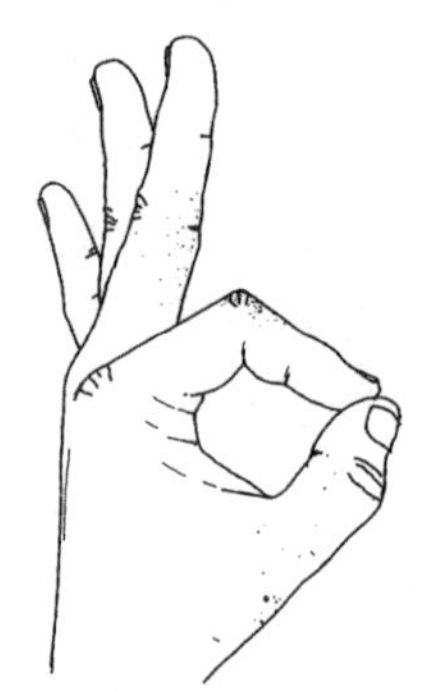

（b）二指成圆，三指微开

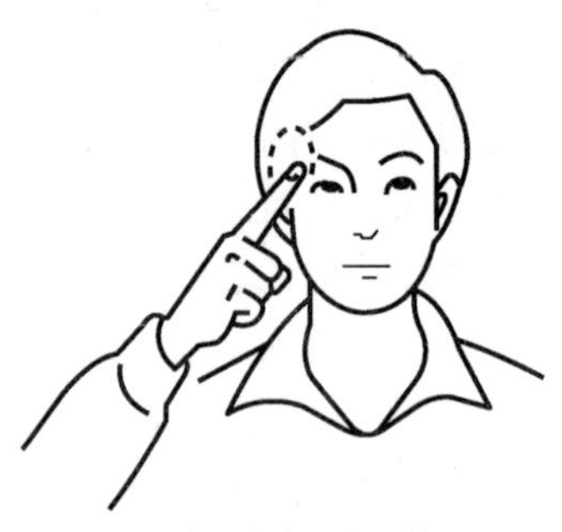

（c）食指在太阳穴处转圈

图 2-9　部分手势的含义

在某些不便于说出声的场合，用手势（手语）表示简单的数字非常方便。例如，用拇指和食指捏成圆，其余自然弯曲，代表“0”；伸食指，其余四指自然弯曲，代表“1”；伸食指和中指，其余手指自然弯曲，代表“2”；伸中指、无名指和小指，其余手指自然弯曲，代表“3”；伸食指、中指、无名指和小指，拇指弯曲，代表“4”；五指全部伸开，代表“5”；拇指和小指伸开，其余手指弯曲，代表“6”；拇指、食指和中指相捏，其余手指弯曲，代表“7”；拇指、食指伸开，其余手指弯曲，代表“8”；食指弯如钩形，其余四指弯曲，代表“9”；食指、中指交叉，其余手指弯曲，代表“10”；用“2”的手势，并将食指和中指弯动一下，代表“20”。各种数字手势如图 2-10 所示。

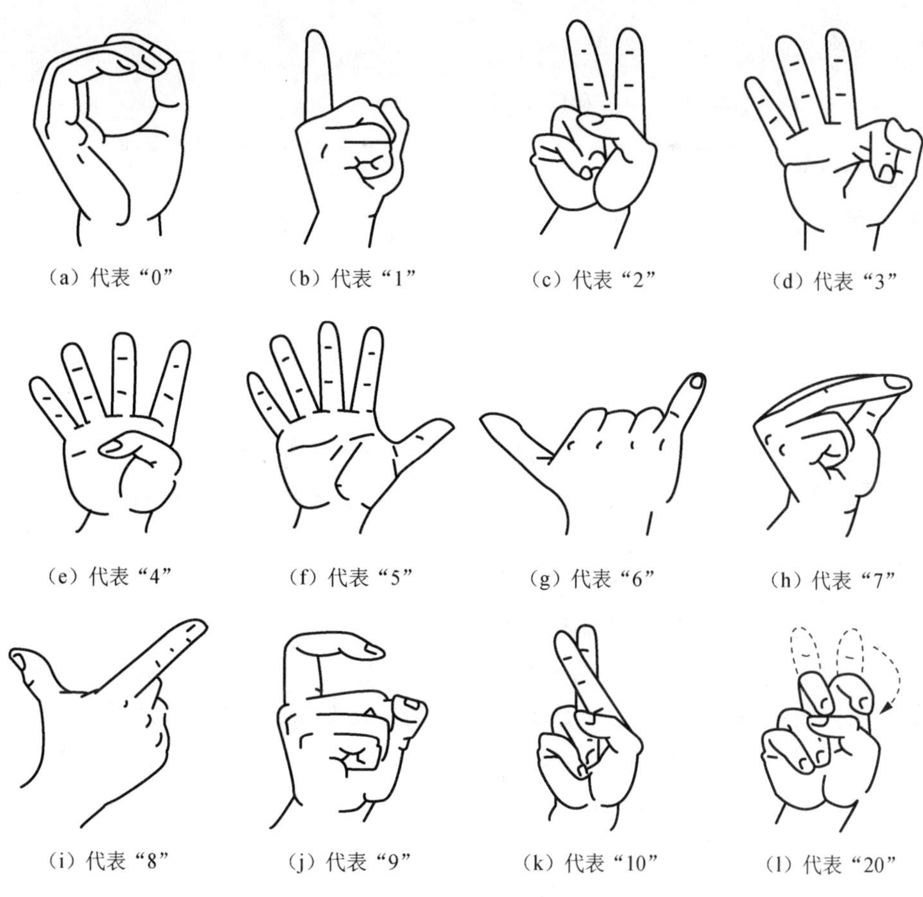

图 2-10　用手势表示数字

所以，在国际交往中，使用身姿语和手势时应注意动作在当地的表达意义，以免处于非常失利和难堪的境地。

课堂实训

1. 实训题目

仪态训练。

2. 实训内容

按照本章讲授的要点，练习规范的站姿、坐姿、走姿、蹲姿、表情、手势等正确仪态。

3．实训要求

掌握各种不同仪态的基本规范和应用范围。

4．实训地点

形体训练室。

5．实训课时

两个课时。

6．实训步骤

1）指导教师简要介绍本次实训的内容和要求，并制定评分标准。

2）指导教师示范讲解站姿、坐姿、走姿、蹲姿、表情、手势等规范仪态动作及需要注意的问题。

3）根据实训条件分组，把全班同学分成六个小组。

4）以小组为单位分别进行模拟实训初赛，每次由一名同学出场，其他同学均为评委并依据评分标准为其打分。组内按得分多少排序，每组选第一名（特别优秀的组可选前两名）出线，参加第二轮实训竞赛。第二轮实训竞赛时，由各组推选一名未出线的同学担任评委（共六名学生评委），指导老师当然是评委，且评分的权重要适当大于学生评委（如老师评分权重相当于学生评分权重的3～6倍）。

5）以实训得分为基础分，参加第二轮实训竞赛学生（较优秀者）的得分再乘以一个大于1（如1.1或1.2）的系数作为最后的实训课成绩。

6）最后由指导教师做出全面点评。

1．简述正确站姿的基本要领。
2．简述正确坐姿的基本要领。
3．简述正确走姿的基本要领。
4．简述正确蹲姿的基本要领。
5．优美形体的三个黄金分割比例是什么？
6．如何用体重指数来判断人的胖瘦程度？

7. 目光注视的几个不同区域各适用于什么情况？
8. 不同的注视角度各代表什么含义？
9. 简述微笑在人际交往中的重要性。
10. 如何在社交活动中正确使用表情和手势？

第三章　化妆与美容

本章导读

仪容即容貌，通常是指人的外观、外貌。人的容貌由发型、面容以及人体所有未被服饰遮掩的肌肤所构成，是个人仪表中最基本、最重要的要素。仪容注重表面而不是内心。在人际交往中，每个人的仪容都会引起交往对象的特别关注，并将影响到对方对自己的整体评价。保持清洁是最基本的美容，男士要注意细部的整洁，女士通常要化妆。在某些场合，适当的美容化妆既是一种礼貌，也是自尊、尊重他人的体现。本章介绍化妆与美容的原则和基本方法。

1. 了解仪容美的基本礼仪规范。
2. 了解化妆的原则及技巧。
3. 掌握根据脸型和身材设计发型的方法。
4. 掌握加强皮肤营养和头发护理的科学方法。

关键词

仪容（appearance）
化妆（makeup）
发型（hairstyle）

在人际交往中，化妆不仅是工作的需要和对他人的尊重，而且对于我们本身，也能产生一种积极、奋进的动力。因为人们在适度而得体的化妆之后，往往会发现一个美丽的、崭新

的自我，因此产生的愉悦心情又影响着周围的环境，不断地营造出一种温馨而热烈的氛围，从而显示个人魅力、体现风度，给别人留下良好的印象，增进与别人的交流。

第一节 面部化妆

在生活中，我们常常以苹果红的脸色、小巧而挺直的鼻子、明亮如星的双眸，樱桃似的小嘴等来形容女性的美。虽然美的标准并不统一，但脸部的美却是整体美中的关键部位，而脸部化妆又是美容化妆中最重要的一环。脸部化妆的内容，包括眉、眼、鼻、颊、唇等部位的化妆。要想化好脸部的妆，首先必须掌握脸部化妆的基本原则。

一、化妆的原则

成功的化妆会使年轻的姑娘清纯可爱，使年龄较大的妇女神采焕发、生机勃勃；相反，不成功的化妆会使清纯可爱的姑娘俗不可耐，成熟的女性妖艳轻浮。成功的化妆是一个人气质、修养的外部表现形式的主要方面，因此，对于面部化妆必须给予足够的重视。

1. 扬长避短

大多数人的面容不是十全十美的，都有这样或那样不尽如人意的地方，所以化妆应遵循扬长避短的原则。化妆一方面要突出脸部最美的部分，最富魅力的部位，刻意加以美化，使其显得更加美丽动人，更加富有活力；另一方面要掩盖或矫正缺陷和不足的部分，使缺陷加以掩盖或削弱，这样才能起到化妆的最佳效果。

2. 自然真实

化妆要自然协调，不留痕迹。生活淡妆给人以大方、悦目、清新之感，最适合在家或平时上班时使用；浓妆给人以庄重、高贵的印象，常出现在晚宴、婚宴、演出等特殊的社交场合。无论淡妆、浓妆，切忌厚厚地抹上一层，要显得自然真实。化妆师可以运用化妆技巧，通过熟练的化妆手段，使用各种合适的化妆品来达到自然而美丽的化妆效果。

3. 认真负责

化妆时切不可片面地追求速度，敷衍了事，而要采取一丝不苟的态度，有层次、有步骤地进行。化妆时，动作要轻稳，注意选择合适的色彩和光线。

4. 整体配合

化妆要因人、因时、因地制宜，切忌强求一律，应表现出个性美，避免“千人一妆”。在化妆前，化妆师要对化妆对象进行专门设计，要强调个性特点，不要单纯模仿。要根据自身脸部（包括眉、眼、鼻、颊、唇）特征，进行具有个性美的整体设计；同时还要根据不同

场合、不同年龄、不同身份制定不同的设计方案。夜间，特别是在彩色灯光的照耀下，应该使用发亮的化妆品，如亮光眼影、珠光唇膏等，但涂的范围不应太大。切忌在原来的化妆基础上再涂新的化妆品，这样做不仅会使化妆失去光泽，而且会损害皮肤。

5. 化妆要因时因地而定

化妆的浓淡决不可太随意，而要因时因地而异。有的人在工作时间喜欢在脸上涂上一层厚厚的粉底，嘴唇抹得鲜红，使人觉得她所关心的首先不是工作。还有的女士喜欢使用大量浓香型的香水和香粉，把自己搞得香气四溢，在不通风的地方非常容易触犯别人。有的人在出外郊游和剧烈活动时，涂上重重的浓妆，被汗水、灰尘所浸，搞得脸上一片狼藉，颇为难堪，这些都是不可取的。所以，一定要将白天与晚上、一般场合和特殊场合、不同季节的化妆区别对待，不要一概而论。

6. 化妆与年龄相适应

化妆的目的是增加个人的容貌美，而容貌美中最珍贵的是“自然青春美”，因此，要十分珍惜这段“转瞬即逝”的青春时光，延长青春容貌的保持时间。具体到化妆上，平时应在注意保持肌肤清洁的基础上，多采用护肤用品，使皮肤免受烈日、暴风、有害气体、劣质化妆品等各种不良因素的刺激。在参加正式会议或宴会、晚会等场合，年轻女士也应化淡妆。如果不是面部有生理缺陷，尽量不做文眉、文眼线等永久性的固定化妆。年龄稍大的女性，更应重视自己的化妆技巧。在平时，以化淡妆为宜，成功的化妆应该是给人以无“刻意追求”的印象，即化出的妆自然和谐；在参加正式会议或参加宴会、舞会等社交活动时，则应该根据不同的时间和场合，化不同的妆，以示自己对参加会议的重视。男士亦应该注意适当“化妆”，当然，男士“化妆”不是抹粉及涂唇膏，而是要根据自己的脸型、年龄及气质，稍稍修整眉型、发型，同时也应该保持皮肤的清洁和使用一些合适的护肤品。

7. 化妆要避人

我们经常看到这样的女士，对自己的装束和形象十分在意，无论是工作、学习、乘公交车、上街、社交或是赴宴，一旦有了空闲，就会在众目睽睽之下，只管拿出自己的化妆盒来对镜修饰一番，如入无人之境，这是极为失礼的。这样做既不尊重别人，也不尊重自己，给人以轻佻、浮夸的感觉，影响个人形象。如果确实需要补妆的话，最好避开众人，到洗手间或其他无人的地方进行，切莫当众表演。

8. 选择合适的化妆品

化妆品的种类很多，并不一定所有的化妆品都适用于自己，而且有些化妆品质量低劣，会对皮肤造成损伤，所以选择化妆品时，应根据自己皮肤的类型（干性、中性、油性）选择质地细腻、颜色适中的品种。

此外，脸部化妆还必须注意与发型、服装和饰物相配合，力求达到完善的整体效果。

南开中学的“容止格言”

南开中学各教学楼门口都有一面镜子，上面均写着：面必净，发必理，衣必整，纽必结；头容正，肩容平，胸容宽，背容直。气象勿傲勿暴勿怠，颜色宜和宜静宜庄。

这就是著名的“容止格言”。周恩来总理青少年时期曾在南开中学学习，其一生都在严格履行这四十字箴言，“容止格言”也是我们讲究形象的精华所在。

二、面部化妆的一般程序和技巧

1. 洁面

现代女性使用彩妆品后，仅仅使用洗面奶是不能够彻底清洁皮肤的，应使用卸妆产品卸妆，并定期做深层洁面工作，以免污垢、油脂堵塞毛孔，引起一系列诸如炎症、青春痘、粗糙、暗淡等皮肤问题，尤其是影响皮肤的正常代谢。洁面，绝不是简简单单地用洗面乳一搓，用水一冲，用毛巾一擦了事。一定要选好洁面乳，只有使用适合自己的洗面奶，懂得洗面才是真正清洁护肤的关键。需要用温水及洗面奶彻底洗去脸上的油脂、汗水、灰尘等污秽，使面部光洁美丽，永葆青春。

2. 扑化妆水

化妆水是日常护肤不可缺少的组成元素，常用的化妆水包括柔肤水、爽肤水、紧肤水等。使用化妆水要特别讲究方法，一般不用手拍，因为手掌皮肤有一层“透明层”，碰到水会很快吸收，如把化妆水倒入手掌中，在脸部按摩一半之前已被手吸收去了。根据皮肤的性质，选用不同的化妆水，将其倒入能渗透的化妆棉里，轻轻拍打前额、面颊、鼻梁、下巴等处，将其涂抹均匀，以达到收敛肌肤的效果。

3. 擦护肤霜

使用适量的护肤霜，可以保护皮肤少受化妆品的刺激，并使粉底容易涂敷。在擦护肤霜的时候需要使用一定的手法来帮助护肤霜吸收，这样能够使皮肤紧致。在下巴、两颊、额头和鼻头点上适量的护肤霜，从下巴开始按照皮肤纹理的方向向上擦匀，注意避开眼部的位置，额头的部分从眉毛向发际线擦匀，鼻子的部分，向下擦匀，鼻翼两侧按照鼻翼的形状擦匀，嘴唇上方的位置由人中的位置向两边擦匀，下方的位置向上按摩。最后，用手心热乎乎的位置敷面一下，让其更好吸收。

4. 打底色

选择两种以上适合自己皮肤的粉底霜，按面部不同的区域，分别涂敷深浅不同的粉底，以期得出立体感的妆面。底色切记要打匀，打到颈部耳后和上额发根时，要逐步淡过去，底色和皮肤交界处要衔接得均匀、自然，使底色不知不觉地过渡到原来的肤色。如果衔接不好，就会给人一种戴“假脸壳”的感觉，这就显得假而且不美了。打底色不仅是为了校正肤色，使你的皮肤色彩更健康、漂亮。还可以利用打底色帮助塑造你的脸部结构，改变你的脸型。例如，你的脸“太肉”太胖，打底色时前额、鼻子、下巴部位稍亮一些，眼角、耳后用稍暗稍深一些的色彩，就会使人感觉你的脸清瘦一些。如果嫌你的脸太消瘦了，则反过来，把鬓角、腮颊、耳后等打亮些的色彩，其他部位适当暗一些，也会使人感到你的脸丰满多了。这一步操作的关键是使亮色、中间色和暗色三种色彩衔接均匀、自然，使一种色彩不知不觉转换到另一种色彩，否则就失真了。

5. 薄施定妆粉，以加固粉底

使用定妆粉时，将粉扑蘸粉饼或散粉扑到脸上，然后再用软刷把多余的粉刷掉，消除不均匀的粉，固定化妆。

6. 修眉、画眉

修眉的化妆要根据脸型来修，胖的挑眉，脸型长的平眉，眉峰在整条眉毛的三分之一处。画眉时一定要记住缺哪儿补哪儿，这样才能使眉毛看起来自然。

7. 画眼线

画眼线即是沿睫毛根部画出一条细线，尽可能贴近睫毛。画眼线时，一开始下笔要轻，以避免画出过重、过粗或过厚的眼线。如果想要深，就采用“渐进式”的重叠上色画法，慢慢地将眼线描绘出来，而不是一笔到位，发现不好看的地方可随时调整。在眼线画完以后，可以用一层粉底或蜜粉轻轻地扑在眼线上，其目的是让眼线的效果更持久，而且可以抑制眼部出油等情况。注意不要在眼线与眼睛之间出现没画过眼线的皮肤色，这样会显得眼睛的比例很不协调。将眼皮拉起，尽量在睫毛的根部画眼线，这样会显得睫毛更加浓密。选择眼线颜色时，最安全的是深褐色、铁灰色以及黑色，这三种颜色比较适合东方人黄色的皮肤。

8. 涂睫毛膏

若眉毛颜色比较淡，可以刷点儿睫毛膏。涂睫毛膏能弥补睫毛稀、短的缺憾，使睫毛显得浓密、纤长，突出眼部神韵。睫毛膏有多种颜色，黑色最为常用，因为黑色更容易表现睫毛浓密的效果，其他颜色只适用于特殊效果的化妆。无论哪种颜色的睫毛膏，使用时都要和眼影的颜色相协调。涂睫毛膏以保持睫毛一根根自然状态和不粘连在一起为原则。睫毛膏用量宁少勿多，这样才会自然、柔和。若用量太多，会使睫毛过于粗硬，过于黑，与面部其他

部位的化妆不相协调。

9. 涂眼影

涂眼影重点是上眼睑，从睑缘到眉毛下缘，着色由深到浅，并巧施亮色强化眼睛的立体感。涂眼影的步骤如下：①先打一层白色的基础眼影，提亮眼皮，从靠近睫毛的地方往上画，可以用眼影调色板里的眼影刷，也可以用手指画，画一个大半圆的形状就可以了。②打好白色的眼影之后，检查一下左右两边涂得是否均匀，位置要在眼睛和眉毛的中间，不要画到外面。③然后就是着色，挑选自己喜欢的眼影色涂上，画第一个大半圆的三分之二即可，如果前一天晚上没睡好可以选择黑色的眼影加以遮掩。

10. 涂抹腮红

用胭脂刷涂抹腮红。腮红的画法都跟着彩妆流行趋势走。腮红是用来塑造立体感的，涂抹腮红后会使面颊呈现健康红润的颜色。如果说眼妆是脸部彩妆的焦点，口红是化妆包里不可或缺的要件，那么，腮红就是修饰脸型、美化肤色的最佳工具。建议用偏咖啡色让脸部有立体感，不要让它抢过眼妆。用橘棕色腮红刷在颧骨上也能展现妆感的个性，刷上粉色圆腮红也可让妆感瞬间变得甜美可爱。

11. 补定妆粉

定妆粉有吸收面部多余油脂、减少面部油光的作用，可以全面调整肤色，令妆容更持久、柔滑细致，并可防止脱妆。因此，化完妆后需要再次补上一层半透明的定妆粉。

12. 涂口红

先用唇线笔画出理想的唇形，然后填入唇膏。涂口红时，厚唇型和薄唇型有不同的方法。

（1）厚唇型涂唇膏的方法

1）用指尖蘸取少量遮瑕膏后，薄薄地涂在嘴唇本来的轮廓线上，隐去明显的嘴唇轮廓。

2）再用唇线笔在嘴唇本来轮廓的内侧描上明显的上下唇线。

3）注意，要在原嘴唇轮廓内侧 1 毫米处画出唇线，使整个嘴唇的轮廓缩小一圈。

4）用唇刷涂抹唇膏时，从中间向两侧淡淡地刷上一层，嘴角位置涂刷两遍，反复加深颜色，会让嘴唇缩小，有棱角感。

（2）薄唇型涂唇膏的方法

1）薄唇要想丰润双唇，可用接近唇色的粉褐色唇线笔，轻轻描出稍宽于嘴唇轮廓的唇线。

2）先在上唇唇峰处描出饱满的曲线，延伸至嘴角，再从唇中间开始往嘴角延伸描画唇线。

3）画完唇线后，再用唇线笔少量多次地蘸取唇膏，均匀涂刷。注意与唇线的融合，不能有色差感。

4）最后给双唇涂上具有珠光色泽的唇膏，可以丰润双唇。

竞选总统，尼克松“栽”在镜头前

1960 年 9 月 26 日，尼克松和肯尼迪在全美的电视观众面前，举行竞选总统的第一次辩论会。尼克松当时是美国副总统，肯尼迪不过是马萨诸塞州一名资历尚浅的参议员，此前许多人认为这将是一场一边倒的竞赛——经验老道的尼克松肯定会胜出。但电视屏幕却改变了一切，当时尼克松刚动过膝盖手术，脸色苍白，身体消瘦，还发着烧；肯尼迪则刚刚参加完加州竞选活动，而且他事先还经常跑到海滩去晒太阳，养精蓄锐，肤色黝黑，活力四射。上台前肯尼迪事先经过了排练并请助手帮他进行了精心的“润色”，而尼克松则没听电视导演的规劝，更失策的是他随便在脸上抹了点深色的男用粉底霜，结果在电视上显得脸色更加苍白，给人以精神疲惫之感。

如果你在广播中收听这场辩论，你会认为两个人旗鼓相当，不分高下。但电视观众们看到的却是另一番情景——一脸憔悴的尼克松 PK 阳光活力的肯尼迪。当年参加现场直播的桑德尔·范努克回忆说：“我注意到副总统嘴唇附近满是汗渍，肯尼迪则非常自信，光彩照人。”如此鲜明的对比，观看直播的 6500 万美国人几乎立刻就能决定要把选票投给谁。虽然此后两人又进行了三场电视辩论，但已经无关紧要了。美国东北大学专门研究总统辩论的新闻学教授阿兰·施罗德指出：“肯尼迪在第一场辩论中就确立了压倒性优势，尼克松想要翻盘是极其困难的。”

正是因为仪容仪表上的差异和对比，帮助了肯尼迪取胜，竞选结果出乎人们的意料。事后肯尼迪也表示，如果没有电视辩论，他很难入主白宫。也许是这次失利在尼克松心里投下了太大的阴影，在 1968 年和 1972 年的总统选举中他都拒绝参加电视辩论，由于他吸取了第一次的教训，所幸并未影响他后来的成功当选。

第二节　发　式

一、脸型与发型

发型与脸型的配合，是一个人外形美的重要部分。发型是寄托在脸型的基础上的，因此，选择发型的关键在于先认清自己的脸型，然后根据脸型来选择发型。

1. 脸型

俗话说“千人不同相”。每个人的脸不可能长得完全一模一样，哪怕是一对双胞胎的两人也总会多少有一点差别，因此，一定要先了解本身的条件，再做决定。一般说来，脸型可以分为七大类，鹅蛋形脸（椭圆形脸）、圆形脸、正三角形脸、倒三角形脸、长形脸、方形脸与菱形脸七种，如图3-1所示。

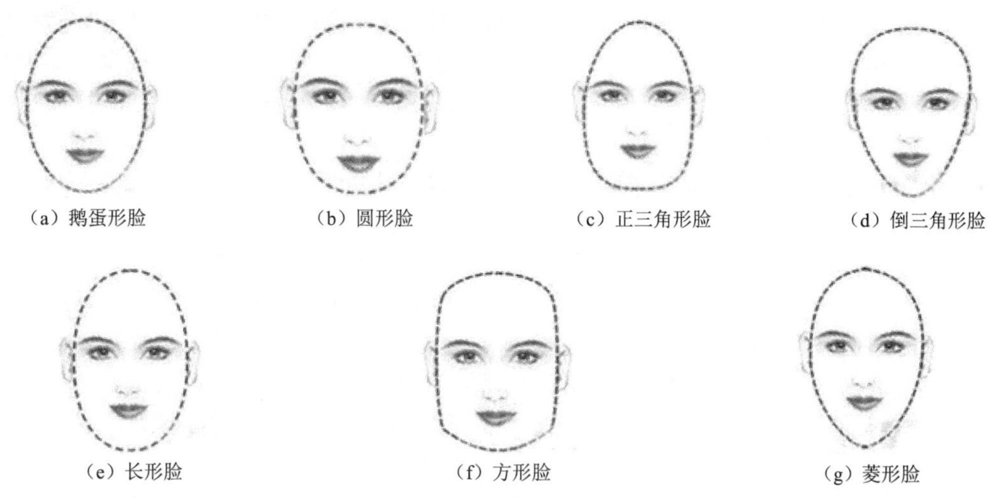

图3-1 各种不同的脸型

2. 弥补脸型缺陷的发型设计方法

脸型是决定发型的重要因素之一，而发型由于其可变性又可以修饰脸型。前者是发型与脸型的协调配合，后者是利用发型来弥补脸型的缺陷。通过选择适当的发型来弥补脸型缺陷的方法有以下几种。

1）衬托法。利用两侧鬓发和顶部的一部分块面，改变脸部轮廓，分散原来瘦长或宽胖头型和脸型的视觉。

2）遮盖法。利用头发来组成合适的线条或块面，以掩盖头面部某些部位的不协调及缺陷。

3）填充法。利用宽长波浪发来填充细长头颈，还可借助发辫、发髻来填补头面部的不完美之处，或缀以头饰来装饰。

3. 发型设计的方法

鹅蛋脸可以说是最佳脸型，大部分发型都是以鹅蛋脸为标准。因此，我们就必须通过发型的设计，使原本不是鹅蛋脸的人因发型的改变，而变得和鹅蛋脸的人一样“脸型娇好”。适合脸型的发型设计可以参考以下原则。

1）鹅蛋形脸（椭圆形脸）的人［图 3-1（a）］：①这是女性中最完美的脸型，采用长发型和短发型都可以，但应注意尽可能把脸显现出来，突出这种脸型协调的美感，而不宜用头发把脸遮盖过多；②另外，选择最佳发型还要考虑其他因素，如身材、年龄、职业、发质、侧面轮廓、两眼之间的距离以及是否戴眼镜等。

2）圆形脸的人［图 3-1（b）］：①将头发梳高，可自额顶做外翘的波浪，使脸部显得较长，避免遮住额头；②利用头发遮住两颊，可使脸部的宽度减少；③头发要分成两边而且要有一些波浪，脸看起来才不会太圆；④圆形脸的人不宜留刘海，否则会更加突出脸的宽度感。

3）正三角形脸的人［图 3-1（c）］：①留侧分刘海，以改变额头窄小的视觉，增加侧头部头发的量感；②可做出大波浪，使发梢柔软地附在脸腮，以发梢微遮两颊；③发线自中心向外侧斜伸，增加头顶头发的蓬松。

4）倒三角形脸的人［图 3-1（d）］：①头发往上梳，可显得头部稍长；②增加两侧的发量，尽量梳得蓬松；③中分，自眉中央直至项中央直线分开。

5）长形脸的人［图 3-1（e）］：①让头发尽量向两旁分散，以增加量感；②将两颊头发剪短些或剪短成刘海，减小脸长增强宽度感，使脸蛋看起来较丰满；③发分线采用侧分；④一般自然、蓬松的发型能给长脸人增加美感。

6）方形脸的人［图 3-1（f）］：①使头发以服帖的大波浪，柔和地披盖在两旁；②让头发披在两侧，掩饰脸宽；③发线侧分，并使分线向头顶斜伸，轮廓应蓬松些；④前额可适当留一些长发，但不宜过长。

7）菱形脸的人［图 3-1（g）］：①刘海要饱满，将额上部的头发拉宽，额下部头发逐步紧缩；②以蓬松的大波浪增加侧面量感；③头发遮住颧骨，增加脸型柔和感；④发分线采用侧分，自眉上斜伸向外。

如果你能认清自己的脸型，并把握上述原则，那么，无论你属于哪种脸型，都能因发型的改变而变得近似鹅蛋形的脸，给人以美的感受，让人有惊艳之感，如图 3-2 所示。

（a）鹅蛋（椭圆）形脸

（b）圆形脸

（c）正三角形脸

图 3-2　不同脸型与发型设计

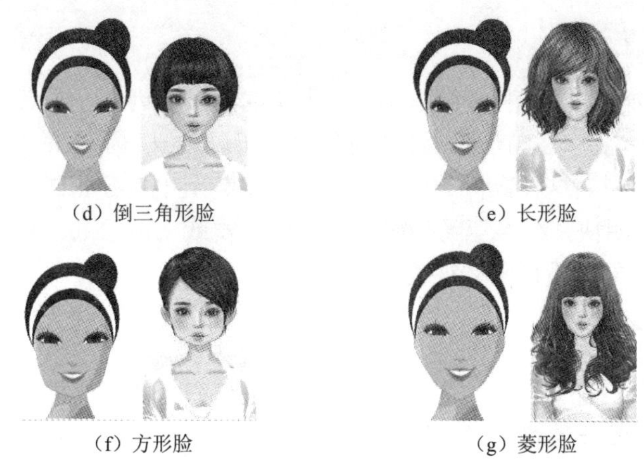

（d）倒三角形脸　　（e）长形脸

（f）方形脸　　（g）菱形脸

图 3-2　不同脸型与发型设计（续）

二、身材与发型

在现实生活中，并不是所有的人都具备优美的体型。一般说来，不是胖就是瘦，不是高就是矮，特别称心如意的体型是极少的。所以，人们往往很重视以服装来弥补体型上的不足，而发型和体型之间的关系则被很多人忽视了。其实发型和体型也有着密切的关系，发型处理得好，对体型能起到扬长避短的作用；反之，就会夸大缺点，破坏人的整体美。

1. 高瘦型身材与发型

这种体型的人容易给人细长、单薄、头部略小、缺乏丰富的感觉。要弥补这些不足，除了服装之外，发型要求生动饱满，避免将头发梳得紧贴头皮，但也不能将头发搞得过于蓬松，造成头重脚轻。头发的长短可根据个人的具体情况来定（因为还需考虑脸型、年龄、职业、性格等因素）。一般来说，高身材的人比较适宜于留长发，直发、烫发均可，但不要将头发剪得太短，或高盘于头顶上。头发长至下巴与锁骨之间比较理想，且要使头发显得厚实，有分量。

2. 短小型身材与发型

个子短小的人，往往会给人一种小巧玲珑的感觉。小巧玲珑也是一种美。因此，在发型的处理上就不要去破坏这种独特的美。发型应以秀气、精致为主，强调丰满与魅力，不要搞得粗犷、蓬松，否则会使头部与整个形体的比例失调，给人以大头小身体的感觉。同样，身材短小的人也不宜留长发，因为长发也会使头部显大，破坏人体比例的协调。

烫发的女士可根据个子短小这一特点，将发型的花式、块面做得小巧、精致一些。如果将头发盘起来，也会增加一定的身高。另外，平时要注意对发型的保护，不要让头发过于散乱而影响外观美。

3. 高大型身材与发型

具有高大体型的人，有一种健康、端庄、力量的美。作为男子，有这种身材是值得庆幸的，但对于女士来讲，就缺乏苗条、纤细的美感。所以，身材高大的女子在发型的处理上，就要考虑如何适当地减弱这种高大的感觉，就像在服装上不宜穿得过于花艳一样，在发型上也应以大方、简洁、明快，线条流畅为好。一般以直发或大波浪卷发最为适合，这样，发型和体型搭配之后其形象会显得整体很美。

4. 短胖型身材与发型

短胖身材的人容易自卑，其实，大可不必。通过精心打扮，同样可以具有美的魅力。一般说来，胖的人要造成一种有生气的健康美，比如剪一个轻便的运动式发型，就会有一种轻盈健康的美感。或者把头发盘起来，显得利落又高贵。胖人一般脖子显短，因此不要留披肩长发，不然会显得身材更矮，尽可能让头发向高度发展，亮出脖子以增加身体的高度。此外，头发不要过于蓬松，要紧俏利索，过于蓬松的发型会使头部显得更大。不要将头发烫得过于弯曲，过多的圆线条不利于体型的改变，短胖的人盘头的效果较好。

第三节　美容与营养

爱美之心，人皆有之。当今社会不但女人们爱美，男人们也开始注意自己的容貌，各种男士护肤品竞相摆上货柜。常言道："要想化妆效果好，护肤养额不可少。"如果皮肤护理不好，化妆品不能很好地与皮肤相结合，脂粉浮在表皮，就像戴了一层面具，不仅给人以假象，而且妆面也容易脱落，所以保养皮肤是化妆的基础。而且在美容时，不仅要保证皮肤的营养，还要保持头发的健康美。均衡的营养、充足的睡眠、适当的护肤护发用品将会使皮肤更加娇嫩、细腻，头发更加飘逸、柔顺。

一、皮肤美

1. 皮肤美的标准

1）皮肤湿润。皮肤含有的水分是很高的，特别是年轻人的皮肤，含水量大约占人体含水量的20%。对皮肤本身而言，皮肤的含水量是皮肤重量的70%。因此，皮肤始终保持湿润，是皮肤光滑滋润的前提，是年轻和美丽的象征。一旦皮肤缺少了水分，皮肤就会变得干燥乃至龟裂，失去美感。

2）皮肤有弹性。皮肤光滑柔软、富有弹性是免于出现皱纹、防止皮肤松弛的先决条件。年轻人由于皮下脂肪丰富，新陈代谢旺盛，皮肤始终保持弹性，因而显得光滑平整。皮肤富有弹性是年轻和美丽的一个象征。

3）皮肤色泽红润而细腻。皮肤的颜色与种族有着很大的关系。有白、黄、棕、红、黑等不同颜色。这主要是由皮肤所含色素的数量及分布不同所致。通常黄种人认为皮肤以白为美，因此有“一白三分俏”的俗话。当然也有以健康为美的说法，认为晒黑后的皮肤更加健美。众说不一，但不论是黑皮肤还是白皮肤，红润细腻有光泽，却是皮肤美丽的一个共同前提。

4）皮肤健康耐老。皮肤表面的膜是弱酸性状态的物质，它是抵御细菌侵蚀、防止感染的一道屏障，使皮肤不易染上疹斑、脓疱之类的疾病。一旦皮肤健康不佳，皮肤表面的酸性就会减弱甚至消失。这样皮肤疾病便会丛生，皮肤的正常生理活动便出现紊乱，皮肤的湿润、弹性和细腻也都将化为乌有，所以皮肤的健康是皮肤美丽的基础。皮肤健康的标志如下：没有皮肤病，肤泽正常（黄种人为微红稍黄），不敏感、不油腻，且不干燥。皮肤耐老即是随着年龄的增长，皮肤不见衰老或衰老的速度比较缓慢。

2. 皮肤的清洁

皮肤的清洁即没有污垢、斑点以及异常突起或凹陷，它包括使用护肤品前的清面和卸妆后的清除。洁面是非常重要的，如果不注意洗净毛孔内的污垢，则护肤品只能浮在皮肤表面，不能滋润皮肤，同时和污垢混在一起，会对皮肤有害。同样，卸妆时，也应该将皮肤真正清洁干净。大多数人往往在化妆时精雕细刻，而卸妆时却马马虎虎，这是美容护肤的最大误区。皮肤长期在化妆品的覆盖下不能通畅呼吸，皮肤和汗液不能顺利排出，而化妆品中的有害物质却在不断地被皮肤吸收，使皮肤加速老化，因此卸妆时一定要将皮肤彻底地清洗干净。

不少人在清洁皮肤时常常敷衍了事，这对保护皮肤是不利的，应该注意清洁的方法。

1）洗脸水的水温。洗脸的水温有两种：一种是温水，即 40～42℃的水，以不烫手为准，太热的水易使皮肤松弛，产生皱纹。另一种是冷水，即低于体温的水，但也不能太冷，太冷的水对皮肤不利。

2）洗脸水的水质。洗脸水的水质以软水为宜（指不含或只含少量钙盐、镁盐的水，如雨水、河水等）；硬水，如井水及含有钙盐和镁盐的水，易使皮肤干燥开裂，因此，应注意煮沸沉淀后再用。

3）洗脸工具。洗脸时，注意不要用毛巾或洗脸刷、海绵擦上肥皂去摩擦皮肤，特别不宜用粗糙的湿毛巾去摩擦皮肤。而且不要选用碱性大的香皂，应选用适宜自己皮肤类型的洗面奶清洁。

天然矿泉水洗脸好处多

皮肤病专家说，纯天然矿泉水富含偏硅酸，在为皮肤补充水分的同时，偏硅酸被充分吸收，从而增加皮肤弹性，加速黑色素沉淀排出，增加皮肤白亮光度。还能使皮肤变得细腻光滑，是一个非常好的护肤方法。

一些面膜也可以用矿泉水来制作，比如珍珠粉面膜，用矿泉水对面膜进行稀释不仅可以加倍美白而且对皮肤很有益处。就是单单将矿泉水直接拍在脸上也会起到一定的美肤效果。

用矿泉水洗脸时首先把矿泉水喷在脸上，然后轻轻地拍打整张脸，这样皮肤既可以充分补水，还能让矿泉水中的偏硅酸被肌肤完全吸收，长期使用会增加肌肤弹性，面部的一些小细纹和干纹也可以去除，还能延缓皮肤衰老。

3. 皮肤的营养

由于每个人的身体状况不同，因而皮肤的性质也不相同，大体可分为干性、中性和油性三种。

1）干性皮肤及营养。干性皮肤最明显的特征如下：肤质细腻、较薄，毛孔细小而不明显，皮脂分泌少，皮肤干燥、白皙、缺乏光泽，没有油腻感觉，容易产生细小的皱纹，毛细血管表浅，易破裂，对外界刺激比较敏感，皮肤易生红斑。这种皮肤在寒风烈日、空气干燥的环境和空调环境下，皮肤缺水的情况会更加严重。如长期不加以护理会产生皱纹，所以干性皮肤必须通过适当的护理促使其恢复正常的生理功能，以防未老先衰。

干性皮肤的人可多食用一些含维生素 A 的食物，如脂肪等，可以促进皮脂的分泌，使皮肤保持滋润。但不能随便服用药物维生素 A，如果体内维生素 A 过量，容易造成头皮屑过多，以至于头发脱落等情况。

2）油性皮肤及营养。油性皮肤是指油脂分泌旺盛，额头、鼻翼有油光，毛孔粗大，触摸有黑头，皮质厚硬不光滑，外观暗黄，皮肤偏碱性，弹性较佳，不易衰老。油性皮肤易吸收紫外线，皮肤虽然滋润，但过量分泌的油脂容易在皮肤表面凝固而堵塞毛孔，出现面疱、青春痘等皮肤疾病。

油性皮肤以及青春期分泌旺盛的人，宜多吃含蛋白质高的食物，少食促进皮脂分泌的食物，如甜食、淀粉等，控制食用增加皮脂分泌、含油脂高的食物，如脂肪多的牛肉、猪肉、羊油和奶油等食品。不宜食用易于使皮脂凝固的食物，如辣椒、辣酱等。

3）中性皮肤及营养。中性皮肤是介于干性和油性二者之间的一种皮肤，这是一种比较理想的皮肤，其表面光滑细腻，既不干燥，也不油腻，汗腺、皮脂腺排泄通畅，对来自外界的刺激，如风吹日晒有一定的耐受力。然而，中性皮肤仍需精心护理，以保持其良好状态。

对于中性皮肤的人，要使皮肤长期保持透明、富有弹性，就要多食含水分高的食物，如瓜果、牛奶等。但绝不能以为多喝水就可以代替瓜果、牛奶等食物来增加皮肤的水分。另外，不宜过多地摄取盐分，盐分含大量色素，会造成皮肤抵抗力的衰退。

除此之外，比较常见的还有易于发红的皮肤和黄皮肤。易于发红皮肤的人应避免食用容易刺激和扩张皮下毛细血管的食物，如酒类、大蒜、辣椒等；黄皮肤的人不宜多食用含胡萝卜素多的食物，如橘子、胡萝卜、南瓜、芒果等，因为胡萝卜素摄入人体后，可以转化成维

生素 A，若大量的胡萝卜素流向全身各组织器官，会造成肤色变黄。

4. 皮肤的休息

使皮肤得到合理的休息，是保持美丽的必要途径。

1）不要错过晚上的休息时间。晚上 10 时至清晨 2 时是皮肤细胞新陈代谢最活跃的时期。因此，错过了这个时间，就等于错过了皮肤新陈代谢的良好时机。彻夜狂欢、饮食过量、浓妆艳抹、睡眠不足、空气不流通，到了第二天就会有粉刺、眼袋、黑眼圈等，这些症状需要好几天才能消除，对皮肤的合理休息是不利的。

2）睡前清洁皮肤。因为肮脏的皮脂膜会使皮肤层毛细血管萎缩，血液不能充分地到达皮肤层，皮肤就得不到充分的休息。

3）不能带妆睡觉。化妆品会给皮肤带来负担和紧张感及干燥感，不利于皮肤的充分休息。因此，夜晚睡觉前一定要记得卸妆，清洁脸部，并涂上保养品之后才能入睡。另外，为了避免肌肤干燥，可以多加强保湿功能，或是每天做 5 分钟保养面膜，也能消除肌肤疲劳，使其恢复弹性和光滑。

4）充分供应营养。由于皮层的血液循环在晚上比较旺盛，睡前清洁后的皮肤吸收力强，因此晚上休息时间是给皮肤供应营养的大好时机，睡觉前在皮肤上涂上营养霜，效果尤佳。

5）护理与补救措施。万一出现粉刺，要及时采取补救措施。起床后用按摩霜按摩脸部，清洁肌肤，并涂上保湿霜。如果出现眼袋、黑眼圈，可以用眼霜来改善。用指尖蘸适量的眼霜，稍加揉散、温热，再轻按眼部，如此可使眼霜均匀，并配合睡眠和增加水果蔬菜的摄入才能产生效果。

二、头发的护理

1. 发质类型

头发的类型由头发的天然状态（即由身体产生的皮脂量）决定。当然，烫发、染发和热定型等护理过程也影响头发类型。按发质不同可分为干性头发、油性头发、中性头发和混合性头发四种。

1）干性头发。干性发质主要是由头皮血液循环不良，导致头皮的油脂不足造成的。如果头皮保湿不够，会使头皮发质层因缺乏水分、过度干燥而层层脱落，产生烦人的头皮屑。干性发质的主要特征是无光泽、干燥、易缠绕，特别在焗湿的情况下难以梳刷。通常头发根部颇稠密，但至发梢变得稀薄，有时发梢还开叉。

2）油性头发。油性发质主要是由头皮的皮脂腺分泌过于旺盛造成的，其特征是细长、油腻，需经常清洁。

3）中性头发。中性发质的特征是不油腻，不干燥，如果没有经过烫发或染发，保持原有发型，总能风姿长存。

4）混合性头发。混合性发质的特征是头发根部为油性，而发梢为干性甚至开叉。季节更替的时候，头皮屑会增多。混合性发质洗发以后，发梢会干得很快，而发根却干得较慢。头发不容易造型，而发丝常常在空中飞舞，易产生静电。这种发质的人，一般其前胸和背部多油而且常常会冒出痘痘儿来。

2. 头发的护理

要想拥有一头乌黑发亮的头发，需要多方护理，一般应注意以下几个方面。

1）以食物营养头发。头发护理最有效的方法是在食物方面合理增加营养，可多吃一些含优质蛋白质、维生素 A 和矿物质（铁、铜、硫、锌、钙等）量较多的食物，如水果、蔬菜、黄豆、豆芽和鱼肝油等。因为蛋白质是构成头发的基本原料，若蛋白质摄入不足，会使头发变细，失去光泽，容易脱落。而维生素 A 和矿物质是头发生长发育所必需的营养物质，若缺乏维生素 A 和矿物质，会大大影响头发的数量和质量。食醋或脂肪过多，会增多体内的酸性代谢物质，日久天长会导致头发变黄，因此，要注意摄入含碱性蛋白、铁、碘的食物，如牛奶、蔬菜、水果等，以减少酸性物质的产生，防止头发变黄。

2）恰当的洗发频率。对于干性或中性头发，不建议洗头太多，尤其不要天天洗头，建议一周洗发 2～3 次。对于油性发质就应该洗得勤些，可以每天洗一次，因为油会让毛孔堵塞造成脱发。可选用有促进头皮血液循环作用的洗发水，如含薄荷、茶树精华成分的洗发水等。

3）合适的洗头水温。首先凉水洗头肯定对健康不利，而且也不利于头皮的血液循环和毛发的生长。同时也建议不要用很烫的水洗头，因为水太烫会使毛囊受损。科学的洗头水温应该是温水。

4）养成常梳头的习惯。要常梳头，因为常梳头会让你的头皮血液流通更好，另外，洗完头后，吹干时多用手梳理就好，没事就用手梳理头发是很好的习惯。

5）选择合适的护发素。护发素是要收紧毛鳞片，而不是关闭，因为收紧后头发才不易受损。因为头皮会分泌油脂，并产生异味，所以头发需要通风。所有发质的头发都需要使用护发素。护发素的选择原则是要适合自己的发质类型，并正确地使用。同时，要尽量使用同一品牌或同一厂家生产的系列产品，以收到明显的效果。切忌使用劣质护发用品。

6）定期焗油。焗油的目的就是营养和滋润头发，焗油区别于染发。很多人将染发说成是彩色焗油，其实这是不准确的，所有专业品牌都没有说他们的颜色是焗油的。定期给头发焗油也是很有必要的，它会给头发补充必要的营养，让头发健康生长。

7）正确认识脱发。头发容易掉和烫染头发没什么必然的联系，掉头发跟洗头频率也没什么关系。每个人每天都要掉 50～100 根头发，这是正常的。要是真的脱发很厉害，就得去医院了。切记心情不要太紧张，因为心情不好也会对头发健康产生影响。另外，也不要一天到晚总想着脱发这件事，心理健康也很重要。

8）了解头皮屑产生的缘由。为什么产生头皮屑，有身体内分泌的问题，也可能是工作学习中精神压力太大，或是有头皮真菌等，需要知道产生头皮屑的原因。要是工作学习精神

的压力太大，可以适当调整自己的作息习惯和心态，心理压力得到缓解后头皮屑问题很快就会解决的。建议用一般的去屑洗发水，头皮真菌问题就可以解决，如果是身体方面的问题，就要咨询医生了。

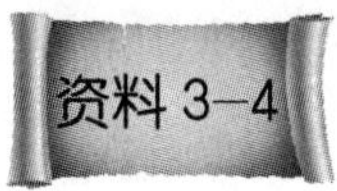

不同场合，不同容妆

张小倩，某高校文秘专业高才生，毕业后就职于一家公司做文员。为适应工作需要，上班时，她毅然放弃了“青春少女妆”，化起了整洁、漂亮、端庄的“白领丽人妆”：不脱色粉底液，修饰自然、稍带棱角的眉毛，与服装色系搭配的灰度高、偏浅色的眼影，紧贴上睫毛根部描画的灰棕色眼线，黑色自然型睫毛，再加上自然的唇型和略显浓艳的唇色，虽化了妆，却好似没有化妆一样，整个妆容清爽自然，尽显自信、成熟、干练的气质。但在公休日，她又给自己来了一个大变脸，化起了久违的“青春少女妆”：粉蓝或粉绿、粉红、粉黄、粉白等颜色的眼影，彩色系列的睫毛膏和眼线，粉红或粉橘的腮红，自然系的唇彩或唇油，看上去娇嫩欲滴，鲜亮淡雅，整个身心备感轻松。

心情好，工作效率自然就高。一年来，张小倩以自己得体的外在形象、勤奋的工作态度和骄人的工作业绩，赢得了公司同仁的好评和上司的肯定。

分析：张小倩的化妆是比较合适的，她充分考虑了妆容与职业、年龄和场合要求，上班是整洁、漂亮和端庄的“白领丽人妆”，清爽自然，尽显自信、成熟、干练的气质；休闲时刻则是“青春少女妆”，显示了少女的朝气和清新，看上去娇嫩欲滴，鲜亮淡雅，使人身心备感轻松。

课堂实训

1. 实训题目

简妆的化法训练。

2. 实训内容

通过洁面、修眉、眼部化妆、涂唇膏等熟悉简妆的化法。

3. 实训要求

掌握一般简妆的化法，要注意尽量自然而不留化妆痕迹。

4. 实训地点

化妆训练室。

5. 实训课时

两个课时。

6. 实训步骤

1）指导教师简要介绍本次化妆实训的内容和要求。
2）把全班同学分成两人一组（也可以自由结组），分先后互相为对方化妆。
3）指导教师对化妆结果逐一做出点评。
4）指导教师考核，逐一点评后给出实训（化妆）成绩。

思考题

1．化妆的几条原则是什么？
2．化妆的一般程序是什么？
3．人的脸型一般可分为哪七大类？
4．为什么睡前必须卸妆？
5．用适当的发型来弥补脸型缺陷的方法有哪几种？
6．人的身材按照体型不同大致可分为高瘦型、短小型、高大型和短胖型，各种不同的身材分别选择什么样的发型较为合适？
7．人的皮肤按性质不同大致可分为哪几种类型？
8．人的头发大致可分为哪几种类型的发质？

第四章　服饰礼仪

本章导读

服饰是指人们的衣着穿戴，包括服装和饰品。服饰不仅具有遮体御寒的实用功能，而且具有表现着装者的精神风貌、民族特征、审美意识和生活水准的文化功能。服饰恰如一种无声的语言显示着穿着者的气质、个性、品位和修养，甚至能够折射出人们的生活方式及事业的成功度，是展现个人形象的重要手段，所以有人说："穿着是最好的名片。"本章介绍基本的服饰礼仪。

1. 掌握着装的原则。
2. 了解各式服装的适用场合。
3. 掌握西装的穿着要求。
4. 掌握男女着装的礼仪。
5. 熟悉饰品的正确选用。

关键词

TPO 原则（the principle of TPO）
礼服（full dress）
西装（suit）
饰品（ornaments）

古人云"佛靠金装，人靠衣装"，由此可见服装对一个人外观形象的重要性。在远古时代，服装最基本的功能是御寒（包括防雨、防晒等），遮羞是它作为文明的标志；在现代社

会，它的最大功能是自我展示和表现成就的工具。加拿大形象设计师凯伦女士认为：“穿着成功不一定保证你成功，但不成功的穿着一定让你失败！”服装是打造人的品牌极其重要的手段。随着社会的进步，服装（包括装饰）变成了一种文化，它反映着一个民族的文化水平和物质文明发展的程度。服饰具有极强的表现功能，在社交活动中，人们可以通过服饰来判断一个人的身份、地位、涵养；通过服饰可展示个体内心对美的追求、体现自我的审美感受；通过服饰可以提升一个人的仪表、气质，所以，服饰是人类的一种内在美和外在美的统一。要想塑造一个真正美的自我，首先要掌握服饰打扮的礼仪规范，让和谐、得体的穿着来展示自己的才华和美学修养，以获得更高的社交地位。因此，无论穿什么衣服，都必须保持良好的体态（挺胸、收腹，切忌弯腰驼背），再配之以得体适宜的服装，只有这样，才能衬托出自身的优点，达到悦目动人的目的。

第一节　服装的色彩及服装选择

用色彩来装饰自身是人类最冲动、最原始的本能。无论古代还是现在，色彩在服饰审美中都有着举足轻重的作用。在现代社会，色彩心理效应的研究已不局限于少数心理学家和艺术家的范围，随着商品竞争的发展，它也越来越受到商业界尤其是服装设计界人士的关注。

一、服装色彩及搭配

“色彩搭配”咨询这一理念在20世纪末才开始传入中国，对于大多数中国人只敢穿黑、白、灰、蓝来说，这无疑是个很大的惊喜。十几年来，“色彩搭配”咨询已经风靡了中国的大江南北，对于人们的穿衣打扮指导，促进商业企业的新型营销，提高城市与建筑的色彩规划水平，改善全社会的视觉环境都起到了重要的推动作用。

1. 服装颜色的分类

色彩缤纷的世界，使人类在选择颜色时往往眼花缭乱，为了便于进行色彩搭配，根据色彩给人的不同冷暖感受，公认的办法是将色彩分为冷色、暖色和中性色三大色调系列。

暖色主要包括以红、橙、黄为主的色调，暖色系列给人以温暖或热情奔放的感觉，容易让人接近；冷色主要包括以蓝、绿、紫为主的色调，冷色系列给人以清新亮丽之感，充满青春气息；中性色也称无彩色，主要指以黑、白、金、银为主的色调，其中黑、白两色给人以恬静大方、沉稳文雅的印象，金、银两色则表现出雍容华贵、富丽堂皇。善于运用中性色将对服装陈列起到事半功倍的效果。

2. 服装颜色的搭配

色调的搭配有多种形式，传统的搭配是同色调搭配，某种色调（如暖色或冷色）与中间

色调相搭配。上述搭配方法在配色中比较容易取得良好的视觉效果。近年来，采用对比色的搭配越来越引起人们的注意，但这种配色的“艺术眼光”要求较高，如果搭配不当，就好似将颜色不协调的调色板挂在身上，会给人“有伤大雅”之感。一般说来，同色调的搭配，给人以稳重、气派的感觉。例如，深蓝-浅蓝-宝蓝色的搭配，给人以高雅的印象。对比色的搭配，将产生明朗、轻快、富有朝气的气息，而且很能表现一个人的独特个性。在运用色彩方面，女士的选择范围比男士要大得多，只要适合自己，无论哪一种色调、哪一种配色方式都可以运用。男士对于色彩的选择，传统上受到较大限制，但近年来这种情况也在逐渐改变，不但年轻人衣着色彩开始多样，一些中老年人也开始“衣着鲜艳”起来，在对比色搭配方面采用大胆的搭配原则，如乳黄色衬衫配宝蓝色西装，淡蓝色衬衫配褐色上衣，粉红色衬衫配铁灰色上衣，等等。虽然男士在色彩的运用方面日趋多样化，但在较庄重的场合，仍不宜有过多变化，大体上以不超过三种颜色为原则。

3. 服装颜色搭配小常识

1）红色配白色、黑色、蓝灰色、米色、灰色。
2）粉红色配紫红、灰色、墨绿色、白色、米色、褐色、海军蓝。
3）橘红色配白色、黑色、蓝色。
4）黄色配紫色、蓝色、白色、咖啡色、黑色。
5）咖啡色配米色、鹅黄、砖红、蓝绿色、黑色。
6）绿色配白色、米色、黑色、暗紫色、灰褐色、灰棕色。
7）墨绿色配粉红色、浅紫色、杏黄色、暗紫红色、蓝绿色。
8）蓝色配白色、粉蓝色、酱红色、金色、银色、橄榄绿、橙色、黄色。
9）浅蓝色配白色、酱红色、浅灰、浅紫、灰蓝色、粉红色。
10）紫色配浅粉色、灰蓝色、黄绿色、白色、紫红色、银灰色、黑色。
11）紫红色配蓝色、粉红色、白色、黑色、紫色、墨绿色。

4. 服装上、下衣的色彩搭配方法

1）上深下浅：端庄、大方、恬静、严肃。
2）上浅下深：明快、活泼、开朗、自信。
3）突出上衣时：裤装颜色要比上衣稍深。
4）突出裤装时：上衣颜色要比裤装稍深。
5）绿色难搭配，在服装搭配中可与咖啡色搭配在一起。
6）上衣有横向花纹时，裤装不能穿竖条纹或格子的。
7）上衣有竖纹花型，裤装应避开横条纹或格子的。
8）上衣有杂色，下装应穿纯色。
9）裤装有杂色，上衣应避开杂色。

10）上衣花型较大或复杂时，应穿纯色下装。

在配色时，必须注意衣服色彩的整体平衡以及色调的和谐。通常浅色衣服不会发生平衡问题，下身着暗色也没多大问题，如果是上身暗色，下身浅色，鞋子就扮演了平衡的重要角色，它应该是暗色比较恰当。

二、肤色与服装色彩搭配技巧

爱美是每个人的天性。每个人由于家庭、环境及爱好的不同，都有自己喜爱的颜色，但是在选择服装颜色时，一定要切记一句话：你喜爱的颜色不一定是适合你的颜色！要做最美的自己，就要了解自身条件，懂得肤色与服装的搭配技巧。根据自身条件来选择最适合自己的服装色彩，使服装增加着装者的美感。

亚洲人的皮肤主要可分为白皙雪人型、红粉娇人型、健康小麦色型、亚洲黄色型四种。着装者因年龄和肤色的不同，对服装颜色有不同的“适应性”。什么叫“适合的颜色”呢？正确选择颜色的方法是，在自然的光线中，不用化妆，面对光源，用色标（各种标准颜色的布料或色纸）搭在身上，请别人鉴别，同时自己照镜子，如果这种颜色使你的脸色较原来肤色鲜亮、健康、年轻、充满朝气，那么，这种颜色或这个颜色系列就适合你，用这种颜色作为主色搭配其他装饰，一定会使你容光焕发。一个人适宜的颜色不一定只是一种，在不同的季节、不同的光线下，应该选择适合自己的颜色，使色彩增加你的魅力。反之，如果服装颜色非常突出，反衬出脸色灰暗或失去光泽，则是“不适合的颜色”。

1. 白皙雪人型

拥有白皙皮肤的人是让人比较羡慕的。似乎他们穿什么衣服都比较好看，但事实并不是这样的。怎样才能让你的肌肤显得更精致呢？其实肤色较白的人不宜穿冷色调的服装，否则会越加凸显脸色的苍白。这种人最好穿淡黄色、淡蓝色、粉红色、粉绿色等单色系列的服装，这样会显得格外青春，柔和甜美。另外以较重的黄色加上黑色或紫罗兰色的装饰色，或是紫罗兰色配上黄棕色的装饰色，也比较适合这类女孩。黄色部分最好别太靠近脸部，否则会显得皮肤过于暗淡。

2. 红粉娇人型

这种脸色的人可以选择穿咖啡色搭配蓝色，黄棕色搭配蓝绿色，红棕色搭配蓝绿色，以及淡橙黄色、黑色或棕色等。面色红润的黑发女孩，最宜采用微饱和的暖色作为衣着，也可采用棕黄色，黑色加彩色装饰，或珍珠色用以陪衬健美的肤色。不宜采用紫罗兰色、亮黄色、浅色调的绿色、纯白色，因为这些颜色能过分突出皮肤的红色。此外，冷色调的淡色如淡灰色等也不相宜。

3. 健康小麦色型

拥有这类肌肤的人们，会给人一种健康活泼的感觉。最适合他们的搭配应首选对比强烈

的黑、白两色，深蓝、淡灰等沉稳的色调，以及桃红、深红、翠绿这些鲜艳色彩最能突出开朗的性格。

4. 亚洲黄色型

亚洲人的皮肤都会有发黄的特点，如果衣服搭配不当会给人一种不健康的感觉，所以搭配好适合自己的衣服尤为重要。黄色的皮肤适合穿蓝色或浅蓝色的上装，它能衬托出皮肤的洁白娇嫩，适合穿粉色、橘色等暖色调衣服。应避免绿色或灰色调的衣服，因为这样会显得皮肤更黄，甚至显出“病容”。

如果你很喜欢某种颜色，而恰恰这种颜色又不太适合自己，这时可运用色彩搭配原则，用适合自己又搭配得当的颜色作领子、围巾等加以调节。

三、选择服装的原则

选择服装时，很大程度上受到经济条件的制约，在经济条件许可的范围内，选出物美价廉、适合自己的服装，就是一门艺术，它也反映了购物者的审美观和艺术水平。

1. 选择服装的年龄因素

按年龄将服装分类，可分为婴儿装、幼儿装、小童装、中童装、大童装、少年装、青年装、中老年装等。这里主要介绍成年人的着装。

1）青年装。18～28 岁是人生最典型的青年时期，青年有时会出现一种早熟心理，他们希望通过着装来期盼社会对他们的早日承认。不愿意被人说小，但衣柜里的服装，跨度却比较大，既有漂亮活泼的，又有典雅稳重的。在青年装上已很难看到刺绣、印花等装饰图案的痕迹，他们主要通过款式、色彩和穿着搭配方式来塑造自己的个性。

2）中老年装。中国人习惯将 30～40 岁的人称为成年人，而 40～60 岁（女性 40～55 岁）称为中年人，60 岁（女性 55 岁）以上称为老年人。中老年装的跨度是比较大的，但它们的共同特点是造型风格更加成熟，讲究实用，他们会根据自己的经济实力而理性购买。他们会按照活动场所的需要，按照中、低、高档分类，仔细组织自己的衣柜布局。中年人在着装时，尤其是女性，开始显示出某种怀旧心理，鲜亮的颜色，再度使衣柜显得明亮起来，似乎在有意留住春光，但这种心理有时会与传统服饰观发生冲突，因而追求显得不那么直率。他们往往通过装饰品和服装的价位来体现事业的成功。老年服装更加实用，服装档次向两极发展，消费观念相对保守，追求传统美的风格。

3）服装与年龄。由于中国的传统习惯，人们在选择服装的问题上，各种顾忌很多，往往把自己打扮“老”了。在实际生活中，随着人类寿命的增加，“老龄”的界定年龄也应该向后推移，只要适合自己的气质和身材，大可不必分什么“青年服装”和“老年服装”，尤其对于年龄偏大的女士，可以按照实际年龄减去 10～15 岁来选择服装，打扮自己；而年轻女士，则可以把自己打扮得更清纯一些。尤其在盛大的集会或舞会中，清纯靓丽的女性，在

奇装异服、浓妆艳抹的女性人群中，会有脱颖而出的特殊美感。

2. TPO 原则

总的来说，着装要规范、得体，就要牢记并严守 TPO 原则。TPO 原则，指的是着装要考虑到时间“time”、地点“place”、场合“occasion”，它是有关服饰礼仪的基本原则。TPO 原则要求人们在选择服装、考虑其具体款式时，首先应当兼顾时间、地点、目的（场合），并应力求使自己的着装及具体款式与着装的时间、地点、目的（场合）协调一致，较为和谐。

1）时间原则。不同时段的着装规则对女士尤其重要。男士有一套质地上乘的深色西装或中山装足以包打天下，而女士的着装则要随时间而变换。白天工作时，女士应穿着正式套装，以体现专业性；晚上出席鸡尾酒会就需多加一些修饰，如换一双高跟鞋，戴上有光泽的佩饰，围一条漂亮的丝巾。另外，服装的选择还要适合季节气候特点，保持与潮流大势同步。

2）地点原则。在自己家里接待客人，可以穿着舒适但整洁的休闲服；如果是去公司或单位拜访，穿职业套装会显得专业；外出时要顾及当地的传统和风俗习惯，如去教堂或寺庙等场所，不能穿过露或过短的服装。

3）场合原则。衣着要与场合协调，不同的场合有不同的活动目的。与顾客会谈、参加正式会议等，衣着应庄重考究；听音乐会或看芭蕾舞，按照惯例则应着正装；出席正式宴会时，则应穿中国的传统旗袍或西方的长裙晚礼服；而在朋友聚会、郊游等场合，着装应轻便、休闲、舒适。试想一下，如果是登山或旅游观光，大家都穿便装，你却穿礼服就有欠轻松；同样地，如果以便装出席正式宴会，不但是对宴会主人的不尊重，也会令自己尴尬。

TPO 原则是选择服饰千古不易的原则。有的服装虽然华丽，穿起来很漂亮，但是穿戴的时间或场合不适当，会引出很多笑话。例如，男士穿燕尾服参加午宴，女士穿袒胸露背的大礼服去上班；男士穿着西装，打着领带去钓鱼；女士穿着西服套裙去郊游，等等，这种不合时宜的装扮，不但不能达到美化自己的目的，反而会降低自己的身份，使周围的人对自己的第一印象很不好。另外，按照 TPO 原则正确选择服饰，还要结合个人的年龄、性格和自身条件，而不要刻意地追潮流，赶流行色。

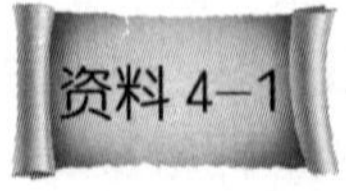

着装要考虑地点和场合

小刘和几个外国朋友相约周末一起聚会娱乐，为了表示对朋友的尊重，星期天一大早，小刘就西服革履地打扮好，对照镜子摆正漂亮的领结前去赴约。北京的八月天气酷热，他们来到一家酒店就餐，边吃边聊，大家好不开心快乐。可是不一会儿，小刘已是汗流浃背，不住地用手帕擦汗。饭后，大家到娱乐厅打保龄球，在球场上，小刘不断为朋友鼓掌叫好，在

朋友的强烈要求下，小刘勉强站起来整理好服装，拿起球做好投球准备，当他摆好姿势用力把球投出去时，只听“嚓”的一声，上衣的袖子扯开了一个大口子，弄得小刘十分尴尬。

问题：小刘弄出尴尬场面，问题出在哪里？

第二节 服装样式与身材

每个人的身高与体型，受到遗传、饮食习惯、营养条件等多方面因素的影响，虽然经过长期刻苦的锻炼，局部能有些改变，但往往仍不尽如人意，这就需要用服装来“扬长避短”，通过衣服的装饰及掩饰，使自己的“身材美”得到充分展现，并且通过服装与饰物的搭配，形成个人的“特色”，体现出“外在美”。

很多人的身材并不符合“黄金分割”的优美比例关系，但人们并不要因此而感到懊恼和自卑，甚至悲观失望。从长期的生活实践和追寻美的历史长河中，人们发现了许多共同的原则，如深色给视觉以“苗条”的感觉，因此不少演出服，做出自腰向上、向下呈三角形的黑色装饰，给人“腰细”的感觉；用膨起的袖子增加肩的宽度，反衬腰细；用高腰的连衣裙装，掩盖上半身过长的缺陷等。精心设计的样式再配以合适的图案，会起到意想不到的效果。例如，胖人穿细细的竖条花纹衣服，给人以“身材修长”的印象；瘦高的人穿较宽的横条形衣服，会令人感到“丰满”，等等。也就是说，选择服装样式时要根据自身情况，利用服装给人的“视觉幻想”来弥补自身条件的不足。

一、女士着装

女士选择服装，应该按照体型选服装类型。女士的体型，基本可以分为苹果形和梨形，其界定方法如下：用软尺量出腰围和臀围，以腰围尺寸除以臀围，其得数高于0.8者，为苹果形，低于0.8者，为梨形。苹果形身材又偏胖者，不适合穿百褶裙，那样会使人显得更加臃肿，而比较适合穿式样简单、不束腰的较宽松的连衣裙，而且裙摆不宜太大。梨形身材是脂肪集聚在身体的下半部分，只要不是太胖，腹部突出不明显而且身材偏高者，选择服装的范围也是很宽的。例如，身材修长、腿型苗条的人穿紧身裙、紧身裤就很窈窕、很合适；腰细但腿粗的人则适合穿束腰大摆裙。

衣领的选择也是很重要的，如脸大、脖子短的人，不应该选择一字形领，而应该选V形或领口稍低的圆形领；而脸小、脖子长的人，则应选择领口高一些的样式，以掩盖部分脖颈；对于圆脸的人，最好不要选择圆形领。

大多数女性的体型总有些缺点，但只要懂得如何打扮，利用服装的变化遮掩，就能使人产生错觉，给人以更好的印象。各种身型的打扮方法如下。

1. 高大型

高大型的女性，其衣服的花色（条纹、图案等）不要过分显眼，应越简单越好，琐碎的细节部分只会加重体积的效果。衣裙应上衣合适，裙子下摆则做成 A 形为宜，裙子应该很平顺地沿着身子向下坠，长度止于膝盖或低于膝盖。穿上衣时要盖过臀部，有翻边设计时要采用宽的翻边，细翻边只会使人显得更粗大。如果穿背心裙，上身应合身，褶皱边裙子是适当的。

有专家认为，胖的人如果能将别人的注意力集中在宽松的衣服上面，则可以得到更好的成绩。譬如那种美丽而飘逸有带子的长袖衣服或袍子，长而宽松，这是很自然舒适的感觉。这种衣服有很微妙的掩饰作用，因为谁也看不见长袍底下的真实体态。高大型的女性，应该让人将注意力转移到脸上。帽子应该按照比例更显得突出，不要戴扁圆的小帽子或是采用一种高蓬松的头发类型，以免头部太小而显得身体太庞大。眼镜要选戴有明显框架式的。鞋的样式应与腿部相适应，腿粗者不宜穿细跟或尖窄样式的鞋。手提包也避免选太小的。多余的配件如手链、项链等要避免戴用，可以选戴围巾、领带等较具实用价值的饰件。

2. 矮胖型

矮胖型的女性，尽量选用直线形的服装样式，服装花色以竖条为宜，也可以选用小碎花的连衣裙。腰带要窄而轻柔，无论任何衣服，都不能太松或太紧。不要穿使人看起来有“横向感觉”的两截式衣服，如果一定要穿两截式衣服，色彩要相同或相近，以增加身材的高度。可以把较明亮的颜色穿在上身，这样能使人不注意你体态较差的下半身，身穿高腰裤也可使臀部看起来瘦小一些。胖的人一般有脸形偏大、脖颈略粗短的特点，在上衣领型的选择上，不要穿窄小领口和领型的衣服，这样会使脸显得更大，应选择宽敞的开门式领型，忌高领和圆领。在款式选择方面，避免穿过于贴身的服装，那些带静电而贴身的套裙或贴身衣服容易显现线条，应以宽松为主。手提袋切勿拿那种面积很大，而且宽度大于高度的，否则会给人“横向发展”的感觉。穿鞋应选择线条简单、细跟或有尖头的鞋子。袜子的颜色要与鞋子相配合，加长腿部线条的感觉。

3. 高瘦型

高瘦型的女性，衣服可以选择柔软、大花、厚质的衣料等，有加宽体型的作用。衣服的样式，宜多利用打褶，这样可以增加身体的厚度。不要穿黑色和近乎黑色的上装，否则人越发显得干瘦，应该选择有膨胀色的鲜明色调服装，颜色可选用灰色、灰褐色、浅灰色等，用以增加扩张感。

4. 瘦小型

瘦小型的女性，如果穿着深色的衣服，会显得更为瘦小。所以，应该选择淡色或小型花纹且质地柔软的衣服。此外，上衣可以采用镶边的样式，裙摆宜较宽或在腰际打碎褶，使身

材显得较丰满。大领或大袋绝不合适。衣服的质料宜采用硬而挺的布料。帽子、提袋和项链等配件，则尽量选用小而可爱的类型。

5. 胸过大

胸过大的女性，选择有一定弹性，但又不会过度贴身，并且在剪裁上有收腰的上衣，直线条设计最为合适。上身的衣服应朴素，不能加装饰物，也不要打褶，宜采用暗色调为主，下身可以用浅淡颜色来搭配。注意，不要选择使用腰带来收身，如果想调整局部线条，可以选用那种小背心进行搭配。选择 V 领或大宽领来转移视线，容易把人的注意力转移到你的双肩及以上部位，同时还可以拓宽肩的宽度，以平衡视觉上的差异，不会让你显得肩小胸大。选择大宽领衣服时，注意衣服的长度不能太短，至少需要过腰，否则会显得上身粗短，没有腰。应避免过于抢眼的胸饰和过长的项链。

6. 胸围细

胸围细的女性，上衣的袖子应蓬松、打褶，以利于产生宽肩感觉，领子以披巾式的大翻领为佳，使别人的注意力集中在领口，避免高领和 V 形领。穿连身长裤要选较宽版的，而且里面再搭配衬衫或者针织衫能加强丰胸的视觉效果。不适合穿厚重的布料，适合穿质软但不松垮的布料。有纹路的布料或横线条上衣能使上围显得丰满。胸前有口袋或者特别花样款式的上衣，能够增加胸部的发散效果。千万不能穿太露及太紧的上衣。两件式或者多层次的混搭穿法，或者有垫肩设计的外套可以造成视觉上的错觉，让层次感更加丰富，制造出胸部丰满的效果来。

7. 腰太长

腰太长的女性，半高腰式的剪裁可以掩饰过低的腰线。A 字形的设计最适合低腰者的身材。宜穿高跟鞋使双腿变得较修长，有亭亭玉立之姿。腰太长最好不要穿低腰的裙子，可以穿腰线高的连衣裙，人为地把腰部向上提，这样自然就显得下半身更修长了。

二、男士着装

合适的衣服款式和色彩对人的体型能产生装饰和美化作用。在选择各类服装时，需要先站在全身镜前注意一下自己的体型：肩部与臀部的比例、腰部高度等。一旦了解了自己的体型，那么在服装与自身的处理上既能遮掩瑕疵，又能增进你的精神面貌。

在日常生活中，标准体型的人毕竟不多，服装与体型配套的目的，就是通过视错觉来达到完善的印象。通过修正服装的外形、式样、颜色，使体型在整体上显得美观。如通过对服装的调整在视觉上延长些较短的腿或者减少些突出的臀部，或使窄些的肩部变宽等。通过不同的款式分割线、面料纹样、色彩因素来对不同体型加以充实。

1. 肩部大于臀部类型

年轻的男性多是这种体态匀称健美的标准体型，特征是肩宽、腹平，从整体看自肩至腰呈倒三角形。这种体型的着装范围非常广，只要服装尺寸合体，无论什么样式，都给人以英姿勃发、飘逸潇洒之感。

2. 肩部与臀部相当类型

这种体型以中老年居多，即所谓“特体”体型，多见的是腰、背、肩等宽，腹部凸起（腰围近似等于裤长甚至超过裤长），对于这种体型，既不要上衣瘦小，也不要过于宽大。因为前者会给人以“小气”的感觉，后者则令其显得“不精神”，甚至“邋遢”。一般说来，“特体”或接近“特体”型的男士，宜穿宽松下摆的上装，不宜穿拉链式的夹克；宜穿裤脚略大于膝盖处宽度的“筒裤”，不宜穿裤脚过宽的“大喇叭裤”、裤角过小的“萝卜裤”及裤筒紧贴于腿上的“牛筋裤”。这种体型的人，除了在服装样式上要特别注意外，在色彩搭配上也要更讲究些，可用深色和水平线因素来增加重量感，同时尽可能避免大块的强烈对比色。

3. 肩部小于臀部类型

这种体型属于矮胖型，面料的纹样多选择垂直线型，并且要比较平整的面料。在款式上应避免横向对称服饰线和纽扣的安排。选用细一些的皮带较合适。

4. 肥胖体型

肥胖体型的男士在整体上有敦实之美，为了看上去更苗条些，可以选择带有垂直线型款式的服装，在视觉上产生延伸和狭窄之感。在面料纹样上带垂直性和紧密细腻感的织物是更好的选择，避免款式上出现与肩部相对应的横线以及腰部宽松的式样。平整的肩部式样、V形领和竖式的配饰安排，能使您的重量显得轻一些。

5. 腿短而弯曲

弯曲腿型的男士，要注重裤装与上衣的搭配关系。下装在色素上应比上装淡些，面料宜带有毛质感。整体着装上不宜朝深调发展。在款式上，上装变化宜多些，使人们的视线集中在上部，如加上适量的配饰等。

6. 凸肚体型

凸肚体型的男士，被认为“将军肚”，有一定的气魄。在选择外套时面料需有些纹样，并且面料的质地和做工要精细。选用稍细些的皮带，皮鞋宜选黑色，以增加下部的重量。

7. 矮瘦平臀型

在服装上不宜太紧身，应在着装上有一定的宽松度。同时，切记不要有肥大的裤裆。在

面料上宜选择带有质感的面料，以增强视觉感。

8. 腿短且丰臀

此种体型多注意扣紧领部，增加延伸感。多选择条纹、格状上衣和细深皮带，可以转移别人的视线，同时，鞋的颜色也应浅淡些。

9. 脸大且脖子短粗型

男子的脖子短也并不是问题。假如您有个双下巴或者下颚部分碰到您的衣领，那么就需要对您的衣领做个调整，使它适合脖子。

10. 肩宽斜且手臂粗

如果男士的肩部相对臂部来说太宽，您就需要增加腰部的宽度，如上衣选择带盖的口袋来增加宽度，避免宽翻领或船形领。如果您的肩部还有些斜，可用垫肩加以调整。如果您的手臂粗短，可使您的袖口长度比原先长些，并且减小袖口翻折宽度。臂上尽量不要有装饰物，会在视觉上显得长些。

11. 臀突且圆背

如果男士有个突出的臀部和圆背，需要背部带有中心开衩的服装弥补或利用柔软的外套盖住臀部，使背部到臀部看上去平顺些。对于圆背，最好选择有色彩、质地粗一些的织物。

12. 手指或短或瘦长

手指的问题需用首饰加以修饰，如选择合适的戒指，以此来衬托手指的美观。同时，需要保持手部的清洁和指甲的整齐。

在体型方面，肩部的斜度也是考虑的因素，有正常肩部度数、平行肩部和斜肩部度数。需要用领型和肩部结构款式的变化来衬托和弥补。选择服饰和考虑搭配方式与体型的关系，能充分显示服饰的个性风貌。

总之，在服饰上不要一味地生搬硬套，只有服装各类因素与自身相吻合，才是最重要的。

第三节　西装的基本知识

西装是目前国际最流行的服装，一身得体的西装能够明显给男士的“外观形象”增色，但是，如果西装的尺寸不合适或是不平整，甚至很脏（即衣服上面有污渍），那么，对着装者“外观形象”的损害会比穿一般服装更大。穿西装还要注意鞋、帽等整体装束的“配套”，决不可“穿西装戴草帽”而显得不伦不类。因此，着西装一定要讲究“穿的艺术”。

一、西装

西装起源于欧洲，于清朝晚期传入中国，20 世纪 80 年代以后，西装在中国重新成为风尚，国家领导人接见外宾，经贸代表出访国外，人们的日常上班工作，西装都被作为最佳的着装选择。

西装是非常普遍的男士服装，在许多国家被认为是男士的正统服装，而且很久以来已形成了西装的穿着习惯。

1. 西装的合体尺寸

西装的穿着是十分讲究的，首先，西装必须合体，不可瘦小，也不可肥大。合体的西装尺寸如下。

（1）长度

西装的衣长指的是人颈部至鞋跟 1/2 处的长度。西装的袖长是指肩膀至手腕的长度。

1）袖长和领高。衬衫的袖长应比西装上衣袖子长出 1～2 厘米，这样可以用白色衬衫衬托出西装的美观，显得更活泼有生气。衬衫的白领也应该高于西装领子，其露出部分应与袖口相一致，以给人一种匀称感。

2）裤长。西装的裤长是指裤脚接触脚背的长度（注意鞋跟高度的影响，即测量裤长时一定要穿与之配套的皮鞋，而不能穿布鞋或拖鞋测量）。

3）立裆长。西装立裆的长度应使裤带的鼻子正好通过胯骨上边为宜。

4）袜长。袜子的长度要高及小腿上部，太短的袜子穿起来松松垮垮，坐下来不留意就会露出皮肤，尤其是毛发重的男士，还会露出腿毛，是有失体统的。

5）腰带长。腰带长度以不超过腰带扣 10 厘米为标准。

（2）宽度

1）上衣的宽度。上衣的宽度应掌握在系上扣子后，稍有宽度，根据不同季节而异，但要注意腰线位置、垫肩宽度。

2）裤腰围。系好裤扣、拉上拉链后，以腰间能插入一个手掌为宜。

3）臀围。裤兜内不装入任何东西，符合身体尺寸。可以做下蹲动作或抬腿动作，动作自如为合适。

2. 西装口袋的用途

西装的衣袋不完全是为装东西而设计的，上衣两侧的衣袋只起装饰作用，不可以装东西，否则，西装会变形。西装上衣胸部的衣袋，亦不可以装东西，它仅能装经过洗净、烫平、折叠好的花式手帕，作为装饰用。花式手帕最常见的有一字形（先把手帕对折一次，使成矩形，但其中一边要略低，再对折一次，成长条状，高度以能突出口袋一寸为准，最后把两端折向中间，宽度以袋口为准）、热气球形（抓住四个边角，并随性将手帕塞入口袋，塞入时创造

微微皱折点缀）和双三角形（先折成四幅，然后依对角线对折，使右下方巾角停在左上方巾角的左边，两角错开，成为两个三角形，最后依衣袋的大小，把其余的几角折叠），折叠方法如图 4-1 所示。西装真正装东西的衣袋是内侧袋，左胸内侧衣袋一般装日记本、笔和钱夹，右胸内侧衣袋一般装名片、香烟和打火机。

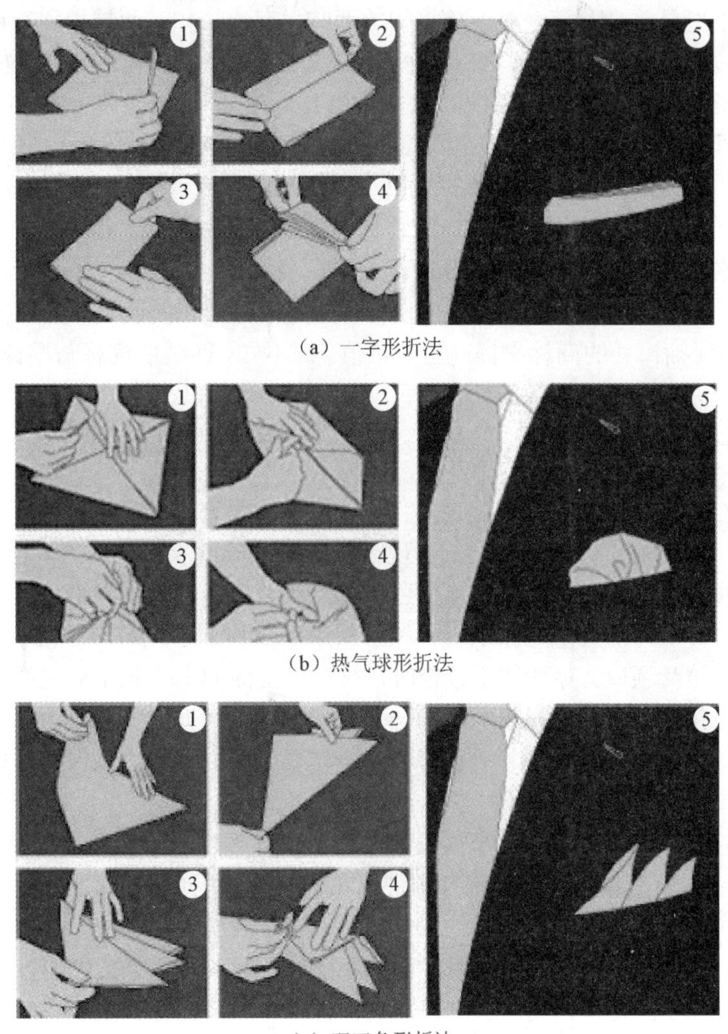

（a）一字形折法

（b）热气球形折法

（c）双三角形折法

图 4-1 手帕的折叠方法

西装裤子的裤袋和上衣口袋一样，也不是用来装东西的，零用钱、手帕（或纸巾）等，可以装在裤子后兜内。

3. 西装纽扣的扣法

西装有双排扣和单排扣之分。男士在站立的时候，无论穿双排扣或单排扣的西装，请养成把西装扣子扣上的习惯。因为这样在讲话、比手势的时候，西装才不会随着肢体乱跑，使整体线条看起来更显干净利落。对于单排扣的西装，有一粒扣、两粒扣和三粒扣之分，如果是一粒扣的则应系好这一粒扣子，如果是两粒扣的应当系上边的一粒纽扣，如果是三粒扣的应系中间的一粒（或将上面一粒和中间的一粒扣上），把单排扣西装上衣的扣子全部系上，会显得土气。西装背心（马甲）如果是六粒纽扣的，下面一粒可不必系上，如果是五粒纽扣，则应全部系上。考究的西装配上华贵的纽扣，能使人显得稳重有朝气。

流行的式样和着衣者的体型决定穿西装是单排扣还是双排扣、是两件套还是三件套。双排扣的西服通常对体型丰满的人更为合适。

再者，穿西装前一定要拆去袖口处的商标。因为一身漂亮的西装本身就说明了质地及价值，绝对不要再用袖口处的商标来提高它的价值。殊不知，西装的商标与墨镜上的商标一样，只会给人留下“舶来品”的印象。

二、西装内衣

西装内衣对于整套西装的格调起重要作用。传统的西装内衣只有衬衫，现在西装内衣的种类逐渐增多，尤其是“休闲西装”的出现，与其搭配的内衣出现了“多样化”的倾向。

西装的衬衫多选用白色、淡素色或白色带细条纹，衬衫的领子要挺，领的大小要与本人颈部尺寸适合。其检查的方法是扣上衬衫领口后用手拉住领口左右转动自如，做“吞咽”动作时，喉头刚刚触及领口。穿西装系领带时，衬衫最上面的一个扣子一定要扣好。有些场合穿西装可以不系领带，此时衬衫最上面的一个扣子一定要解开。衬衫里面可以穿内衣，但内衣的领口和袖口一定不要露在衬衫外面。衬衫一定要勤换、勤洗，以保持领口的清洁，切不可让衬衫的领口上“嵌上黑边”。

西装内衣除衬衫外，还可以穿半高领的 T 恤衫、高领毛衣、衬衫加 V 字领毛衣或背心，但是穿 T 恤衫或高领毛衣时，均不宜打领带，在较庄重的场合不宜穿这种内衣。

另外，要注意西装与衬衫的搭配。深色西装，一定要配白色衬衣、黑皮鞋和黑袜子。花花绿绿的衬衣不能配男式西装。带条纹的西装不能配方格衬衣，带条纹的衬衣不能配方格西装。杂色西装可配相同色调的衬衣。一般而言，衬衣和西装在色调上要成对比，西装颜色越深，衬衣颜色越要明快。

第四节　装　饰

服装的装饰在人的整体装束中至关重要。用好装饰品如同画龙点睛，可使人更加潇洒飘

逸；而装饰若用得不好，好似画蛇添足，只能有损个人形象。因此，在社交场合，应重视服装的装饰。

装饰品的历史可以追溯到远古时代，原始人将野兽的牙齿穿起来就是最早的项链，将漂亮的羽毛戴在头上就是最早的头饰。随着人类文明的发展，装饰品的品种、数量、装饰范畴更是发展到空前的时代。面对琳琅满目的饰品，如何进行选择？如何让饰品将自己装饰得超凡脱俗、充分展示自身美，就成为一个值得研究的问题。

一、装饰点计算法则

一个人毫无装饰，就无从谈“装饰美”，反之，若是将装饰品从头装饰到脚，样样齐备，好像一个活动的装饰品展示柜，无疑也会极大地损害自己的形象。如何使饰品恰到好处，起到“画龙点睛”的作用，可以用“装饰点计算法则”来判断，一般认为女士以 10～17 点为宜，不足 10 点，略显不足，超过 17 点，则是画蛇添足了。装饰点的计算方法如下。

1）帽子及头饰。参加交际时，戴装饰性帽子记 1 点，如帽子上有鲜花或装饰品，记 2 点。戴几件头饰记几点，无则为 0。

2）面部化妆。化日常淡妆记 1 点，若描眉、画眼影、涂鲜艳的口红记 2 点，不化妆为 0。

3）服装。如果上、下装都是同色，或者以某种颜色为主的小花、条纹、细格子的衣料，记 1 点，若上、下装不同色或是大花衣料，每种明显不同的颜色记 1 点，衣服的特殊式样，如有飘带、大领等，每种记 1 点。

4）袜子。袜子上有与肤色明显不同的颜色记 1 点，袜子颜色与肤色相同为 0。

5）鞋。鞋是单色，且无装饰物记 1 点，每双鞋上的不同颜色或不同装饰品种类，各记 1 点。

6）手套。参加交际活动时戴装饰性手套记 1 点，否则为 0。

7）项链。有项链则记 1 点，如果项链上有项坠则记 2 点，无项链则为 0。

8）胸针或胸花。有几件记几点，不戴则为 0。

9）耳环。一副耳环记 1 点，不戴则为 0。

10）手镯和手链。每件记 1 点，不戴则为 0。

11）手表。戴手表记 1 点，不戴则为 0。

12）戒指。戴几枚戒指记几点，不戴则为 0。

13）衣服上的装饰扣。如果是单色衣服，不同颜色的较大扣子，有几个记几点，如果是其他的扣子较小，只有几个较大，则有几个大的记几点。

14）腰带及其饰扣。如果腰带与衣服颜色不同，记 1 点，如果腰带上又有较大的装饰扣，记 2 点。

15）手提包。若配有与服装配套的坤包，记 1 点，无手提包则为 0。

二、佩戴首饰的原则

佩戴首饰与选择服装一样，也应该遵守 TPO 原则，具体要求如下。

1. 遵从传统习惯，不要标新立异

应当遵从有关的传统和习惯，在社交场合，不要靠佩戴的首饰去标新立异。

2. 不戴粗制滥造的饰品

不要戴粗制滥造的饰品，在正式场合不戴首饰是可以的，若戴就要戴质地、做工俱佳的。

3. 佩戴首饰要注意场合

佩戴首饰要注意场合，上班期间以不戴或少戴首饰为好，运动和旅游时也不宜戴首饰，准确地说，只有在交际应酬时，佩戴首饰才最合适。

4. 佩戴首饰要考虑性别因素

佩戴首饰要考虑性别因素，在交际应酬时，女士可以戴各种首饰，男士只宜戴结婚戒指。

三、正确佩戴首饰

1. 戒指

如果要戴戒指，一般只戴一枚，而且要戴在左手上。戒指戴在不同的手指上有不同的含意：①戴在食指上，表示无偶而求爱；②戴在中指上，表示正在恋爱之中；③戴在无名指上，表示已订婚或结婚；④戴在小指上，则表示自己是一个独身主义者；⑤在西方国家，未婚少女将戒指戴在右手上，但若戴在右手无名指上，表示“把爱献给了上帝”，是修女的戴戒指习惯。戒指的不同戴法如图 4-2 所示。

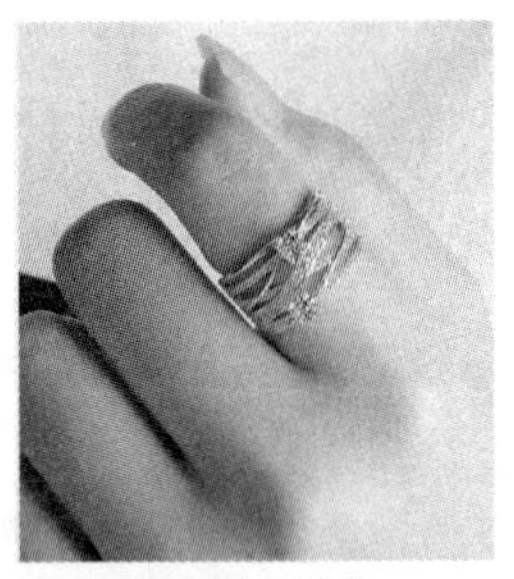
（a）左手食指

（b）左手中指

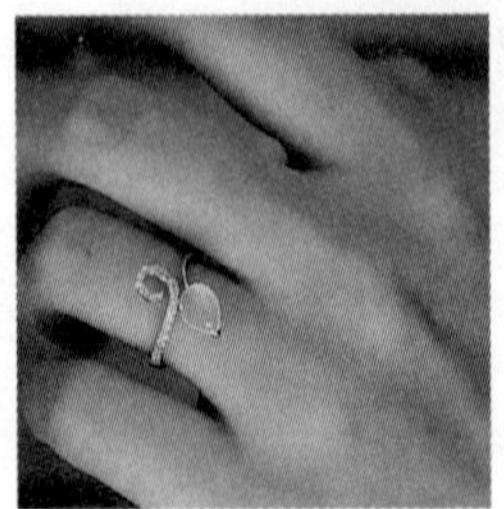
（c）左手无名指

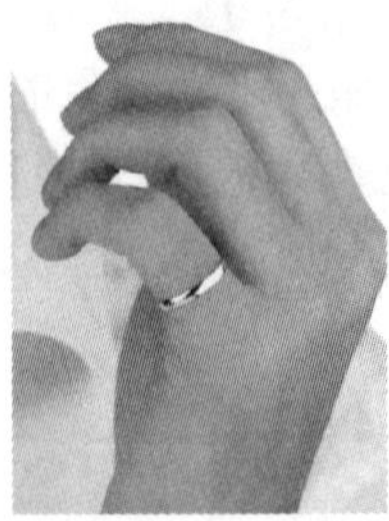
（d）左手小指

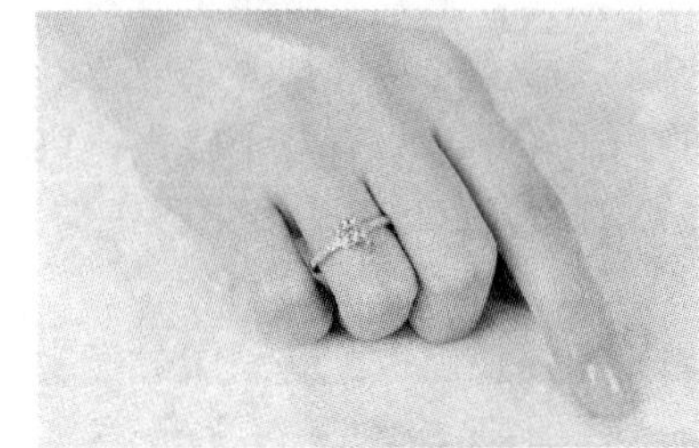
（e）右手无名指

图 4-2　戒指的不同戴法

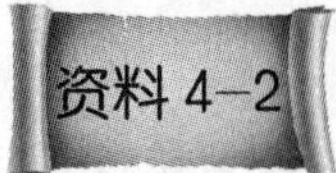

戴戒指有讲究

李丽大学毕业被分配到某公司做文秘工作不久，在一次接待客户时，领导让她照顾一位华侨女士。临分别时，这位华侨女士对小李热情周到的服务非常满意，留下名片，并认真地说："谢谢！欢迎你到我公司来做客，请代我向你的先生问好。"小李愣住了，因为她还没有男朋友，又哪来的先生呢？可是，那位华侨也没有错，她之所以这么说，是因为看见小李的左手无名指上戴有一枚戒指。

分析：戴戒指是有讲究的，不要随意乱戴，以免闹出误会。

2. 项链

戴项链时，要注意与个人条件相配。脖子细长的适宜戴直径较细的项链，显得纤细柔美，小巧玲珑。而比较粗壮结实的项链，年龄较大的人戴着更合适些。双套链、三套链立体感强，美观，少女佩戴它会倍添姿色。

3. 耳环

佩戴耳环要与脸型相适。圆形脸的人适宜选用链式耳环或耳坠，不要戴又大又圆的耳环；方脸形的人适宜选用小耳环或耳坠，不要戴过于宽大的耳环；长脸形的人适宜选用宽宽大大的耳环，不要戴过长而且下垂的耳环。

4. 手镯或手链

佩戴手镯或手链的讲究相差无几。如果在左臂或左右两臂同时戴，表示已经结婚；如果仅在右臂戴表示佩戴者是自由的。注意，一只手臂上只能戴一件饰品。一般女士不戴手表而适合佩戴手镯或手链。

四、领带及领带夹

领带在男士的装饰品中占有重要的位置，被称为西装的"灵魂"，所以说领带是男士打扮的关键。正式场合中，穿着西装必须系领带，也不宜随意松开领带，而假日休闲时则不必打领带。领带的选择也是很讲究的，应该根据个人的情况选择合适的领带。

男士着正装，领带很重要

1945 年"八一五"以后，美军登陆日本。美军统帅麦克阿瑟将军在会见日本天皇时，身着西装却没有系领带，日本朝野对此一时大哗，认为这是美方对日本天皇的礼仪简慢，愤愤不平。

里根总统成名之前，服饰专家发现他的头显得小一些，便建议他穿上领子较宽大的衬衫，系大结的斜条纹领带，当他这样出现在众人面前时，这一缺点便没人看得出来了。

分析：由此可见，男式在正式场合着正装，领带是很重要的，一定要特别讲究，切不可漫不经心。

领带的选择应与自己的西装颜色相配套。一身西装穿在身上后，分别选择两条质地、颜色、图案不同的领带，就很可能得出“风流高雅”和“粗俗不堪”两种不同的印象。当确定颜色系列后，其图案与花色要基本上以自己的“第一印象”为依据，即第一眼看上去满意的基本上就是适合自己气质的，不要摸摸这条，选选那条，更不要向售货员问：“我要哪条合适？”选择领带时，还要用手轻轻地拉一拉领带，如果领带稍有变形，说明剪裁不当，这条领带即使质料再好，也不要买，因为用过几次之后，领带就会变形。

领带的常用结法有三种：单结、准温莎式和温莎式。单结最简单，打出来的领结也最小；温莎式结法最复杂，打出来的领结也最大。用哪种方法结领带，要考虑流行趋势，还要依据领带的质料。质料过厚的领带不宜用温莎式。衬衫领子的式样与领带的结法有着密切的关系，公认的原则如下：窄领衬衫通常将领带打成单结，有领扣的衬衫其领带适合用准温莎式，宽领衬衫则适宜用温莎式。领带的结法如图 4-3 所示。

系领带时，长度要适中，不能过长或过短，以站立时领带的下端触及腰带为宜。穿西装背心或 V 形领毛衣时，领带一定要塞进背心或毛衣里。

在参加涉外活动时，要注意领带的花色图案。个别的西方国家，对于有斜条纹图案的领带有习惯看法，同一种倾斜方向，在一个国家表示喜庆，而在另一国家则可能表示哀悼，因此，为了避免不必要的误解，尽量在涉外活动中避免这种图案。

领带夹是用来固定领带的，领带夹宜用质地较好的，否则不如不戴。而且，领带夹的位置不能太靠上边，以从上往下数衬衫的第四粒纽扣处为好。西装上衣系上扣子后，领带夹应当是看不见的。

合体的服装、适宜的衣着色彩、恰当的装饰、加上精心设计的发型及化妆，无疑会给一个人的外在形象增加优美感，但重要的是，美好的外在形象必须与高雅的气质、高尚的行为、恰如其分的言谈举止和标准规范的礼仪相结合，才能表现出一个人优美的全貌。千万不要做“金玉其外、败絮其内”的“绣花枕头”，而是要加强自身的思想品德修养，强化礼貌礼仪意识，同时注意衣帽装扮，使自己成为道德高尚、气质优雅、讲文明、懂礼貌的可爱的人。

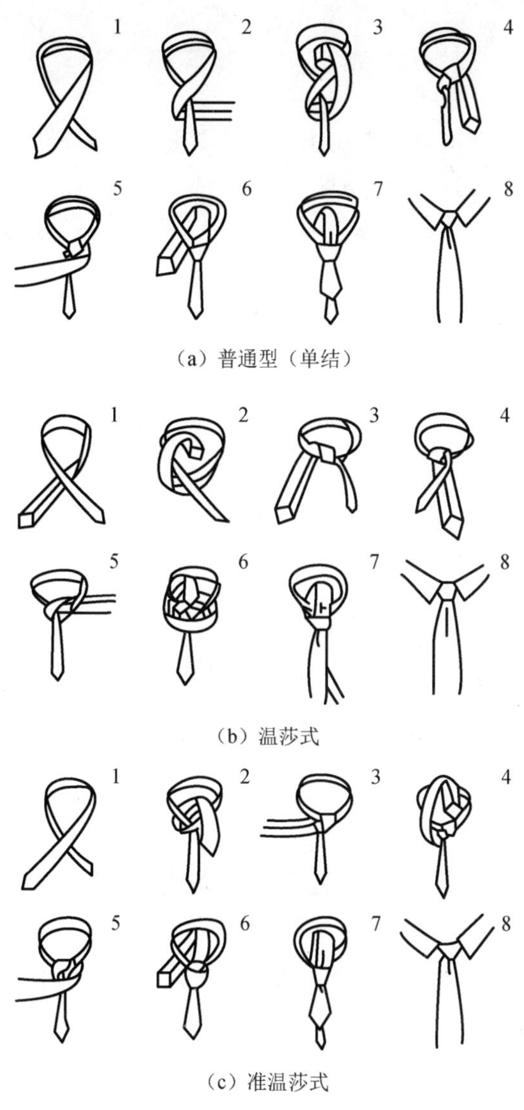

（a）普通型（单结）

（b）温莎式

（c）准温莎式

图 4-3 领带的结法

课堂实训

1. 实训题目

1）针对不同场景为自己设计合适的服装。①参加求职应聘面试；②参加朋友的生日聚会；③结伴外出游玩。

2）西服的正确穿着。

2. 实训内容

1）学生自己准备服装，有条件的可由学校提供服装，将学生分成几个小组设计不同场景，按照不同的场景为自己选择合乎场景要求的服装。

2）按照课堂演示提供若干套西装，安排不同的学生穿着，其他学生观摩和点评。

3. 实训要求

1）要求学生按照 TPO 原则着装。

2）西装穿着应符合礼仪规范。

4. 实训地点

实训室或活动中心。

5. 实训课时

两个课时。

6. 教师考核

指导教师对参加实训的学生逐一点评并给出实训成绩。

1. 人们常把色彩分为冷色、暖色和中性色三大色调系列，各种不同色调主要包括哪几种颜色？各种不同色调分别给人以什么感觉？

2. 着装的 TPO 原则是什么？

3. 简述西装的穿着礼仪。

4. 简述西装内衣的穿着礼仪。

5. 女士着装应注意哪些礼仪？

6. 简述佩戴戒指的基本礼仪知识。

7. 分别叙述佩戴项链、耳环、手镯和手链的基本礼仪知识。

8. 领带的结法通常分为哪几种类型？试分别介绍（示范）各种结法的操作步骤。

第五章　日常礼仪

本章导读

现代社会使人与人之间的接触和交往越来越频繁。在人们的社会交往中，见面、交谈、接待等日常生活和工作的言谈举止之中，随时随地离不开礼仪。失礼会使你感到尴尬、失意和孤独，有礼会使你左右逢源、一帆风顺，受到人们的尊重和爱戴。本章介绍见面、分别、日常接待和礼宾次序等日常礼仪。

学习目标

1. 熟悉见面礼仪中的握手礼、致意礼、介绍礼、名片礼。
2. 了解见面礼仪中的鞠躬礼、拥抱礼和亲吻礼。
3. 掌握会客与送客礼仪。
4. 掌握电话礼仪。
5. 掌握礼宾次序礼仪。
6. 熟悉常用礼貌用语。

关键词

见面礼仪（greeting etiquette）
拜会与告辞礼仪（visit and leave etiquette）
电话礼仪（telephone etiquette）
礼宾次序礼仪（the order of etiquette）

在社交活动中，人们为了有秩序地生活和工作，使社交活动和谐而有效，就要用各种规范来调节复杂的人际关系和现实的社会关系，并用来约束人们的行为。礼仪，是人类为维系社会正常生活而要求人们共同遵守的最起码的道德规范，它是人们在长期共同生活和相互交往中逐渐形成，并以风俗、习惯和传统等方式固定下来的。礼仪是人际交往的通行证，反映在我们的日常生活中，大致有以下几个方面的礼仪。

第一节　见面及分别时的礼仪

见面与分别，就像一台歌剧的序曲与尾声，序曲与尾声演得不好会直接影响整台歌剧的总体效果。见面是第一印象，见面时的礼节是一个人修养程度的最初表现，往往给人以深刻的印象；分别时的礼仪，则能体现一个人修养的全面程度，同样使人难以忘怀。

一、称谓礼仪

称谓，也叫称呼，属于道德范畴。人际交往，礼貌当先；与人交谈，称谓当先。使用称谓，应当谨慎，稍有差错，便贻笑于人。恰当地使用称谓，是社交活动中的一种基本礼貌。称谓要表现尊敬、亲切和文雅，使双方心灵沟通，感情融洽，缩短彼此间的距离。正确地掌握和运用称谓，是人际交往中不可缺少的礼仪因素。

1. 中国人之间的称谓礼仪

中华民族有5000年的文明史，我们的祖先在使用称谓方面是十分讲究的，不同的身份、不同的场合、不同的情况，在使用称谓时无不入幽探微，丝毫必辨。在现代礼仪中，虽不必泥古，但也不可全部推翻重来，要在前人的基础上，推陈出新，表现出新一代礼貌称谓的新风貌。

（1）符合身份的称谓

当清楚对方的身份时，既可以对方的职务相称，也可以对方的身份相称；当不清楚对方的身份时，可采用以性别相称，如“某先生”“某女士”或“××老师”，亦不失为权宜之计。

（2）符合年龄的称呼或称谓

1）对年长者的称呼。当称呼年长者时，务必要恭敬，不应直呼其名，也不可直呼“老张”“老王”等，尤其是年龄相差较大的隔代人之间，更不可直呼“老张”“老王”等；“老张”“老王”只能是一种称谓，不应当是称呼；可以将“老”字与其姓相倒置，如“张老”“王老”，或“王老先生”“张老先生”或姓＋职务（或职称）等，如“李主任”“刘总”“杨工”“罗老师”“陈师傅”，等等。总之，要有尊敬长者之意。

2）对同辈人的称呼。①对于同辈人的称呼，可在姓前面加“老”字，如“老李”“老张”等；②对复姓可以只称呼其姓，如“欧阳”“诸葛”等，同辈人之间也可直接称呼其姓名，如“李大伟”“刘建华”等；③有时甚至可以去姓直称其名，如“大伟”“建华”等，这样称呼显得既礼貌又亲切，运用场合比较广泛，但注意直呼其名时要态度诚恳、表情自然，体现

出真诚；④当称呼年轻人时，可在其姓前加“小”字相称，如“小张”“小李”，或直呼其姓名，但要注意谦和、慈爱，表达出对年轻人的喜爱和关心；⑤一定要注意称呼与称谓之间的区别，如“爸爸”“妈妈”是称呼，“父亲”“母亲”“家父”“家母”是称谓，不可以混为一谈。

（3）传统称谓

中国古代很多文明称呼，至今还被运用。例如，将父母称为高堂、椿萱、双亲；称呼别人的父母为令尊、令堂；称别人兄妹为令兄、令妹；称别人儿女为令郎、令爱（令媛）；自称父母兄妹为家父、家严、家慈、家兄、舍妹；称别人庭院为府上、尊府；自称为寒舍、舍下、草堂。妻父俗称丈人，雅称为岳父、泰山。兄弟为昆仲、棠棣、手足。夫妻为伉俪、配偶、伴侣。妇女为巾帼；男子为须眉。老师为先生、夫子、恩师；学生为门生、受业。学堂为寒窗；同学又为同窗。父母死后称呼上加“先”字，父死后称先父、先严、先考；母死后称先母、先慈、先妣；同辈人死后加“亡”字，如亡妻、亡兄、亡妹。夫妻一方亡故叫丧偶，夫死后称妻为寡、孀；妻死后称夫为鳏（guān）。

（4）称呼方面应注意的问题

1）使用第二人称时。在使用第二人称时用“您”比用“你”要更显敬重，用“老师您”“叔叔您”“经理您”比单用“您”也更显敬重。

2）使用量词时。用量词“位”也可表示尊重，如说“这位同学”比说“这个同学”要好。

3）称呼对方家人时。在称谓对方家人时要有礼节。例如，对老师的妻子可以称“师母”，对兄长的妻子称“大嫂”，如领导年龄与自己父母差不多，对其夫人就可称为“阿姨”，不要直呼其名或“你老婆”。

4）称呼对方所属的事物时。对说话对象所属的事物称谓时要有礼节。对对方的姓（名）要称“贵姓”或“尊姓大名”，对老师的作品可称“大作”，对对方的观点可称“高见”，对老人的年龄要称“高寿”，对对方的公司要称“贵公司”，在书面语言中，对年轻女性的名字可称“芳名”，对其年龄也可称“芳龄”。

5）称呼对方的行为时。对对方行为的称谓中要有礼节。例如，宾客的来临可敬称为“光临”“惠顾”，对方的批评可敬称为“指教”，对方的解答可敬称为“赐教”，对方的原谅可敬称为“海涵”，对方的允诺可敬称为“赏光”“赏脸”，对方的修改可敬称为“斧正”，在书面语言中，对方的到达叫“抵”，对方的住宿叫“下榻”。

请人帮忙要用尊重语

一位年轻人去风景区旅游。当天天气炎热，他口干舌燥，筋疲力尽，不知距目的地还有多远，举目四望，不见一人。正失望时，远处走来一位老者，年轻人大喜，张口就问：“喂，

老头儿，离青海湖还有多远呀？”老者目不斜视地回了两个字：“无礼（五里）。”年轻人心想：五里已经不远了，顿时精神倍增，快速向前走去。他走呀走，走了好几个“五里”，青海湖也不见踪迹，他恼怒地骂起了老者。

分析：被问路的老者为什么“胡乱”指路？是老者先失礼吗？

2. 对外宾的称谓礼仪

外国人的姓名比较特殊，除了在文字上与我国汉族人的姓名有区别外，在其组成和排列顺序等方面，也有很大的差别。

1）英美人。英美人的姓名，其排列是名在前，姓在后。女性在结婚前，都有自己的姓名，婚后一般在自己的名前加丈夫的姓。在书写时，其名字常常缩写为一个字头，但姓不能缩写，如 G. W. Thomson、D. C. Sullivan 等。口头称呼时，一般可只称其姓，但在正式场合，一般都要称其全称。

2）法国人。法国人的姓名，也是名在前，姓在后，一般由 2～3 节组成。前 1～2 节为个人名，最后一节为姓。有时姓名可达 4～5 节，大多是教名和由长辈起的名字。现在，长名字已越来越少。其中女性的姓名和口头称呼，基本和英美人相同。

3）俄罗斯人。俄罗斯人的姓名，一般由 3 节组成，其排列顺序通常是名字、父名、姓，特别是在正式的文件中，把姓放在最后面。俄罗斯人的名字和父名都可缩写，只写第一个字母。而且在口头上，俄罗斯人一般只称姓，或只称名。只有在表示客气或尊敬时，才称名字和父名。女性在婚前，用父亲的姓，婚后多用丈夫的姓，但本人名字和父名不变。

4）阿拉伯人。阿拉伯人的姓名，全名一般由 3～4 节组成，其排列顺序多为本人名、父名、祖父名和姓。正式场合应称其全名，但有时也可省略其祖父名，还可省略其父名；简称时只称本人名。但事实上，很多阿拉伯人，特别是对有社会地位的上层人士，都可简称其姓。另外，在阿拉伯人的名字前面，常带有一些符号，如埃米尔（Amir 或 Emir），为王子、亲王、酋长之意；苏丹（Sultan），为君王、国王之意；赛义德（Sayed），是先生、老爷的意思等，这些称号有些已转为人名。

5）日本人。日本人姓名顺序和我国相同，即姓在前，名在后，常由 4 个字节组成。但由于其姓与名的字数并不固定，二者往往不易区分，因而在事先一定要向来访者了解清楚。在正式场合，应把姓与名分开书写，如“二阶堂 进”“藤田 茂”等。在口头上，一般都只呼姓，在正式场合，应称全名。另外，日本人的姓名，常用汉字书写，但其读音与汉字拼音完全不同，称呼时应加以注意。

6）韩国人。韩国人的姓名与中国人相似，大多由三个字组成，第一个字为姓，名字在姓的后面。用英文或拉丁字母拼写时，则仿照西方人，把名字提到姓前面。也有用复姓单名的，姓名取四个字的极少。常见的单姓有金、朴、李、崔、张等。韩国人一般不直呼别人的名字，即使在兄弟姐妹之间，年幼者也不能直呼年长者的名字。对男性一般称呼“先生”，对女性称呼“小姐”“夫人”。韩国人祖籍观念强，初次见面做自我介绍，通常要说“本人

姓×，祖籍×××”。

韩国人不同于中国人之间习惯用“你、我、他”这样的代词。在韩国，如果不是非常亲近的朋友，成人之间通常不直呼其名，尤其是当对方比自己年龄大时，更不能称呼名字，而是要称职衔或称“姓+职衔”，如称呼×××部长、×××社长、×××教授等。如果对方比自己早入学或早参加工作，则称其为老师。即使对比自己年龄小的同事或其他人，一般也不直接称呼其名字，而是在名字后加“小姐”或“先生”等，如小雅小姐、俊秀先生等。

克林顿称谓不当成为国际笑话

1994 年，美国总统克林顿出访韩国，韩国总统金泳三携夫人去机场迎接。在与韩国总统握手致意后，克林顿向金泳三夫人问好：“您好！金夫人。”在场的人士包括金泳三夫人竟一时没反应过来克林顿在跟谁打招呼。克林顿不当的称谓使双方尴尬，闹出国际笑话。

按韩国的习惯，女士结婚后仍从父姓而非从夫姓，韩国总统夫人本姓“韩”。

二、握手礼仪

握手是见面、分别时的礼节。通常，与人第一次见面时要握手；熟人在长时间分别后相逢时也要握手寒暄，告辞或送行也要握手告别，它基本是一种见面礼节或告别礼节。有时在一些特殊场合（如向人表示祝贺、感谢或慰问时，双方交谈中出现令人满意的共同点时，或双方原先的矛盾出现了某种转机或彻底解决时），习惯上也以握手为礼。

握手，是人们在社交场合司空见惯的礼仪。它看似平常，却是沟通思想，交流感情，增进友谊的重要方式。文雅而得体的一握，其中往往蕴含着令人愉悦、信任、接受的契机，因此，握手已成为世界范围最通行的礼节。

1. 握手礼的由来

握手礼起源于西方远古的半文明半野蛮时代，那时人们主要以打猎为生，手中常持有棍棒或石块作为防卫武器，当人们相遇并且希望表达友好之意时，必须先放下手中的武器，然后相互触碰对方的手心，用这个动作说明：“我手中没有武器，我愿意向你表示友好，与你成为朋友。”随着时间的推移，这种表示友好的方式被沿袭下来，成为今天的握手礼，在我国汉代就开始有了握手言欢的记载。现在握手已成为国际交往中见面和分别时普遍的礼貌行为，在许多场合都不能忽视。

2. 谁先伸手有讲究

是否需要握手位尊者有决定权，在不同场合，“位尊者”的含义也有所不同。

1）商务场合。在商务场合中，“位尊者”的判断顺序为职位—主宾—年龄—性别—婚否。

①上下级关系中，上级应先伸手，以表示对下级的亲和与关怀；②主宾关系中，主人宜先伸手，以表示对客人的欢迎；③根据年龄判断时，年长者应主动伸手，以表示对年轻同事的欣赏和关爱；④根据性别判断时，女性宜主动伸手，以示大方、干练的职业形象；⑤根据婚姻情况做出判断时，已婚者应向未婚者先伸手，以示友好。

2）纯粹社交场合。在纯粹的社交场合，判断顺序有所不同，应以性别—主宾—年龄—婚否—职位作为“位尊者”的判断顺序。关系密切的朋友之间，有时以谁先伸手表示更加热情的期待和诚意。

3）送客时。在送别客人时，应由客人先伸手告别，避免由主人先伸手而产生逐客之嫌。

3. 握手的细节

1）身体姿势。无论在哪种场合，无论双方的职位或年龄相差有多大，都必须起身站直后再握手，坐着握手是不合乎礼仪的。握手时上身应自然前倾，行 15° 欠身礼。手臂抬起的高度应适中。

2）手的姿势。行握手礼时要有正确的姿势，一般应上身稍稍往前倾，两足立正，伸出右手（用左手握手是不礼貌的，右手有残疾者除外），距离受礼者约一步；四指并拢，拇指张开，向受礼者握手，礼毕后松开。距离受礼者太远或太近都是不雅观的，尤其不要将对方的手拉近自己的身体区域。握手时必须上下摆动，而不能左右摇动。当遇到比较熟悉的人或知交时，为达到传递情感的效果，可以伸出双手行握手礼。握手时伸出的手掌应上下垂直，如果掌心向下握住对方的手，则显示一个人强烈的支配欲，无声地告诉别人，他此时处于高人一等的地位，应尽量避免这种傲慢无礼的握手方式；相反，掌心向上同他人握手，则显示一个人的谦卑与毕恭毕敬，如果是伸出双手去捧接，就更是谦恭备至了。平等而自然的握手姿态是两人的手掌都处于垂直状态，这是最普遍、也是最稳妥的握手方式。握手时应掌心相握，这样才符合真诚、友好的原则。

很多男士在与女士握手时只握四指，以示尊重和矜持，但在男女平等的今天，这种握手方式已不符合礼仪规范。尤其在商务活动中，性别被放在次要的位置，女性更应主动、大方地与男士进行平等、友好的握手，以便进一步进行平等互利的商务交流。

3）时间。握手的时间不宜过长或过短，两手交握 3～5 秒，上下晃动最多两次是较为合适的。一触即把手收回，有失大方；握着他人的手不放则会引起对方的尴尬。

4）力度。握手的力度能够反映出人的性格。太大的力度会显得有些鲁莽；力度太小又显得有气无力、缺乏生机。因此，建议握手的力度把握在使对方感觉到自己稍加用力即可。

5）眼神。在握手的过程中，假如你的眼神游离不定，他人会对你的心理稳定性产生怀疑，甚至认为你不够尊重。

6）微笑。微笑能够在任何场合为任何礼节增添无穷的魅力。握手的同时给对方一个真诚的微笑，会使气氛更加融洽，使握手礼更加圆满。

4. 异性之间握手的礼节

1）男士应注意的礼节。男士与女士握手，应由女士先伸手，男士只要轻轻一握即可。如果女士不愿握手，男士不可主动伸手。男女之间握手时，通常双方都应微笑着注视对方，不可漫不经心，东张西望，心不在焉，或一边握手一边与第三者谈话。男士与女士握手时，最好根据场合说一两句客套话，如“您好，欢迎您”“见到您很高兴”等。另外，握手前男子如果戴着手套，必须将手套脱掉，如果女士已伸出手等待，男士可不必先脱掉手套，以免使女士等待时间过长，这时男士可根据与女士熟悉的情况，适当说一句表示抱歉的话，以使气氛和谐。女士可以戴着手套握手，请男士不要介意。按照国际惯例，身着军服的男军人可以先敬礼，戴着手套和女士握手，这是又一个例外。

一般与女士握手时间不宜过长，应以 3～5 秒为好；还应注意握手的位置，应该握住女士手掌的上方，注意不要握得过紧，把对方弄疼，更不宜来回晃动。但也不要过于松松垮垮、漫不经心地用手指尖轻轻一点，这也是对对方的不尊重。应根据时间、对象、地点而异，比较适宜的握手时间一般为 3～5 秒，如果相见的是老朋友、老同学，握的时间可稍长一些，握手力度应大一些，但至多 20 秒就足够了，绝对不应该握手时间过长而使女士感到尴尬。总之，与女士握手，应保持自然、大方，不必过于拘谨。

2）女士应注意的礼节。在社交活动中，依照惯例，是否握手应由女士掌握主动权。因此，对于一位有修养的女士，出于礼貌，无论对于新朋友还是老朋友，见面时都应落落大方地主动伸手，示意对方愿意握手，尤其是在一些特殊场合（如开会时的东道主、请客时的女主人），女士的握手就更加重要，既要显得主动、热情，又不失端庄、稳重。

女士与对方行握手礼之前，应大略判断一下对方的态度，对于傲慢无礼者，可以不与他握手，但这时要特别注意场合，如果是与两三个男士见面，女士不想与其中一位握手，那么以与对方几位皆不握手为宜；如果与数位男士见面，女士只不愿意与其中一位男士握手，而对其他人皆应表示礼貌地欢迎，那么女士应该不显露自己的情绪，而自然地一一握手，以免使对方难堪而造成不良效果。

5. 与老年人、贵宾、上级握手的礼仪

与老年人、贵宾、上级握手，不仅是为了表示问候和致意，更是尊敬的表示。握手时除了注视对方和面带微笑外，还应注意应由老年人、贵宾、上级先伸手，只有在对方有所表示时，才能伸手相握，否则就不得体。握手时身体稍向前倾，不能挺胸昂头，当老者伸手时，应疾步趋前，用双手握住对方的手，招呼“欢迎您”“见到您很高兴”等热情洋溢的话语。注意在需要与多人握手时，应遵从一定的顺序，先贵宾、上级、老年人，后晚辈，在同一档次的人当中应先女后男。不要几个人竞相交叉握手。两对男女相遇，应是女士与女士先握手，再女士分别与男士握手，最后再是男士与男士握手。

6. 握手礼仪的注意事项

1）忌交叉握手。多人同时进行握手时，应该按顺序一一握手，与另一方呈交叉状，甚至自己伸出左手同时与他人握手，都是严重的失礼行为。

2）忌出手太慢。若出手太慢，会让人觉得你不愿意与他人握手。

3）忌在对方无意的情况下强行与其握手。

4）忌在手不干净时与他人握手。此时可以礼貌地向对方说明情况并表示歉意。

5）忌握手后立刻用纸巾或手帕擦手。

6）忌拒绝握手。拒绝与对方握手是不礼貌的。握手是友好的表示，如果对方主动伸手与你相握，即便是对方没有顾及礼仪次序，你也要宽容地与对方握手。但如果手上有水或不干净时，应谢绝握手，同时必须解释并致歉。

握手的正确方式如图 5-1 所示。

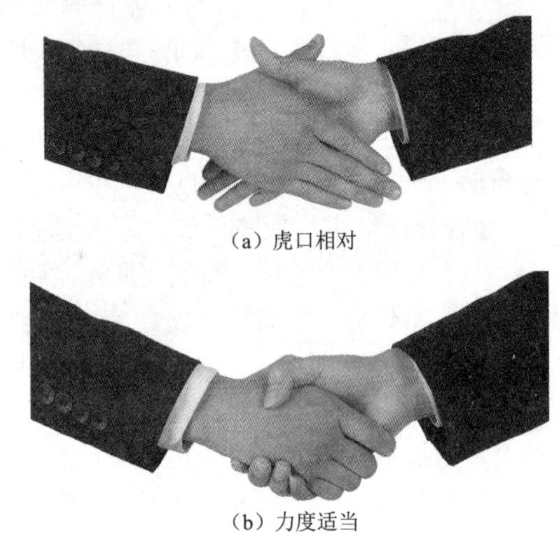

（a）虎口相对

（b）力度适当

图 5-1　握手的正确方式

三、介绍时的礼仪

在社交和商务交往中，免不了要结识新的朋友，这便要通过“介绍”来实现。介绍是人与人之间相互认识的桥梁，也是交往中使用频繁的一种礼仪方式。介绍可以从中沟通，使双方建立联系；可以缩短人们之间的距离，帮助人们扩大社交范围，加快彼此的了解，消除彼此的隔阂。

介绍，既可以是他人介绍，也可以是向他人自我介绍。但无论采用哪一种方法，都有一定的礼仪规范。一般身份地位高者、长者、特邀者和贵宾在社交或商务场合与某些人相识时，常常由他人来做介绍。在向别人介绍他人时，应注意场合和先后顺序：①先介绍男性给女性；②介绍青年人给老年人；③介绍职位（级别）低的给职位（级别）高的；④将晚到者介绍给早到者；⑤介绍未婚者给已婚者（除非前者比后者大很多）；⑥介绍自己的同胞、知己或熟

人给外国朋友或交往不太深的人。一般不要介绍女士给男士，除非该女士是介绍人的妻子、姐妹等亲近者，或男士是十分年长或名望很高的人。这一顺序已为国际所公认，颠倒和错乱顺序会造成令人不快的后果。

介绍别人相识时，还可以用一两句话引出彼此往下谈的话题。例如，“这位是石化公司的×××”；或者可以介绍双方的共同点和相似处，如“这位是×××，她也是教师”“他也是清华毕业的，你们二位是校友”等。

作为被介绍者，应该是站着并对着对方，显示出想了解和结识对方的诚意。待介绍完毕后，通常应先握手并同时说声“您好”幸会”“久仰”之类的客套话，还可以重复一下对方的姓名或其他的称呼。如果被介绍者此时正坐着，应该起立（女士、年长者可以不站起来），但有所不便时，只要点头微笑或稍起欠欠身就可以了，以示礼貌。

目前，在西方大多数国家，自我介绍的风气已不同程度形成，它能打破无人介绍的僵局，显露出热情和坦率。

在向别人做自我介绍时，表情态度要自然大方，要有自信，只有如此，才能增加交往的信任感，才能有魅力使人产生信赖和好感，自我介绍时千万不要含糊不清或吞吞吐吐，这样会使人感到缺乏自信而对彼此的沟通造成障碍。一般情况下，应先说声“您好”“大家好”，以此来提请对方注意，然后自报姓名和身份。自我介绍切忌不顾对方反应，一下子说好多话，过于急切地与一个陌生人拉近距离，会使对方感到莫名其妙，甚至反感。若想与对方继续保持联系，可以送上名片，或者留下地址电话，但一般不得主动要求对方也这么做，否则会显得太唐突无礼。

另外，在做介绍时，要注意如何称呼被介绍者。我国的称呼习惯是正式场合称呼“同志”，一般场合称呼“老张”“小李”等，这样，似乎显得既亲切又简单。其实，从礼仪的角度讲，对一个人的称呼表示了对他人的尊重，同时也显示了自己的礼貌修养。特别是在涉外场合应该照顾到国际惯例，国际交往中一般是将男士统称为“先生”，未婚女士称为“小姐”，已婚女士统称为“太太”或“夫人”。

在做介绍时，还必须注意交际的场合。例如，在私人交往中，熟识的人之间，不妨随便一点；如果在大庭广众或正式集会上，就要讲究一点，矜持一点，特别要注意礼节与关系的协调，否则就要遭人非议。

在举行招待会或宴请时，来的客人较多，这时东道主应请接待人员，接待人员见客人到来，则应主动迎上前去，向客人问好，并进行自我介绍，客人也应相应地做自我介绍，然后接待人员将客人引导到主人面前进行介绍，或引导到相应的位置入座。

四、名片礼仪

名片作为交际场合的个人身份介绍信，需要使用的场合很多。在社交场合与人初次见面，在自我介绍时可以递上名片。如果对方询问你的姓名、地址时，也可以送上名片。自己的单位、地址发生变动时，可以送上一张新名片，以便联系。拜访他人，可以在名片上写上“拜

见×××”，也可以不写，直接让秘书或守门人送进去，如果主人不在，可以将名片留下，说明改日再来拜访。如果向别人表示祝贺、关怀之意而自身又因故不能到场者，可以在礼物当中加上名片，写上几句简短的贺词、问候语，等等。总之，名片在社交场合使用的机会很多，借助于一张小小的名片，可以明白无误地向对方说明自己的姓名、供职单位、职务、职称、社会头衔，以及通信地址、电话等。这些内容，如果只是口述给初次见面的对方，对方不但难以记住，而且容易造成误解。使用了名片，便可省却这些麻烦，并加深初交的印象，无疑又省事、又自然，极其简便明了。

名片已经成为现代人际交往中经常使用的工具之一，在世界各个国家都被广泛应用。但名片使用得当与否，直接关系到礼仪是否周全，甚至影响到成功与否。

名片一般长 10 厘米，宽 6 厘米。通常是将姓名印在中间，职务用较小的字体印在姓名下面，或是将职务用较小的字体印在名片左上角，姓名印在中间，但没有统一的规定，达到清晰、醒目、美观、实用的目的即可，名片样本如图 5-2（a）所示。例如，日本的名片，均印制得工工整整，选印一两个有分量的个人头衔，表现出务实的精神；在德国、意大利、法国等欧洲国家，男士的名片上印制的头衔极少，空白很多，可以留言致意，一派浪漫洒脱情调。

给别人名片时，应事先把名片握在手上，或准备好，放在易于取出的地方，要以恭敬的态度，眼睛友好地注视对方，双手递送名片，如图 5-2（b）所示，并配以口头介绍。有的人在递送名片时常常漫不经心，甚至与人见面时，一面自我介绍说“我是×××，请多关照”，一面到处找名片，好不容易把一叠名片找出来，又慢腾腾地翻找自己的名片，这是很不礼貌的。

赠送名片时，还应注意分寸，不可滥发。应根据自己的社交经验，确定递赠对象，切不可像散发传单那样随意发送。例如，在给一位先生名片时，其身边有一位女士，这时可以探寻的口气了解这位女士的身份：“这位是……”如果正好是他的夫人或女儿，只需回头问候，不必另递名片。如果她是以独立身份参加活动，则应同样向其递赠名片，以免招至厚此薄彼之嫌。同一场合，切忌向同一对象重复递赠名片，避免给人以轻薄的错觉。

接受名片时要以双手相接，同时眼睛友好地注视对方，接过名片后，一定要看一看，使对方感到你对他的名片很感兴趣，如图 5-2（c）、（d）所示，绝不要一眼也不看就放起来，或随意放置。有看不明白的地方可以请教，对方一定会乐意告诉你。把名片放在桌子上时，不要在它上面压其他东西，那会被对方认为是一种不恭。有时你想得到对方的名片，而对方又未给名片，应该以请示的口吻说“如果方便的话，能否请您留张名片给我”，若对方确实没有名片的话，一般都会婉言说明的。他若有的话，一定会欣然相送。

如果对方首先向自己赠送名片，当你想回赠给对方名片时，可立即拿出自己的名片予以回赠，当你不想回赠给对方名片，或自己没有名片时，接受对方名片后要说“谢谢，我没带名片，请原谅”等解释性的话。如果对方是几个人，则应一视同仁全部回赠自己的名片，或一律不予回赠，切不可只给“领导”或只给“女士”。

（a）名片样本　（b）递送名片

（c）双手递接　（d）快速过目

图 5-2　名片礼仪

资料 5-3

名片是人的化身，不可随意乱丢

某公司新建的办公大楼需要添置一批办公家具，价值数百万元。公司领导尚总经理已做了决定，向A公司购买这批办公家具。

这天，A公司销售部的夏经理打来电话，要上门拜访这位尚总经理。尚总经理打算等对方来了，在订单上签字，盖章，就算定下了这笔生意。

不料对方比预定的时间提前了两个小时，原来对方听说这家公司的员工宿舍也要在近期内落成，希望员工宿舍需要的家具也能从A公司购买。为了谈这件事，A公司夏经理还带来了一大堆资料，摆满了台面。尚总经理没料到对方会提前到访，刚好手边又有事，便请秘书让对方等一会儿。夏经理等了不到半小时，就开始不耐烦了，一边收拾起资料一边说：“我

还是改天再来拜访吧。”

此时，刚好尚总经理处理完事情回来了。尚总经理发现对方在收拾资料准备离开时，将自己刚才递上的名片不小心掉在了地上，对方却并没发觉，走时还无意地从名片上踩了过去。但这个不小心的失误，却令尚总经理改变了初衷，A公司不仅没有机会与对方商谈员工宿舍的设备购买，连几乎到手的数百万元办公家具的生意也告吹了。

分析：A公司销售部夏经理的失误，看似很小，其实是巨大而不可原谅的失误。名片在商业交际中是一个人的化身，是名片主人“自我的延伸”。弄丢了对方的名片已经是对他人的不尊重，更何况还踩上一脚，顿时让这位尚总经理产生反感。再加上对方没有按预约的时间到访，不曾提前通知，又没有等待的耐心和诚意，丢失了这笔生意也就不是偶然了。

五、问候与打招呼的礼仪

和朋友见面时，都要打招呼，说些问候的话，如“你好”“早安”“晚安”“打扰了”“好久不见，你近来好吗”“能够认识你，真是太高兴了”，等等。尽管这些问候和寒暄用语本身并不表示特定的含义，但它却是交往中不可缺少的，往往能够引导双方对交谈的兴趣，使见面时单调的气氛活跃起来，从而双方都能有一种亲切感。但问候和寒暄的用语并不是随人可用、随处可说，必须考虑交往环境和交往对象的特点，要因人、因时、因地而异，否则就会闹出笑话或使双方处于一种尴尬的局面。中国人见面时喜欢问的“吃过饭了吗”本是一句很普通的问候语，并没有准备请对方吃饭的意思，但对不懂得这一习惯用语的外国人来说，很可能被理解为你欲与他一同进餐。又如，中国人见面时喜欢以“你气色真好，又白又胖”“你发福多了”等语句表示对对方的一种友好，但在西方却会起到相反的效果，他们怕被人赞赏“白、胖”，因为往往身体黝黑健壮表明此人有钱、有时间、有机会参加旅行和锻炼，是一种体格健美的标志；而身体白胖表明人穷体弱，称人胖实际上含有贬低人的意思。同样，外国人见面时常说“见到你十分荣幸”“你今天打扮得真迷人”“你真是太漂亮了”之类的客套话，中国人也并不习惯。因此，问候应因人而异。

另外，一些问候和寒暄用语还要与当时的场景结合起来。当你步入一间宽敞明净的办公室时，说上句“您的办公室真是太漂亮了！”这样便可以在双方之间创造一种亲切的气氛；而相反，当你步入一间拥挤不堪、杂乱无章的办公室时，就不能拿评价办公室的话题当客套话，这样会使对方反感，有挖苦、嘲讽之嫌，其结果也就不言自明了。

六、鞠躬礼

鞠躬，意思是弯身行礼，以示恭敬。是表示对他人敬重的一种郑重礼节，在我国是古已有之。此种礼节一般是下级对上级或同级之间、学生向老师、晚辈向长辈、服务人员向宾客表达由衷的敬意。鞠躬是中国、日本、韩国、朝鲜等国家传统的、普遍使用的一种礼节。如今的日本，鞠躬礼是最讲究的，所以我们在同日本人打交道时要懂得这一礼节。

1. 适用场合

鞠躬，既适合于庄严肃穆或喜庆欢乐的仪式，又适用于普通的社交和商务活动场合。常见的鞠躬礼有以下三种。

（1）三鞠躬

三鞠躬的基本动作规范如下。

1）行礼之前应当先脱帽，摘下围巾（因为戴帽子或围巾鞠躬既不礼貌，也容易滑落，使自己处于尴尬境地），身体肃立，目视受礼者。

2）男士的双手自然下垂，贴放于身体两侧裤线处；女士的双手下垂搭放在腹前。

3）身体上部向前下弯约 90°，然后恢复原样，如此三次。

（2）深鞠躬

其基本动作同于三鞠躬，区别就在于深鞠躬一般只要鞠躬一次即可，但要求弯腰幅度一定要达到 90°，以示敬意。

（3）社交、商务鞠躬礼

1）行礼时，立正站好，保持身体端正。

2）面向受礼者，距离为两三步远。

3）以腰部为轴，整个肩部向前倾 15° 以上（一般是 60°，具体视行礼者对受礼者的尊敬程度而定），同时问候“您好”“早上好”“欢迎光临”等。

4）朋友初次见面、同志之间、宾主之间、下级对上级及晚辈对长辈等，都可以鞠躬行礼表达对对方的尊敬。

2. 行鞠躬礼的要领

1）鞠躬的深度。鞠躬的深度视对于受礼或被问候人的尊敬程度而定，一般弯 15° 左右表示致谢，弯 30° 左右表示恳切和歉意，特殊情况下，如婚礼、悼念、谢罪等，施以 90° 的大鞠躬，如图 5-3 所示。

2）保持正确的站立姿势，两腿并拢，不要分得过开。

3）头要正并且随着身体向下而自然向下，脖子也不要伸得过长，不可挺出下颏。

4）行鞠躬礼前，目光要自然面对受礼者，不要在行礼时趁机左顾右盼。

5）女士鞠躬时，双手合拢，自然放在身前并弯下身子。男士则两臂自然下垂放在身体两侧，手不要背后，或交叉，或插在口袋里。

6）鞠躬时，弯腰速度适中，之后抬头直腰，动作可慢慢做，这样令人感觉很舒服。

鞠躬时目光应向下看，表示一种谦恭的态度，不要一面鞠躬，一面试图翻起眼睛看对方。

受礼者在还礼时，可以不鞠躬，而欠身点头，或同时伸出右手以答之。对于信奉佛教的宾客，在施鞠躬礼的同时，还可用双手合掌致意。

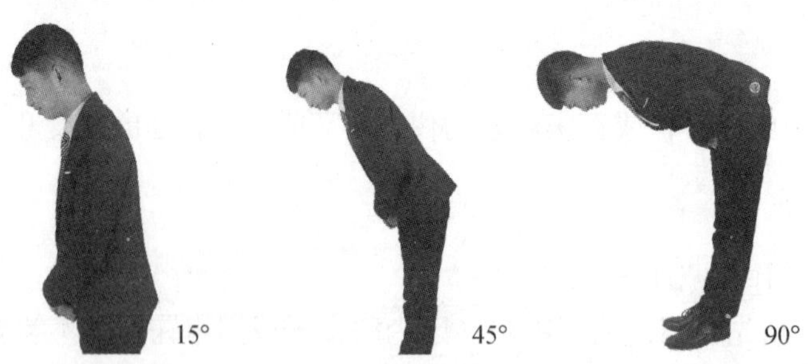

图 5-3 鞠躬的深度（15°、30°、90°）

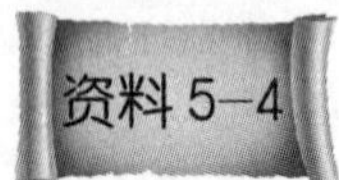

背后的鞠躬

日本人讲礼貌，行鞠躬礼是司空见惯的，可是我国某留学生在日本期间看到的一次日本人鞠躬礼却在其脑海中留下了深深的印象。一天，这位留学生来到日航大阪饭店的前厅。那时，正是日本国内旅游旺季，大厅里宾客进进出处，络绎不绝。一位手提皮箱的客人走进大厅，行李员立即微笑着迎上前去，鞠躬问候，并跟在客人身后问客人是否需要帮助提皮箱。这位客人也许有急事吧，嘴里说了声："不用，谢谢!" 头也没回便径直朝电梯走去，那位行李员朝着那匆匆离去的背影深深地鞠了一躬，嘴里还不断地说："欢迎，欢迎!" 这位留学生看到这情景困惑不解，便问身旁的日本经理："当面给客人鞠躬是为了礼貌服务，可那位行李员朝客人的后背深鞠躬又是为什么呢？" 经理回答说："既是为了这位客人，也是为了其他客人。如果此时那位客人突然回头，他会对我们的热情欢迎留下印象。同时，这也是给大堂里的其他客人看的，他们会想，当我转过身去，饭店的员工肯定对我一样礼貌。"

分析：这个例子可以使我们对日本人鞠躬礼的作用有进一步的了解，当面鞠躬热情问候为了礼貌服务；背后鞠躬虔诚备至为了树立良好的形象。这说明，在这些日本饭店，服务人员有着明确的公关意识。鞠躬也是公关，这对树立饭店良好形象，赢得宾客对饭店的好感，进而争取更多的客源能起到良好的作用。在日本饭店，极少收到客人投诉，这并不是饭店的一切都天衣无缝，无懈可击，而是饭店细致周到的礼貌服务使客人的享受需求和自尊心理得到最大限度的满足，那么即使有一点小小的瑕疵，也不会大动肝火了。客人消费心理告诉我们，进酒店的客人通常把尊重看得比金钱更重要，这就要求我们认真讲究礼节礼貌，使客人感到他在酒店里是受到尊重的。

七、拥抱礼、亲吻礼

拥抱礼、亲吻礼是在欧美国家较为流行的一种见面礼节。

1. 拥抱礼

拥抱礼流行于一些欧美国家，多用于官方会见场合，同时也是熟人、朋友之间表达亲密感情的一种礼节。见面或告别时互相拥抱，表示亲密无间。拥抱礼往往伴随着亲吻礼同时进行。在西方，拥抱是与握手同样重要的问候礼仪。拥抱不仅是人们日常交际中的礼节，更是很多国家政府首脑外交场合中的重要礼仪。随着对外交往的深入，我们要与外国朋友打交道，也应该学会行拥抱礼。

正确行拥抱礼的要领：两人相对而立，各自上身稍稍前倾，右臂偏上，左臂偏下，右手环抱对方左肩部位，左手环抱对方右腰部位，彼此头部及上身向一侧相互拥抱。首先各向对方左侧拥抱。然后各向对方右侧拥抱。最后再一次各向对方左侧拥抱，共三个回合。

在拉美大部分国家，可能会遇到热烈的拥抱——紧紧拥抱，并在对方肩背上热情地拍打，墨西哥就是如此，但哥伦比亚和阿根廷不这样，拥抱同握手一样普遍，见面时拥抱，分手时也拥抱。在部分欧洲国家，如意大利、希腊、西班牙，人们也行这种拥抱礼节。商务交往中可能第一次见面多以握手表示，但第二次见面时迎接的礼节很可能是拥抱。在俄罗斯，男性好友见面先紧紧握手，然后紧紧拥抱。然而，大多数北美人如美国人，尤其男性对拥抱持否定态度，他们觉得拥抱太过亲密、出乎意料。在我国，除了外事活动以外，普通的社交场合一般不拥抱。当然，涉外交往中应十分注意尊重对方的民族传统和风俗习惯。有的国家和地区的人，见面时不喜欢拥抱，除了北美人之外，部分欧洲人、大部分亚洲人，没有见面拥抱的习惯，而是觉得拥抱令人有些尴尬。

礼仪的精神是为别人着想，当一个外宾拥抱你的时候，接受它是最不失礼的方式。当你要向别人行拥抱礼之前，你务必了解对方是否有此习俗，并相应地做一些准备。

2. 亲吻礼

亲吻礼在西方是一种比较古老的礼仪。人们常用此礼来表达爱情、友情、尊敬或爱护。在西方，人们在社交活动中与亲朋故友相见，与家人会面，通常要以亲吻为礼。但视亲疏远近、关系的不同，相互亲吻的具体位置也有所不同，一般而言，夫妻、恋人或情人之间，宜吻嘴唇；长辈与晚辈之间，宜吻脸或前额；家里亲人或至亲好友，宜吻面颊；平辈之间，宜贴面。在公开场合，关系亲密的女子之间可吻脸，男女之间可贴面，晚辈对尊长可吻额，男子对尊贵的女子可吻其手指或手背。非洲某些部族的居民，常以亲吻酋长的脚或酋长走过的地方为荣。

行亲吻礼时，吻人体不同的部位有不同的意义：①吻脸颊，代表友好、平等；②吻手，代表尊严；③吻膝，代表谦卑；④吻脚，代表低贱。

男士为了表示对女士的尊重，还可以行吻手礼，它是西方男士在社交场合中向女士致敬的一种极为优雅的方式。应该注意，吻手礼仅限于在室内采用，而且只有女士在男士面前做出准许的暗示，即将右臂向上微微抬起时，才可以行吻手礼。男士用右手或双手握住女士的手掌前部，俯身弯腰在女士的手背上或手指上轻轻一吻即可，要文雅，不要过于粗俗。在大多数场合，这个动作已缩减到了一种虚设的程度，男士只是用微闭的嘴唇凑近女士的手背，象征性地做一个吻的样子就算行礼完毕，并不是真正的吻手。

西方现代的亲吻礼，在欧美许多国家广为盛行。美国人尤其爱行此礼，法国人不仅在男女间，而且在男子间也多行此礼。法国男子亲吻时，常常行两次，即左右脸颊各吻一次。比利时人的亲吻比较热烈，往往反复多次。

在当代，许多国家的迎宾场合，宾主往往以握手、拥抱、左右吻面或贴面的连动性礼节，以示敬意。

第二节　日常接待礼仪

一、拜会与告辞礼仪

拜会，又称拜见或者拜访，是一种常见的交际形式。就其目的而言，分为礼节性拜会和事务性拜会。拜会中，来访的一方为宾客；被访的一方为主人。

1. 礼貌做客

1）提前预约、遵守时间。一般情况下，“突然袭击”式的造访，会让主人感到不便而心生反感。因而，拜会之前应当采用打电话、写信或者捎口信等方式预约。预约的主要内容包括拜会时间、地点、人数及身份、目的。约定时间、地点应随对方之便，自己可以用友好、请求的口气提出，请对方敲定或同意。时间选择上，要避开对方不方便的时间、工作忙碌的时间、深夜、凌晨、午休时间、用餐时间。节假日期间造访，应选择节假日前夕。

拜会一经约定，即应按时赴约。遇到特殊情况改约，必须提前通知对方并表示歉意。如果因为事情紧急无法预约而做了“不速之客”，则应及时说明原委，并表达歉意，请求谅解。

2）应先敲门，有请方进。拜访他人时，应先敲门或按门铃，等主人说“请进”后方可进入，不要敲完门就贸然进去，更不要不敲门就直闯他人房内。哪怕是门开着也要轻轻敲一下门，等主人准许后再进。随身的外衣、雨具不要乱扔，应放在主人指定的地方；如果主人家里铺有地毯等高级地面装饰物，则应征求主人意见，是否应换拖鞋后再进入。

3）衣饰整洁、大方得体。整洁得体的穿戴反映着你对被访者的尊重。因此在出门拜会之前，应根据拜会的对象、目的，适当修饰自己的衣饰、容颜，即便是再好的朋友、再近的邻居，也不要蓬头垢面、衣衫不整地就去敲人家的门。

4）为客有方、掌握分寸。做客时要彬彬有礼，初次拜访，应该注意言谈举止，切忌随意乱讲，坐姿要端正、文雅。①言谈客气、简明。进门以后、见面之初，应做必要的寒暄。例如，“您的客厅布置得真别致！”“几年不见，您老还是这么精神！”一两句话，即可拉近双方距离。但在寒暄之后，即应切入主题、说明来意。语言要客气、简练、明白，不可山南海北、不着边际，也不可涉及主人不愿谈或者不便谈的话题。如果想谈的话题当着别人的面不方便说，可以说“我想和您单独谈谈”或者“我们再约时间谈”。②如果有事相求，主人乐意帮助要表示感谢；主人有困难也不要勉强，更不能表示不满。③举止大方、稳重。既不要随随便便，也不必扭扭捏捏。④如果携带礼物，进屋后应及时向主人奉上。⑤对室内的人，无论认识与否都要主动打招呼，不可漏掉一人。⑥按主人指定的位置就座。⑦主人端上茶来，要站起来双手迎接，并说“谢谢”。⑧只有在主人让烟时或征得主人同意后，方可吸烟。主人帮着点烟、倒茶时，要说声“谢谢”。⑨要注意室内清洁，不可乱弹烟灰、乱扔果皮。⑩不能东张西望、随意参观，更不可随意进入主人的卧室或随便翻动抽屉或橱柜等。

2. 适时告辞

告辞应由客人提出，态度要坚决，行动要果断，不要嘴上不停地说“该走了”却迟迟不动身。客人应准确掌握情况，适时告辞。

1）掌握好拜会时间。如果双方事先没有约定会见时间的长短，一般以不超过一小时为宜；初次拜会，则不宜长于半小时。

2）察言观色、适时告辞。当你观察到下列情形时，应该及时告辞：①要谈的事情已经谈完；②话不投机，或者你说话时主人反应冷淡甚至不愿搭理；③主人虽显认真，但是反复看表；④主人不再给你的杯子续水；⑤主人当着你的面训斥孩子；⑥主人吩咐自己的家人干这干那；⑦主人双肘抬起，双手支于椅子扶手上；⑧遇到另外的客人来访。

3）礼貌道别。①道别时，要向主人和在座的其他客人致意；②对于参与接待，而告别时不在场的主人家庭成员，应该请在场的主人转达告别之意，以示对该家庭成员的尊重；③走出门后，要向主人致谢，应坚决请主人留步，并主动伸手握手告别（主人先伸手不礼貌，有厌客之嫌），不要再扯别的话题，如果主人有所款待，还应多说声“谢谢”；④不可听任主人相送甚远。

二、会客与送客礼仪

古人云：“有朋自远方来，不亦乐乎。”交友会客也是工作生活中经常遇到的社交活动。应注意会客与送客礼仪。

1. 会客礼仪

有客来访，作为主人应细心准备，热情招待。

（1）细心准备

1）整洁衣着。客人到来之前，要对自身仪容进行必要的修整、打扮。

2）布置环境。清洁卫生，调整修饰室内物品摆设，创造良好的待客环境，使客人有宾至如归的亲切感，这样既能体现出对客人的尊重，也能展现完善的个人形象。

3）准备用品。比如茶叶、开水、水果、饮料、香烟等物品。也可视客人所需，准备一些报纸、杂志、玩具等。

4）安排食宿。接待远道而来的客人，要考虑其食宿问题。如若已经为客人准备了膳食，应当在会面之初即向客人表明留饭之意。

（2）热情待客

1）笑脸相迎。客人来后，无论是熟人还是初交、上级或下级都要热情招呼。家庭中的其他成员，也应出迎并示意。家中有小孩儿的，则教其亲切地叫“叔叔好”“阿姨好”等；如果客人来访时家中凌乱，应尽快整理一下；若自己正忙于某项工作，应对客人表示歉意。

2）兴致盎然。会见客人时，要调控好自己的情绪，始终如一地精神饱满、满腔热情。即便情况特殊，也不要一脸疲倦，冷面对人。

3）热情招待。通常主人应该请客人入上座，自己坐在一旁陪同，并由家人或工作人员送上清茶；茶水要倒得适量，浓淡也要适中；端茶时应用双手，一手执杯柄、一手托杯底，一定不要用手指握于杯口边缘往客人面前送，那样既不卫生也不太礼貌。

4）细心服务。交谈期间，要经常为客人添加茶水或清水。夏天，要开启空调或电风扇；冬季，如果客人脱帽子、大衣，应主动上前接过，挂到衣帽钩上；用水果招待客人，主人要为客人削去果皮。注意削皮时不要用手握削过皮的水果表面，这样既不卫生也不礼貌；糖果皮，最好请客人自己剥；用点心、水果时要与客人一起享用，如果因故不与客人一同享用时，应以简短的词语委婉说明。

5）扮好角色。与客人交谈过程中，要充当称职的主持人和热心听众的双重角色：作为主持人，主人要为双方寻找共同的话题，避免交谈出现冷场。当交谈不甚融洽，要适时转移话题，避免尴尬；作为听众，主人需要在客人讲话时全神贯注、洗耳聆听，并且表示兴趣浓厚。

6）全心全意。客人到达以后，应当以客人为中心，以待客为工作重心，时时处处为客人着想。切不可读书看报、与家人打电话聊天、甚至闭目养神。

7）如果正好合家在用餐，则要起身招呼客人入席用饭，或将客人让至其他房间略等片刻。

2. 送客礼仪

作为主人，当客人欲告辞时，应当客人先起身，自己再起身相送。家中的其余人员、陪同的其他成员，即使对客人不十分熟悉，也应起身相送，决不能无动于衷、置之不理。送客的时候，对客人通常要送至房门口，握手后，嘱咐客人慢走。对待老人或上级，应送至楼下，

或送出院（房）门。如遇下雨，还需要为客人提供雨具；如天气骤冷，应提供围巾、衣物等。

送客时，要目送客人离去，如果客人回首打招呼，主人应举手表示，频频点头，不要握手道别后立刻就走，更不要马上关上房门，而且关得很响，这样是很失礼的。

三、电话交谈艺术

当今通信已异常发达，利用电话（包括手机）进行交流已经成为日常交往的普遍形式，但是打好电话也是一门艺术。因为电话是一种特殊的交流方式，交谈双方不见面（视频除外），不像面对面谈话那样双方相互能形成直观知觉，而是凭话筒里传来的声音、语调、语言内容形成对对方的想象知觉，并通过这种想象知觉建立相互间的友谊和信任，同时也因此反映通话人的文明程度和礼仪修养。现实生活中，就经常有双方从来没有见过面，而在电话中交谈的神情和气氛就像是昨天刚见过面的老朋友和知心朋友，这便是电话的效应。

随着我国移动电话（手机）的普及，打电话不仅仅是一种通信手段，也成了一种交往方式。电话是代表一个人形象的重要窗口，接打电话时，一定要表现出良好的礼仪风貌，具体可归纳为礼貌、简洁和明了。

1. 打电话时的礼仪

1）通话时间。打电话要避开他人的休息时间。如每日上午 7 时之前，晚上 10 时之后以及午休的时间；中午 12～14 时一般是午餐和午休时间，最好不要给人打电话，以免打扰对方。打公务电话，不要占用他人的私人时间，尤其是节假日时间。从一个国家向另一个国家打国际长途（包括国内有明显时差的两个地区间）电话时，要掌握时差，事先把不同国家间的时差弄清楚，如北京时间中午 12 时正是德国柏林早上 5 时。忽视时差，把对方从睡梦中惊醒，是很不礼貌的。

2）通话时间的长短。以短为佳，宁短勿长。一般限定在 3～5 分钟，尽量不要超过这一限定。

3）语言简明扼要。通话内容要简明扼要，长话短说，直言主题，力戒讲空话、说废话、无话找话和短话长说。

4）通话语言要文明。通话之初，要向受话方首先恭敬地问一声“您好！”然后再言其他。终止通话预备放下话筒时，必须先说一声“再见”。

5）通话时态度、举止要文明。通话时，“您好”“谢谢”“请”“麻烦”“劳驾”之类的谦词该用一定要用。若拨错了电话号码，一定要对听者表示歉意，不要一言不发，挂断了事。在举止方面，应对自己有所要求，不要把话筒夹在脖子下；不要趴着，仰着，坐在桌角上；不要高架双腿在桌子（或茶几）上。拨号时，不要以笔代手，通话时，不要嗓门过高，终止通话放下话筒时，应轻放。

2. 本人接电话时的礼仪

1）接听要及时。听到电话铃响起应立即停止自己所做之事，亲自接听电话。一般以铃

响三声拿起话筒为最好时机。

2）礼貌接听。接电话时，一定要使自己的行为合乎礼仪，要注意以下三点：①拿起话筒后，应自报家门，并首先向对方问好，如“您好”“您找哪位？”②通话时，要聚精会神地接听电话，通话终止时，要向对方道一声“再见”。③主次分明。接电话时不要与另外的人交谈、看文件或者看电视、听广播、吃东西。如在会晤客人或举行会议期间有人打来电话，可向其说明原因，表达歉意，如“对不起，我正在开一个很重要的会议，会议结束后，我与你联系”。

3. 代接电话时的礼仪

在为他人代接、代转电话的时候，也要注意以礼相待，尊重隐私，记忆准确，传达及时。具体要求如下。

1）以礼相待。在接电话时，对方所找的人不是自己，应友好地问：“对不起，他不在，您有什么事情需要我转告吗？”

2）尊重隐私。代接电话时，不要刻意询问对方与其所找之人的关系。当对方有求于己，希望转达某事给某人时，要守口如瓶，千万不要随便扩散。别人通话时，不要旁听，更不要插嘴。

3）记忆准确。代接电话时，对方要求转达的具体内容，要记录得正确无误，免得误事。

4）传达及时。代人接电话，首先弄清找谁。如果答应对方代为传话，要尽快落实，不要轻易把自己转达的内容托他人转告，这样不仅容易使内容走样，而且有可能会耽误时间或影响正事。

总之，用电话作为交际手段时，主要应该注意三点：一是礼貌用语；二是语言简练；三是逻辑性强。只有这样，才能与现代文明和现代社会的快节奏相吻合。

第三节 其他礼仪

一、女士优先

女士优先是国际社会公认的一条重要的礼仪原则。在西方社交场合，是否遵循“女士优先”是一条成规，是评价男士是否有男子汉气概和绅士风度的首要标准。在一切社交场合，每一名成年男子，都有义务主动自觉地以自己的实际行动去尊重女士，照顾女士，体谅女士，保护女士，并且还要想方设法地为女士排忧解难。

1. 女士优先的由来

女士优先的原则起源于欧洲中世纪的骑士之风，是传统欧美礼节的基础，后来成为国际社会公认的重要礼仪原则，国际社会强调“女士优先”的原则，主要原因并非因为妇女是弱

者，需要同情、帮助和保护，而是认为妇女是人类的母亲，对妇女处处给予优待，是对母亲的尊敬和感恩。

女士优先的原则具体体现在国际交往的各种场合，已逐步演化为一系列具体的、操作性很强的做法。女士优先原则还要求，在尊重、照顾、体谅、关心、保护妇女方面，男士对所有的妇女都一视同仁。

2. 女士优先的适用范围

在国际社会交往中，虽然女士优先原则早已是家喻户晓，但它仍然存在于其特定的适用范围，只有在其适用范围内，女士优先原则才会生效，一旦超出其特定范围，女士优先便不起任何作用。

1）适用场合。即使在讲究女士优先的国家，人们也并非不区分具体的场合而时时处处都讲究女士优先，根据惯例，只有在社交场合中，讲究女士优先才是最为得体的，在公务场合中，人们普遍强调的是男女平等，此时此地，性别差异并不为人们所看重，因此就不一定非要讲究女士优先。至于在休闲场合中，女士优先则讲究亦可，悉听尊便。

2）适用对象。需要提醒男士的是，在女士优先原则上要讲究适用对象，有些女士对此并无讲究，甚至对此甚为反感，最具典型意义的当推女权主义者，她们提倡女权，要求男女绝对平等，认为女士优先是歧视妇女行为的一种表现。

3）适用地区。虽然目前女士优先的原则已经是一项国际社交礼仪通则，但是一旦到了阿拉伯国家、南亚地区、东亚地区，尤其是在以崇尚传统文化著称的一些东方国家里，讲究的却是男尊女卑，在绝大多数情况下，那里的人士对女士优先并不买账。

3. 女士优先的具体体现

在社交场合应体现男士风度，讲究女士优先具体体现为以下几个方面。

1）行走时。在室外行走时，如果是男女并排走，则男士应该自觉地把靠墙方向让给女士，即请女士走在人行道的内侧，而自己主动行走在外侧，这样做既可以防止女士因疾驶的车辆而感到不安全，担惊受怕，还可以避免汽车飞驰溅起的污泥浊水弄脏女士的衣裙。在不能并行的情况下，应让女士走在你的前面。若是两男一女，则让女士走在中间。在进入一道紧闭着的大门或在没有人领路的影院及餐馆里，或在陌生的可能出现意外情况的路途上，应让女士走在后面。

2）上下楼时。在上楼梯时，男士要跟随在女士后面，相隔一两级台阶的距离；下楼梯时，男士应该先下，请女士紧跟男士走在后面下楼。这样总能保证万一女士没有走稳，男士能随时保护女士。如果是乘电梯上下楼，进电梯时，如果电梯里边有人，男士应请女士先进去，然后自己再进入电梯；如果电梯里边没有人，男士应该先进去，按住电梯门，然后再请女士进去。在电梯里，男士应负责操作电梯，并礼貌地询问女士所上的楼层。

3）乘车时。陪伴女士同乘火车、电车时，男士应设法给女士找一个较为舒适、安全的

座位，然后再给自己找一个尽可能靠近她的座位；如果找不到自己的座位，男士应站在女士面前，尽可能离其近一些。乘出租车时，男士应先走近汽车，把右侧的车门打开，让女士先坐进去，男士再绕到车左边，坐到左边的座位上。

4）见面的时候。在门口、窄楼梯、电梯口等处与女士相遇，无论认识与否，应先与女士打招呼。参加社交聚会时，男宾在见到男、女主人后，应当先行与女主人问好，然后再问候男主人。女客人进入聚会场所，先到的男子应站起来迎接。站着的女士与男士打招呼时，男士应站起来；反之，女士则未必站起来。当有女士在场时，男士不得吸烟。主人为不相识的来宾进行介绍时，通常应当先把男士介绍给女士，以示对女士的尊重。在向别人介绍自己的父母时，应先介绍自己的母亲，这也是女士优先的表现。

5）参加宴会时。与女士一起出席晚会或宴会时，如果没有专门的服务人员在旁边，男士应先给女士找好座位，并协助女士就座，男士应帮女士把椅子从桌边拉开，待女士站在椅子前面再把椅子稍稍往前移，待女士坐好后自己再入座。坐定后，男士应把菜单递给女士，把选择菜单的权利先交给女性。一般餐毕也总是由男士付账。

6）助臂。与女士一起外出时，男士应该帮助他所陪伴的女士携带笨重的旅行包、购物袋、文件、雨伞以及脱下的外衣等物，但不用去帮她拿随身携带的小包。

女士优先应如何体现

在一个秋高气爽的日子里，男迎宾员小陈，着一身剪裁得体的新制服，第一次独立走上迎宾员的岗位。一辆白色高级轿车向饭店驶来，司机熟练而准确地将车停靠在饭店豪华大转门前的雨篷下。小陈看到后排坐着两位男士，前排副驾驶座上坐着一位外国女宾。小陈一步上前，以优雅的姿态和职业性动作，先为后排客人打开车门，做好护顶姿势，并目视客人，礼貌亲切地问候，动作麻利而规范，一气呵成。关好车门后，小陈迅速走向前门，准备以同样的礼仪迎接那位女宾下车，但那位女宾满脸不悦，使小陈茫然不知所措。小陈心想：“通常后排座为上座，一般有身份者皆此就座。优先为重要客人提供服务是饭店服务程序的常规，这位女宾为何不悦？我到底错在哪里？”

分析：尊重妇女是一种社会公德。在西方国家都奉行女士优先的礼仪规范。在社交场合或公共场所，男子应经常为女士着想，照顾、帮助女士。例如，人们在上车时，应该让女士先行；下车时，则要为女士先打开车门，进出大门时，主动帮助她们开门、关门等。西方人有一种形象的说法：“除女士的小手提包外，男士可帮助女士做任何事情。”迎宾员小陈未能按照国际上通行的做法先打开女宾的车门，所以致使那位外国女宾不悦。

二、礼宾次序

接待宾客或陪宾客参加某些活动时，应讲究次序。礼宾次序，一般以右为大、为长、为首，以左为小、为次、为低。

1. 行进中的次序

两人同行，以前者、右者为尊；三人并行，以中者为尊，内侧高于外侧；男女同行时，一般应让女士先行，并坐高位。送客时，客人在前，主人在后。

2. 上下楼梯的次序

一般而言，上下楼梯宜单行行进，上楼时，尊者、女士在前；下楼时，尊者、女士在后。如果客人中有女士穿着短裙时，上楼时应让女士走在后面，下楼时让女士走在前面。若是女服务员引领客人，上楼时服务员应行在后，下楼时应行在前，如图 5-4 所示。

（a）上楼时（服务员应行在后）

（b）下楼时（服务员应行在前）

图 5-4 上下楼梯的次序（女服务员引领客人）

3. 出入电梯的次序

出入无人值守的电梯，陪同者应先进后出，陪同者先进是为了操作电梯；出入有人值守的电梯，陪同者应后进后出。

4. 出入房门的次序

出入房门时，若无特殊原因，位高（尊）者先出入房门；若有特殊情况（如室内无灯而暗），陪同者宜先入（探路或帮助开灯）。在室内，以面对门的座位为尊。迎客引路时，主人在前。

5. 乘车座位的次序

上车时，位低者应让尊者由右边上车，然后再由车后绕到左边上车，坐在尊者的左手位。乘坐小轿车时，若司机驾车 3 人乘车，1 号座位在司机的右后边，2 号座位在司机的正后边，3 号座位在副驾驶位置，如图 5-5（a）所示；若司机驾车 4 人乘车，1 号座位在司机的右后边，2 号座位在司机的正后边，3 号座位在后排中间，4 号座位在副驾驶位置，如图 5-5（b）所示；若司机驾车三排座 6 人乘车，座位次序则如图 5-5（c）所示。如果是主人亲自驾车，3 人乘车，其座位次序如图 5-5（d）所示；主人驾车 4 人乘车，座位次序如图 5-5（e）所示；主人驾车三排座 6 人乘车，座位次序如图 5-5（f）所示。若就一位领导乘车，座位随领导自己选择。若有 2 个人乘坐，也可先让 1 号领导选择，若领导选择司机旁，另一位就坐后排，若领导选择后排，另一位就坐前排。若有 3 人乘坐，先让 1 号领导选择，其他人依次选择。中轿车主座在司机后边的第一排。中轿车第一排 1 号座位的位置是临窗的，如后面有空位，第一排座位一般就让领导一个人坐，然后从前往后依次坐开。

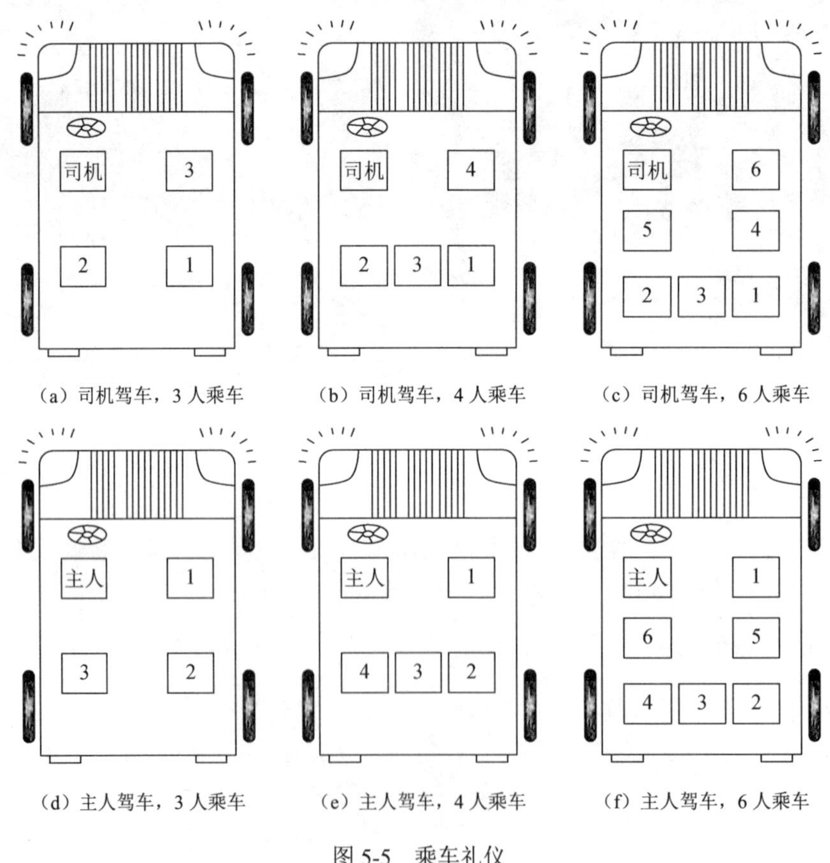

图 5-5　乘车礼仪

乘车有礼仪，座位讲次序

上海某科技有限公司召开了一次全国客户联络会，公司的江总经理带着秘书蔡小姐亲自驾车到浦东机场迎接来自香港某集团的周总经理。为了表示对周总经理的尊敬，江总经理把周总经理请到后排左座（江总经理认为司机的后面最安全），并让蔡小姐在后排右座作陪。遵循客随主便的原则，周总经理按主人的安排上车就座。

周总经理到宾馆入住后，对蔡小姐说，明天上午八点开会，我自己打车到现场就是了，就不麻烦你们江总经理亲自来接了。尽管蔡小姐一再说："还是让我们江总经理来接您吧！"但周总经理还是坚持不用接了，自己打车过去就是了。

问题：周总经理为什么会这样说？江总经理在座次安排上有什么不妥吗？请你谈谈对交通礼仪的看法。

6. 多人合影的次序

多人拍合影照时，一般将重要人物安排在前排，由主人（或一号领导）前排居中，以中间位置为基准，按礼宾次序，以右为上，左为次，两边交替依次排开（或主客双方间隔排列），如图 5-6 所示。

第三排

第二排

⑨⑦⑤③①(主人)②④⑥⑧⑩

(摄影师)

图 5-6 拍合影照的次序

资料 5-7

下面是"常用礼貌用语七字诀"，供日常社交时使用。

与人相见说"您好"；问人姓氏说"贵姓"；问人住址说"府上"；
仰慕已久说"久仰"；长期未见说"久违"；求人帮忙说"劳驾"；
向人询问说"请问"；请人协助说"费心"；请人解答说"请教"；
求人办事说"拜托"；麻烦别人说"打扰"；求人方便说"借光"；
请改文章说"斧正"；接受好意说"领情"；求人指点说"赐教"；

得人帮助说“谢谢”；祝人健康说“保重”；向人祝贺说“恭喜”；
老人年龄说“高寿”；身体不适说“欠安”；看望别人说“拜访”；
请人接受说“笑纳”；送人照片说“惠存”；欢迎购买说“惠顾”；
希望照顾说“关照”；赞人见解说“高见”；归还物品说“奉还”；
请人赴约说“赏光”；对方来信说“惠书”；自己住家说“寒舍”；
需要考虑说“斟酌”；无法满足说“抱歉”；请人谅解说“包涵”；
言行不妥“对不起”；慰问他人说“辛苦”；迎接客人说“欢迎”；
宾客来到说“光临”；等候别人说“恭候”；没能迎接说“失迎”；
客人入座说“请坐”；陪伴朋友说“奉陪”；临分别时说“再见”；
中途先走说“失陪”；请人勿送说“留步”；送人远行说“平安”。

课堂实训

1. 实训题目

对见面礼仪、接打电话礼仪和乘车礼仪进行实训练习。

2. 实训内容

1）两人初次见面，通过握手、问候、自我介绍达到彼此认识，并留下美好的第一印象。

2）让学生分组扮演接、打电话双方，设计某一简单话题进行接打电话实训。

3）模拟带车去机场（或火车站、码头）接客人的几种不同场景，按礼仪要求安排乘车的座位。①主方专职司机驾车，秘书随行，接两位客人；②主方专职司机驾车，一位领导随行，接两位客人；③主人亲自驾车，接一位客人；④男主人亲自驾车，夫人随行，接一对夫妇。

3. 实训要求

掌握各种不同场景的基本仪态规范。

4. 实训地点

礼仪训练室。

5. 实训课时

两个课时。

6. 实训步骤

1）指导教师简要介绍本次实训的内容和要求。

2）根据实训内容所需人数的多少将全班同学分成若干个小组，分别选择不同的内容先后轮换进行实训。

3）指导教师在旁边观摩并进行点评，最后给出实训成绩。

1．简述中国人之间的称谓礼仪。
2．简述中国人对外宾的称谓礼仪。
3．简述握手时应注意哪些礼仪事项。
4．异性之间握手时，男女各应注意哪些礼节？
5．与老年人、贵宾、上级握手时应注意哪些礼仪？
6．介绍时应注意哪些礼仪？
7．赠送名片时应注意哪些礼仪？
8．问候和打招呼时应注意哪些礼仪？
9．鞠躬礼适用于什么场合？行鞠躬礼的要领是什么？
10．人们常用亲吻礼表达什么情感？行亲吻礼时吻人体的不同部位各代表什么含义？
11．登门拜访时应注意哪些礼仪事项？
12．会客时应注意哪些礼仪事项？
13．在哪些场合应注意女士优先？
14．进门或乘车时应注意哪些礼宾次序？
15．熟练掌握并正确使用常用的礼貌用语。

第六章 馈赠与探视礼仪

本章导读

无论工作还是生活人们都离不开相互交往，人际间的交往有时需要赠送礼品，亲人或朋友生病需要探视等。在馈赠与探视时需要遵守一定的行为礼仪。通过这些礼仪形式可以表现出你对他人的尊敬，给对方留下良好、深刻的印象，从而直接影响到你在社交活动中人际交往的效果，影响到你办事顺利与否，最终可能会影响到你事业的成功与否。学习和掌握馈赠与探视礼仪的原则和常识，既能提高个人的良好修养，又能促进社会文明的进步。本章介绍馈赠与探视礼仪。

1. 掌握馈赠的礼仪。
2. 了解花卉的语言。
3. 熟悉探视病人的礼仪。

关键词

馈赠礼仪（gift etiquette）
花语（the language of flowers）
探视礼仪（visiting etiquette）

每个人都生活在一定的社会环境当中，人都是社会人。无论工作还是生活人们都离不开相互间的交往，人际间的交往有时需要赠送礼品，若亲人或朋友生病则需要探视等。在馈赠与探视时需要遵守一定的行为礼仪。

第一节　馈赠礼仪

人们相互馈赠礼物，是人类社会生活中不可缺少的交往内容。中国人一向崇尚礼尚往来。《礼记・曲礼上》说："礼尚往来，往而不来，非礼也，来而不往，亦非礼也。"馈赠，是与其他一系列礼仪活动一同产生和发展起来的。在现代人际交往中，礼物仍然是人们往来的有效媒介之一，它像桥梁和纽带一样直接明显地传递着情感和信息，深沉地寄托着人们的情意，无言地表达着人与人之间的真诚关爱，久远地记载着人间的温暖。

一、馈赠礼仪概述

1. 馈赠的目的

馈赠作为社交活动的重要手段之一，受到古今中外人士的普遍肯定。馈赠作为一种非语言的重要交际方式，以物的形式出现，以物表情，礼载于物，起到寄情言意的"无声胜有声"的作用。得体的馈赠，恰似无声的使者，给交际活动锦上添花，给人们之间的感情和友谊注入新的活力。然而送给谁（who）、为什么送（why）、送什么（what）、何时送（when）、在什么场合送（where）、如何送（how），却是一个既老又新的问题，因此，人们只有在明确馈赠目的和遵循馈赠基本原则的前提下，在明确弄清以上"5W1H"的基础上，才能真正发挥馈赠在交际中的重要作用。

任何馈赠都是有目的的，或为交结友谊，或为祝颂庆贺，或为酬宾谢客，或为其他。

1）以交际为目的的馈赠。无论个人还是组织机构，在社交中为达到一定目的，针对交往中的关键人物和部门，通过赠送一定礼品，以促使达到交际目的。礼品的选择，一个非常重要的原则就是要使礼品能反映送礼者的寓意和思想感情的倾向，并使寓意和思想倾向与送礼者的形象有机地结合起来。

2）以巩固和维系人际关系为目的的馈赠。这类馈赠，即为人们常说的"人情礼"。在人际交往过程中，无论是个人间抑或是组织机构间，必然产生各类关系和各种感情。人与生俱来的社会性，又要求人们必须重视这些关系和感情，因而，围绕着如何巩固和维系人际关系和感情，人们采取了许多办法，其中之一就是馈赠。这类馈赠，强调礼尚往来，以"来而不往非礼也"为基本行为准则。因此，这类馈赠，从礼品的种类、价值的轻重、档次的高低、包装的精美、蕴含的情义等方面都呈现出多样性和复杂性。

3）以酬谢为目的的馈赠。这类馈赠是为答谢他人的帮助，因此在礼品的选择上十分强调其物质价值。礼品的贵贱厚薄，首先取决于他人帮助的性质，帮助的性质分为物质的和精神的两类。一般说来，物质的帮助往往是有形的，能估量的；而精神的帮助则是无形的，难以估量的，然而其作用又是相当大的。其次取决于帮助的目的，是慷慨无私的，还是另有所图的，还是公私兼顾的。只有那种真正无私的帮助，才是值得真心酬谢的。再次取决于帮助的时机，一般情况下，危难之中见真情。因此，得到帮助的时机是日后酬谢他人最重要的衡量标准。

4）以公关为目的的馈赠。这种馈赠，表面上看来不求回报，而实质上其索取的回报往往更深地隐藏在其后的交往中，或是金钱，或是权势，或是其他功利，是一种为达到某种目的而用礼品的形式进行的活动。多发生在对经济、政治利益的追求和其他利益的追逐活动中。要特别注意，这种馈赠决不可有行贿的嫌疑，以免造成因自己错误的送礼动机而促使受礼方铸成大错。

2. 馈赠的基本原则

馈赠作为社交活动的重要手段之一，为古今中外人士所普遍肯定。大凡送礼之人，都希望自己所送礼品能寄托和表达对受礼者的敬意和祝颂，并使交往锦上添花。然而，有时所赠礼品非但达不到这种目的，反而会事与愿违，造成不良后果。因此，认真研究和把握馈赠的基本原则，是馈赠活动得以顺利进行的重要前提条件。

1）轻重原则。赠礼要轻重得当，以轻礼寓重情。通常情况下，礼品的贵贱厚薄，往往是衡量交往人的诚意和情感浓烈程度的重要标志。然而礼品的贵贱厚薄与其物质的价值含量并不总成正比。因为礼物是言情寄意表礼的，它仅仅是人们情感的寄托物，人情无价而物有价，有价的物只能寓情于其身，而无法等同于情。也就是说，就礼品的价值含量而言，礼品既有其物质的价值含量，也有其精神的价值含量。“千里送鹅毛”的故事，在中国妇孺皆知，被标榜为礼轻情意重的楷模和学习典范。“折柳相送”也常为文人津津乐道，因为柳的寓意有三：一为表示挽“留”；二因柳枝在风中飘动的样子如人惜别的心绪；三为祝愿友人如柳能随遇而安。在这里，如果仅就这些礼物本身的物质价值而言，的确是很轻的，对于受礼人来说甚至是微乎其微的，然而它所寄寓的情意则是浓重的。人们提倡“君子之交淡如水”，提倡“礼轻情意重”。但是，当大家因种种原因陷入“人情债务链”时，则不妨既要注意以轻礼寓重情，又要入乡随俗地根据馈赠目的和自己的经济实力，择定不同轻重的礼物。对于那些人情礼轻重的把握尺度，目前国内常以个人月收入的1/3为最上限，下限则视情而定。总之，除非是有特殊目的的馈赠，其他馈赠礼物的贵贱厚薄都应以对方能愉快地接受为尺度。

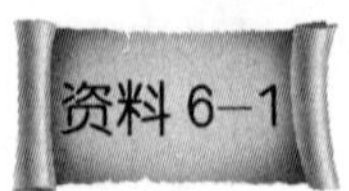

千里送鹅毛，礼轻情意重

唐贞观年间，回纥国是大唐的藩国，一次，回纥国为了表示对大唐的友好，便派使者缅伯高带了一批珍奇异宝去拜见唐王。在这批贡物中，最珍贵的要数一只罕见的珍禽——白天鹅。

缅伯高最担心的也是这只白天鹅，万一有个三长两短，可怎么向国王交代呢？所以，一

路上，他亲自喂水喂食，一刻也不敢怠慢。

这天，缅伯高来到沔阳河边，只见白天鹅伸长脖子，张着嘴巴，吃力地喘息着，缅伯高心中不忍，便打开笼子，把白天鹅带到水边让它喝了个痛快。谁知白天鹅喝足了水，伸伸颈一扇翅膀，“扑棱棱”一声飞上了天。缅伯高向前一扑，只拔下几根羽毛，却没能抓住白天鹅，眼睁睁地看着它飞得无影无踪，一时间，缅伯高捧着几根雪白的鹅毛，直愣愣地发呆，脑子里来来回回地想着一个问题：“怎么办？进贡吧？拿什么去见唐太宗呢？回去吧？又怎敢去见回纥国王呢！”思前想后，缅伯高决定继续东行，他拿出一块洁白的绸子，小心翼翼地把鹅毛包好，又在绸子上题了一首诗：“天鹅贡唐朝，山重路更遥。沔阳河失宝，回纥情难抛。上奉唐天子，请罪缅伯高。礼轻情意重，千里送鹅毛！”

唐太宗看了那首诗，又听了缅伯高的诉说，非但没有怪罪他，反而觉得缅伯高忠诚老实，不辱使命，就重重地赏赐了他。

2）时机原则。要选时择机，时不我待。就馈赠的时机而言，及时适宜是最重要的。中国人很讲究“雨中送伞”“雪中送炭”，即十分注重送礼的时效性，因为只有在最需要时得到的才是最珍贵的，才是最难忘的。因此，要注意把握好馈赠的时机，包括时间的选择和机会的择定。一般说来，时间贵在及时，超前或滞后都达不到馈赠的目的；机会贵在事由和情感及其他需要的程度，“门可罗雀”时和“门庭若市”时，人们对馈赠的感受会有天壤之别。所以，对于处境困难者的馈赠，其所表达的情感就更显真挚和高尚。

资料 6-2

影星与狗

有一篇文章记载了这样一件感人的事：国际著名影星奥黛丽·赫本十分爱狗。多年来一直豢养着一只叫杰西的长耳罗塞尔种的小猎犬。白天，杰西那无忧无虑和温柔的品性，令赫本感到平和，夜晚杰西暖融融地依偎在赫本的脚旁，伴她入睡。然而，有一天，杰西误吃了毒药，很快就死了，赫本爱犬心切，竟无法控制自己，一连数日，终因悲伤过度而一病不起。这时，她的朋友克里斯多夫·格里文森托人给她送来了又一只长耳罗塞尔狗，它叫彭妮，小巧玲珑，毛色白亮，十分可爱。彭妮给了赫本无限的慰藉，赫本说：“彭妮不仅使我恢复了健康，也赐给我无限的幸福，它真是来自天堂的宝贝。”

3）效用性原则。同一切物品一样，当礼以物的形式出现时，礼物本身也就具有了价值和实用价值。就礼品本身的实用价值而言，人们经济状况不同，文化程度不同，追求不同，对于礼品的实用性要求也就不同。一般说来，物质生活水平的高低，决定了人们精神追求的不同，在物质生活较为贫寒时，人们多倾向选择实用性的礼品，如食品、水果、衣料、现金等；在生活水平较高时，人们则倾向于选择艺术欣赏价值较高、趣味性较强和具有思想性纪念性的物品为礼品。因此，应视受礼者的物质生活水平，有针对性地选择礼品。

资料 6–3

夫妻间互赠的“珍贵礼物”

美国作家欧·亨利在其著名的小说《麦琪的礼物》里讲了这样一个故事：妻子很想在圣诞节来临时送给丈夫一份礼物，她盼望能买得起一条表链，以匹配丈夫祖上留下的一只表。因为没有钱，于是她把自己秀丽的长发剪下来卖了。圣诞之夜，妻子向丈夫献上了自己的礼物——一条精美的表链。丈夫也在惊愕之中拿出了他献给妻子的礼物，竟是一枚精致的发卡。原来，丈夫为给妻子买礼物把自己的表卖了。这时，他们紧紧地拥抱在一起，彼此的爱成为这圣诞之夜唯一的却是最珍贵的礼物。这对夫妻献给对方的礼物，在此时似乎已毫无效用，然而并非如此，它们不仅升华了他们之间的爱，使他们得到了最大的精神满足；而且更激发了他们战胜生活困难，追求幸福生活的决心和意志。有这样的情和爱，世上还有不可克服的困难和不可逾越的生活难关吗？

4）投好避忌的原则。就礼品本身所引发的直接后果而言，由于民族、生活习惯、生活经历、宗教信仰以及性格、爱好的不同，不同的人对同一礼品的态度是不同的，或喜爱或忌讳或厌恶，等等，因此我们要把握住投其所好、避其禁忌的原则。在这里尤其强调要避其禁忌。禁忌就是因风俗习惯或畏惧权势而对某些不吉利的语言或举动有所顾忌，它是一种不系统的、非理性的、作用极大的心理和精神倾向，对人的活动影响强烈。当自己的禁忌被冒犯时，无论是有意的还是无意的，心中的不快不满、甚至愤恨是不言而喻的。当我们冒犯了别人时，就会引起纠纷，甚至冲突。所以，馈赠前一定要了解受礼者的喜好，尤其是禁忌。例如，中国人普遍有“好事成双”的说法，因而凡是大贺大喜之事，所送之礼，均好双忌单，但广东人则忌讳“4”这个偶数，因为在广东话中，“4”听起来就像是“死”，是不吉利的。再如，白色虽有纯洁无瑕之意，但中国人比较忌讳，因为在中国，白色常是悲哀之色和贫穷之色；同样，黑色也被视为不吉利，是凶灾之色、哀丧之色；而红色，则是喜庆、祥和、欢庆的象征，受到人们的普遍喜爱。另外，我国人民还常常讲究给老人不能送“钟”，给夫妻或情人不能送“梨”，因为“送钟”与“送终”、“梨”与“离”谐音，是不吉利的。这类禁忌，还有许多需要我们去遵循，这里就不一一列举了。

3. 礼品的选择

因人因事因地施礼，是社交礼仪的规范之一，对于礼品的选择，也应符合这一规范要求。礼品的选择，要针对不同的受礼对象区别对待。一般有如下原则。

1）对家贫者，以实惠为佳。

2）对富裕者，以精巧为佳。

3）对恋人、爱人、情人，以纪念性为佳。

4）对朋友，以趣味性为佳。

5）对老人，以实用为佳。

6）对孩子，以启智新颖为佳。

7）对外宾，以特色为佳。

另外，要特别注意一点，千万不要在对方家门前买礼物，事先准备好的礼物，会使对方感觉到你的情意更诚挚、更深切。

4. 馈赠时应注意的艺术和礼仪

要使交往对象愉快地接受馈赠，并不是件容易的事情。因为即便是你在馈赠原则指导之下选择了礼品，如果不讲究赠礼的艺术和礼仪，也很难使馈赠成为社会交往的手段，甚至会适得其反。那么，馈赠时应注意哪些艺术和礼仪呢？

1）注意礼品的包装。精美的包装不仅使礼品的外观更具艺术性和高雅的情调，并显现出赠礼人的文化和艺术品位，而且还可以使礼品产生和保持一种神秘感，既有利于交往，又能引起受礼人的兴趣和探究心理及好奇心理，从而令双方愉快。好的礼品若没有讲究包装，不仅会使礼品逊色，使其内在价值大打折扣，使人产生“人参变萝卜”的缺憾感，而且还易使受礼人轻视礼品的内在价值，而无谓地折损了由礼品所寄托的情谊。另外，礼品上有价格标签的，必须事先拿掉。

2）注意赠礼的场合。赠礼场合的选择是十分重要的。尤其那些出于酬谢、应酬或有特殊目的的馈赠，更应注意赠礼场合的选择。通常情况下，当众只给一群人中的某一个人赠礼是不合适的。因为那会使受礼人有受贿和受愚弄之感，而且会使没有受礼的人有受冷落和受轻视之感。给关系密切的人送礼也不宜在公开场合进行，只有礼轻情重的特殊礼物才适宜在大庭广众前赠送。既然是关系密切，送礼的场合就应避开公众而在私下进行，以免给公众留下你们关系密切完全是靠物质的东西支撑的感觉。只有那些能表达特殊情感的特殊礼品，才在公众面前赠予，如一本特别的书、一份特别的纪念品等。因为这时公众已变成你们真挚友情的见证人。赠礼是为巩固和维持双方的关系，赠礼也必须是有针对对象的。因此，赠礼时应该当着受礼人的面，以便于观察受礼人对礼品的感受，并适时解答和说明礼品的功能、特性等，还可有意识地向受礼人传递你选择礼品时独具匠心的考虑，从而激发受礼人对你一片真情的感激和喜悦之情。有时，礼品虽小，但礼轻情义重。例如，在赴私人家宴时，应为女主人带些小礼品，如花束、水果、土特产等；有小孩的，可送玩具、糖果。应邀参加婚礼，除艺术装饰品外，还可赠送花束及实用物品。新年、圣诞节时，一般可送日历、烟、酒、茶、糖果等。

3）注意赠礼时的态度、动作和言语表达。只有那种平和友善的态度和落落大方的动作并伴有礼节性的语言表达，才是令赠受礼双方所能共同接受的。那种悄悄将礼品置于桌下或房中某个角落的做法，不仅达不到馈赠的目的，甚至会适得其反。

4）注意赠礼的具体时间。一般说来，应在相见或道别时赠礼。

5. 遵循几不送原则

1）不送过于昂贵的礼品。

2）不要选择便宜货，更不能选择伪劣产品。

3）不送不合时宜或不健康之物。

4）不送轻易让对方产生误解的物品。

5）不送触犯对方禁忌的物品。

6）普通异性之间，不要送内裤、戒指、项链等礼品。

二、赠送鲜花的礼仪

1. 花语

鲜花象征着美好、吉祥、幸福、友谊，所以，表示礼节时经常赠送鲜花。早在汉代时，就有“折柳送别话依依”的习俗。如今，鲜花更是介入了现代美好而浪漫的社交生活，恋爱、新婚、离别、生日、祝寿、致丧、开业、致喜、校庆、店庆等活动中，人们都希望赠送鲜花以表达心意。

花有寓意，简称“花语”，对不同的人在不同的场合应赠送含有不同寓意的鲜花。

1）看望长辈。看望长辈时可送桃花，表示祝愿长寿幸福；送长春花表示祝福健康长寿；送水仙花表示祝愿吉祥如意；送兰花寄寓正气长存；送晚香玉，赞美壮心不已。

2）看望友人。勉励或奖励友人时，送山茶花表示拼搏；送鹤望兰象征胜利；送杜鹃花寄寓前程万里；送鸟不宿、红丁香、菟丝子组成的花束，表示愿君勤奋，定能成功。

3）探望患者。探望患者可选择玫瑰花、睡莲、野百合、深红色的天竺葵、紫罗兰、松雪草等组成花束。祝福患者早日康复。但应注意有的医院禁止给患者送鲜花，理由是怕鲜花携带病菌，或者鲜花对患某种疾病（如哮喘等）的人不利。

4）与女性交往。男士与姑娘交往，第一次可赠送红冠花，表示爱慕之情；第二次可送红郁金香，表示宣布求爱；第三次可送紫丁香、粉红玫瑰，表示进入初恋；如感情进一步加深，便赠送红蔷薇或深红色的玫瑰花。若对方回送一支康乃馨或黄郁金香，则表示拒绝接受爱情或对爱情绝望。

5）看望新婚夫妇。参加婚礼或看望新婚夫妇，送海棠花表示祝福新婚快乐；送并蒂莲表示祝愿夫妻恩爱，白头偕老；送香味月季，象征甜蜜的爱情到永远；送牡丹花表示祝愿家庭繁荣幸福；送五爪龙、常春藤、麦藁组成的花束，表示同心结爱情，幸福共一生。

6）祝福生日。对青年人祝福生日可送火红的石榴花、鲜红的月季花、美丽的象牙花，表示祝愿对方前程似锦、青春艳丽；对老人可送龟背竹、万年青或寿星草，祝福健康长寿。生男孩儿送淡蓝色的花，生女孩儿送粉红色的花。

7）对亲友或恋人。送别亲友或恋人，用芍药表示依依惜别之情；送万年青，象征友谊

长存：送杨柳花，表示难舍难分；送红豆树，意味着相思与怀念。

表 6-1 为常见的单枝花的花语含义。

表 6-1　常见的单枝花的花语含义

花名	花语	花名	花语
杨柳枝	表示惜别、难舍难分	垂柳	表示悲哀
鸡冠花	表示不老的爱情	竹子	表示正直、虚心
文竹	表示祝贺长寿	万年青	表示长寿、友谊长存
梅花	表示坚贞不屈、刚毅	勿忘草	表示勿忘、真挚和贞操
月季	表示幸福、光荣	并蒂莲	表示夫妻恩爱
樱花	表示心灵的美	荷花	表示纯洁、疏远的爱、淡泊和无邪、雄辩
仙人掌	表示热心	牡丹	表示拘谨和害羞
兰花	表示热情	橄榄枝	表示和平
郁金香	表示爱情、胜利和美好	白郁金香	表示失意的爱情
黄郁金香	表示无望的爱情	红郁金香	表示钟爱
蓝郁金香	表示诚实	野丁香	表示谦逊、虚心
四叶丁香	表示属于我	白丁香	表示谢意、崇敬
紫丁香	表示初恋	百合花	表示百事合心、团结友好和尊敬
白色百合	表示纯洁、文静	山百合	表示庄严、肃穆
野百合	表示幸福即将来临	杜鹃	表示节制、怀乡、盼望和爱的快乐
桃花	表示淑女和疑惑	凤仙花	表示纪念、怀念
蔷薇	表示恋爱	杏花	表示疑惑、疑虑
翠菊	表示远虑、追念	瓜叶菊	表示常常快乐
白菊	表示真实	菊花	表示高洁
白茶花	表示美丽	山茶花	表示美好的品德
茶花	表示勇敢、战斗	红茶花	表示天生丽质、美德
条文康乃馨	表示拒绝	紫罗兰	表示诚实、朴素
红玫瑰	表示祝愿幸福	黄色康乃馨	表示轻视、瞧不起
玫瑰花	表示初恋、求爱、爱情	刺玫瑰	表示优美

2. 赠送鲜花的方式

赠送鲜花，一般可以采用以下几种方式。

1）送花篮。花篮由色彩鲜艳的花朵组成，适用于庆祝开业、开幕、演出成功以及祝寿。

2）送花束。花束可以选择寓意不同的鲜花组合而成，外加包装纸和红丝带。花束一般用于探望亲友、祝贺新婚、祝贺成功或看望患者。

3）送襟花。它通常是男士送给女友的小礼物，或在某些喜庆的场合，由主办方送给嘉宾佩戴的。

4）送盆花。品种名贵的盆栽花卉是人人喜爱的礼物，它可送给长辈或以此祝贺朋友迁居等。

上述几种方式中赠送花束是人们最为常用的，它通常由玫瑰、剑兰、菖蒲、红色康乃馨四大花种组成。

3. 赠送鲜花的禁忌

送花是有学问的，在交往中一定要注意各国、各地区的风俗习惯和对花卉的禁忌，只有这样，才能收到良好的效果。送花时应注意以下几点。

1）在中国广东话中，“4”的发音听起来像“死”字，广东人普遍认为“4”不吉利，所以送花时花的数目不能是“4”。同样，韩国、日本也有此禁忌。他们认为“4”是表示死亡的数字。日本还特别忌讳送花的数目为“9”，因为他们认为送给他数量为“9”的花，是视其为强盗。

2）在日本买菊花时，要问清楚有多少花瓣，有16瓣的菊花是皇家的纹饰，普通人不能用，所以给日本人送菊花时，一定要注意花瓣的数字。另外，日本人忌荷花，不要送荷花给日本人。

3）给俄罗斯、乌克兰、白俄罗斯、阿塞拜疆、亚美尼亚、格鲁吉亚、乌兹别克斯坦、土库曼斯坦、塔吉克斯坦、哈萨克斯坦、吉尔吉斯斯坦、立陶宛、拉脱维亚和爱沙尼亚等国家的人送鲜花时，要注意这些国家的风俗习惯。结婚当日最好向新婚夫妇赠送白色或粉色的鲜花。它象征着纯洁。送黄色鲜花时要慎重，因为它意味着变节。红色鲜花象征着爱情和赞美。另外，奇数在这些国家是吉利的象征，所以花束须由奇数组成。

4）欧美一些国家非常忌讳“13”这个数字。基督教徒和天主教徒把“13”视为凶数。送花的数目一定不能是“13”。现在中国许多地方很多人也有这种看法。

5）在讲法语的地区不要送菊花。因为只有在葬礼时才使用菊花。在中国也有这样的含义。在法国，黄色的花是不忠诚的表示。

6）到英国人家里做客，送女主人鲜花，忌送百合花，因为英国人认为百合花表示死亡。

7）到西班牙人家里做客，千万不要送大丽花和菊花，这两种花意味着死亡。

8）到德国人家里做客，千万不要送给女主人红玫瑰，因为它是情人、恋人之间的专利。给德国人送鲜花时，也不要用包装纸。

9）到瑞士人家里做客，可以送1枝或10枝红玫瑰给女主人，但不要送3枝，因为3枝意味着你们是情人关系。

10）如果在芬兰、瑞典等北欧国家，应邀到主人家里做客，一定要给女主人带几束单数的鲜花，最好是5朵或7朵。

11）在巴西，绛紫色的花主要用于葬礼，所以不要送给巴西人绛紫色的花。

12）在拉丁美洲有些国家，把菊花看成是一种“妖花”，只有人死了才在灵前放菊花。如果你去拉丁美洲国家做客，送鲜花切勿送菊花。

13）如果应邀到加拿大人家做客，可向女主人送束鲜花，送花时要送单数。但不要送菊花，也不要送白色的百合花，因为在加拿大，白色的百合花只有开追悼会时才用。

14）对于外宾，送花一定要送鲜花，不要送纸花、塑料花、绢花等假花。

三、受礼礼仪

1. 欣喜受礼，并示感谢

受礼者应在赞美和夸奖声中收下礼品，并表示感谢。一般应赞美礼品的精致、优雅或实用，夸奖赠礼者的周到和细致，并伴有谦恭态度的感谢之辞。

2. 双手接礼

受礼者应双手接过礼品，并视具体情况或拆看或只看外包装，还可伴有请赠礼人介绍礼品功能、特性、使用方法等的邀请，以示对礼品的喜爱。

3. 除贿赂性礼品，一般勿拒

只要不是贿赂性礼品，一般最好不要拒收，否则会有驳赠礼人面子之嫌疑，若考虑礼尚往来，可以找机会回礼就是了。

四、国际交往中的馈赠礼仪

由于各国文化的差异，以及不同历史、民族、社会、宗教的影响和忌讳，在馈赠问题上的观念、喜好和禁忌有所不同，因此送礼成了一种复杂的礼仪。只有了解和把握好不同国家对礼品的喜好和忌讳，才能在交往活动中使馈赠达到应有的目的。

1. 亚洲国家

亚洲国家虽然在社会、民族、宗教方面有很大不同，但在馈赠方面却有很多相似之处，如形式重于内容，崇尚礼尚往来，馈赠更讲究具体对象，等等。

1）日本。日本人有送礼的习惯，因此给日本人送礼经常会送形式（牌子和包装）重于内容（实用价值）的物品，因为收礼的人更看重礼品的形式，他很有可能将礼品再转送给别人，那个人还可能再转送下去。到日本人家里做客，携带的菊花最多只能有 15 片花瓣，因为只有皇室徽章上才有 16 瓣的菊花。日本人对数字“4”和“9”有忌，所送礼品的内容要避开这两个数字。在日本送礼选两个日子最好：一个是 7 月 15 日（中元节），另一个是 1 月 1 日（年末或年初）。第一次见面时，一般也要送礼物。日本人一般不会当着送礼人的面打开礼品，所以不要送给他们任何没有包装的礼物，即使一支笔、一个小台历也要包装一下，而且包装时不要用颜色灰暗的纸，要用颜色鲜亮的玻璃光纸。为了表示格调高雅，到日本后可买浅色宣纸来包装礼品，黑色、白色的包装暗示悲哀，大红色也被认为不宜用来包装。日本人忌讳狐狸和獾等图案，他们认为狐狸是贪婪的象征，獾则代表狡诈。

2）韩国。韩国的商人对初次来访的客人常常会送当地出产的手工艺品，要等客人先拿出礼物来，然后再回赠他们本国产的礼品。在韩国，如有人邀请你到家吃饭或赴宴，你应带小礼品，最好挑选包装好的食品。韩国人用双手接礼物，但不会当着客人的面打开。不宜送外国香烟给韩国友人。酒是送韩国男人最好的礼品，但不能送酒给妇女，除非说清楚这酒是送给她丈夫的。在赠送韩国人礼品时应注意，韩国男性多喜欢名牌纺织品、领带、打火机、电动剃须刀等。女性喜欢化妆品、提包、手套、围巾类物品和厨房里用的调料。孩子则喜欢食品。如果送钱，应放在信封内。

3）阿拉伯国家。在阿拉伯国家，初次见面时送礼可能会被视为行贿；切勿把用旧的物品赠送他人；不能把酒作为礼品；要送在办公室里可以用得上的东西。盯住阿拉伯主人的某件物品看个不停是很失礼的举动，因为这位阿拉伯人一定会认为你喜欢它，并一定会要你收下这件东西。阿拉伯商人一般都会给他人赠送贵重礼物，同时也希望收到同样贵重的回礼。因为阿拉伯人认为来而不往有失尊严，不让他们表示自己的慷慨大方是不恭的，也会危害到双方的关系。他们喜欢丰富多彩的礼物，喜欢“名牌”货，而不喜欢不起眼的古董；喜欢知识性和艺术性的礼品，不喜欢纯实用性的东西。阿拉伯人忌讳动物图案，特别是带有猪图案的物品。送礼物给阿拉伯人的妻子被认为是对其隐私的侵犯和侮辱其人格，然而送给孩子则总是受欢迎的。

2. 欧美国家

欧洲国家一般只有在双方关系确立后才互赠礼物。赠送礼物通常是此次交往行将结束时才进行，同时表达的方式要恰如其分。高级巧克力、一瓶特别好的葡萄酒在欧洲也都是很好的礼物。登门拜访前则应送去鲜花（花要提前一天送去，以便主人把花布置好）。而且要送单数的花，同时附上一张手写的名片，不要用商业名片。欧美人忌讳“13”和“星期五”，送礼的内容和时间一定要避开这个数字和这个时间。

1）英国。在英国送礼应尽量避免感情的外露，送礼应选价值较轻的礼品，以免被误认为有贿赂之嫌。合宜的送礼时机应定在晚上，请人在上等饭馆用完晚餐或剧院看完戏之后。英国人也像其他大多数欧洲人一样喜欢高级巧克力、名酒和鲜花。对于饰有客人所属公司标记的礼品，他们大多数并不欣赏，除非主人对这种礼品事前有周密的考虑。

2）法国。初次结识一个法国人时就送礼是很不恰当的，若想送礼品应该等到下次相逢时。礼品应该表达出对他智慧的赞美，但不要显得过于亲密。法国人很浪漫，喜欢知识性、艺术性的礼物，如画片、艺术相册或小工艺品等。应邀到法国人家里用餐时，应带上几枝不加捆扎的鲜花，但决不可随便送菊花，在法国只有在葬礼上才用菊花。

3）德国。德国人把礼貌看得非常重要，因此赠送礼品的适当与否要悉心注意，包装更要尽善尽美。玫瑰是为情人准备的，绝不能送给主顾。德国人喜欢应邀郊游，所以请人一起郊游也是一种特殊的“礼品”，但主人在出发前必须做好细致周密的安排。在德国，不能用白色或棕色的礼品纸及结带包装礼品。送花时，不能包装。

4）美国。美国人对礼品既注重形式，又讲究实用，故一束鲜花、一瓶好酒、一盒巧克力、一块手表，甚至一同游览、参观，一起在城里共度良宵等，都是上佳的礼品。与其他欧洲国家一样，给美国人送礼应在此次交往结束时，若在交往之初就送礼会被认为有行贿之嫌。

3. 拉丁美洲国家

到拉丁美洲人家里做客必须带礼品，但在公务交往中，在彼此还没有发展到熟悉程度前不要送礼。业务送礼要在谈判结束后，气氛轻松的时候再送为佳。在拉丁美洲国家，黑和紫是忌讳的颜色，这两种颜色使人联想到四旬斋。赠礼品决不可选刀剑等，因为刀剑暗示友情的终结。手帕也不能作为礼品，因为它与眼泪是联系在一起的。可送些小型家用电器，如一只小小的烤面包炉。在拉丁美洲国家，征税很高的物品极受欢迎，只要不是奢侈品。

第二节 探视礼仪

听到亲友、熟人生病或负伤的消息时，去医院或家中探视是人之常情，也是人际交往的重要内容之一。探视患者，可使患者和家属得到精神上的安慰，同时也可以加深了解、增进友谊、培养感情。

一、了解患者情况

探视患者之前，要做一些准备，应该事先通过家人或友人尽可能了解一下患者的病情、心理状况、饮食和休息情况，以及家里的情况等，以便考虑能带上适合的礼物，并能有针对性地安慰患者。

另外，要注意自我保护。如探视患传染病的患者，如传染性肝炎、伤寒、痢疾或流行性脑膜炎、流感、肺结核等，应考虑是否需要戴口罩，要尽量避免接触患者的用具、衣服，更不要带小孩去医院。

二、选择探视时间

一天中什么时间去探视患者最合适？这是个很重要的问题。一般情况下，清晨、吃饭时、饭后休息、傍晚和夜间是患者必须静养的时候，应避免在这些时间前去探视。上午 10 时至 11 时，下午 14 时至 16 时是最佳探视患者时间。

当然，还要考虑到医院规定的探视时间。探视患者时不能在患者的房间里待得时间过久。过久不仅会使患者感到疲劳，而且会妨碍其他患者的休息。一般时间应掌握在 20 分钟左右，最好不要超过 30 分钟。

另外，去医院时，换上清洁的服装，服装也不应鲜艳刺目。

三、避开敏感话题

在与患者交谈时，选择的话题需要特别留心，由于特殊的心理状态，人在患病期间都相当敏感。与患者谈话时，一般应先询问患者身体状况及治疗效果。在患者讲述病情时，要认真地听，不要心不在焉，左顾右盼。在谈话的内容上，针对患者的焦虑心态要多说一些轻松、宽慰的话，或释疑开导，或规劝安慰，以利于患者恢复平静稳定的心情。不要向患者介绍道听途说的偏方、秘方，不推荐未经临床实验的药物。还要多说一些关心、鼓励的话，让患者感到愉快，淡化病痛带来的苦恼，以增强患者战胜疾病的勇气。如患者的病情需要保密时，不要和患者一起去乱猜，已知道应保密的病情，更不能对患者进行暗示。

另外，与患者谈话要注意避免谈论可能刺激对方或有关忌讳的话题。告别时，一般应谢绝患者送行，并询问患者是否有事相托，祝他（她）早日康复。

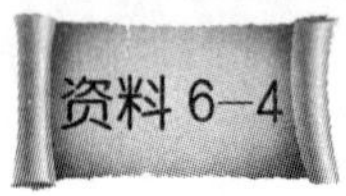
资料 6–4

探视患者，话题要慎重

吴霏是大学毕业不久、刚进入 Q 公司工作的新人。她年轻、率真，对工作充满了热情和幻想。作为女秘书，她对上司——F 经理，充满了敬意，对工作兢兢业业。不久前，F 经理在体检中被发现得了癌症。为了让 F 经理心理放松，更好地接受治疗，公司和家属都尽可能瞒住 F 经理，不让他知道真实病情。

一天下班后，吴霏买了鲜花、水果去医院探视 F 经理。推开病房门，吴霏一脸惊讶地对上司说："F 经理，您得了这么重的病，怎么能不躺下好好休息？" F 经理一脸疑惑："是吗？你能告诉我，我得了什么病吗？" 这时，吴霏才意识到自己说漏了嘴。她只能支支吾吾地说："其实没什么大病，您很快就会出院的……"

吴霏走后，本来情绪好好的 F 经理马上像变了个人似的。一个人躺在床上，两眼直瞪瞪地看着天花板。家属问他究竟发生了什么，他也不理不睬。

问题：①吴霏在探视病人时有什么不妥的地方？

②探视病人该怎样做才是正确的？

四、慎选赠送礼品

一束美丽的鲜花，可美化房间并增添活力，也可带些滋补食品、饮料给患者。所带的礼品应根据患者病情慎重选择。下面的建议可供在探视患者购买礼品时参考。

1）探视发高烧的患者，可送有生津止渴作用的西瓜、鲜藕、橘子或橘子汁等。高烧患者出汗多，排钾增加，西瓜、橘子中含较多的钾，可以补充不足。

2）探视患呼吸道感染的患者，患慢性气管炎、肺气肿的患者，可送有补肺益肾作用的

核桃。对咯血的患者，可送有利于养阴补肺的白木耳和有止血功能的黑木耳。

3）探视腹泻的患者，可送苹果、杨梅、石榴等水果，这些水果有收敛止泻的功效。对于久泻不止的患者，可送有健脾止泻功能的莲心、百合、藕粉等食品。

4）探视患便秘、痔疮的患者，可以选择送蜂蜜、香蕉、核桃等食物，这类食物有润肠通便的作用，可以治疗便秘、减少大肠出血。

5）探视高血压、动脉硬化的患者，可送山楂、橘子、蜂蜜等食品，这些食品可降低血压，减缓血管硬化的发展。

6）探视肝炎患者，可送些新鲜的水果或营养丰富的鸡蛋、鱼、麦乳精、蜂蜜等。对于慢性肝炎患者，最好送甲鱼。甲鱼含丰富的蛋白质，有养阴清热的功能，对慢性肝炎的恢复有益。

7）探视外科手术后和骨折的患者，可送些肉骨头、鸡蛋、奶粉、鱼等营养丰富、易消化、含钙质较多的食物。

8）探视产妇，可送一些补品，如鸡蛋、鱼肉、鸡肉、虾等食物。对于产后出血较多的产妇，应该送些有补血功能的食物，如猪肝、桂圆、红枣等。

9）探视肾炎患者，可送不含有动物蛋白质的食物。

10）探视糖尿病患者，不宜带各种糖果、甜点、水果、果露汁等各种含糖食品。

11）探视胃病和十二指肠溃疡患者，不宜带橘子汁、杨梅、橘子、糟鱼、奶油蛋糕等有刺激性的食品。

12）探视胆囊炎、胆石症患者，不宜送老母鸡、蹄髓、油炸和含油量较多的食品。

13）探视癌瘤患者，可以送水果、人参、奶粉等食品，以及患者喜欢的书籍、报刊等。阅读能让患者心态渐好，转移注意力，修养身心。

课堂实训

1. 实训题目

探视慰问的礼仪实训练习。

2. 实训目标

通过实训，使学生了解探视慰问的礼仪及应该注意的问题。

3. 实训描述

小陈是某公司营销经理，得知他的一位重要客户王先生生病住院了，他该如何去探视慰问王先生？探视慰问过程中应注意哪些问题？

4. 实训步骤

1）指导教师简要介绍本次实训的内容和模拟实训情景。

2）指导教师示范讲解探视慰问的礼仪及需要注意的问题。

3）根据模拟活动的情景分组，把全班同学按每5～6人一组分成若干组。

4）确定模拟活动情景角色。①营销经理小陈；②客户王先生；③王先生的妻子；④王先生的母亲；⑤王先生的主治医生；⑥也可安排小陈再带一位同事同往探视。

5）全组讨论探视慰问患者时的正确礼仪及应注意的问题。

6）模拟探视训练。①抽签排序，一组一组地进行；②一组模拟时，其他组在旁边观摩并指出问题。

7）指导教师考核。

8）指导教师点评。

5. 知识点拨

1）充分准备。①首先要和患者家属取得联系，弄清楚什么时候可以去探视？询问医生是否允许去探视？②请教医生弄清患者病中忌讳什么？然后根据对患者的了解，选择合适的礼品。③去医院时换上清洁的服装，女士不应该浓妆艳抹，服装也不应该鲜艳刺目。

2）探视慰问时机。探视患者时应选择适当的时机，尽量避开患者休息和医疗时间。不宜在早晨、中午、深夜以及患者吃饭或休息时间前往探视。

3）神情。进病房要轻轻敲门，然后进去。见到患者，要同平常一样自然、平静、面带微笑，主动上前握手，若不宜握手时，可探身表示慰问。

4）言行。语气委婉、语调亲切，多讲些慰问、开导和鼓励的话，询问病情应简要，不要提及刺激患者的话题。

5）时间掌控。探视患者的时间不宜过长，一般应控制在30分钟以内。

6）不打扰其他患者。走路、讲话要轻，不打扰同室或同病区其他患者休息。

7）告别。起身告别前要询问一下患者有什么事情需要帮助，再嘱咐患者安心治疗，表示过几天再来探视。

1．馈赠的基本原则是什么？

2．选择馈赠礼品时应遵循哪些原则？

3．赠送鲜花时，不同的鲜花分别代表什么含义？

4．赠送鲜花时应考虑哪些禁忌？
5．受礼者应注意哪些礼仪？
6．国际交往时应注意哪些馈赠礼仪？
7．探视患者前应事先做好哪些准备工作？
8．选择探视患者的时间时应遵循哪些原则？
9．选择探视患者的礼品时应注意哪些方面？

第七章　公务谈判礼仪

本 章 导 读

公务谈判是社会组织为了协调与公众之间的关系而进行的磋商，以达到双方观点和利益上一致的活动。公务谈判通常包括供销谈判、金融谈判、贸易谈判、劳务谈判、运输谈判、技术合同谈判、基建工程谈判和其他谈判等。谈判是一门艺术，谈判中的礼仪会对谈判效果产生重要的影响，因此，掌握谈判礼仪是非常重要的。本章介绍公务谈判的礼仪。

1. 熟悉对公务谈判者服饰和仪表的要求。
2. 熟悉对公务谈判者仪态的要求。
3. 掌握公务谈判礼仪。
4. 了解涉外谈判礼仪。
5. 熟悉签字仪式礼仪。

关键词

公务谈判（business negotiation）
涉外谈判（the negotiation with foreigners）
谈判礼仪（negotiation etiquette）
签字仪式（the signing ceremony）

谈判，又叫会谈，它指的是有关各方为了各自的利益，进行有组织、有准备的正式协商及讨论，以便互让互谅，求同存异，以求最终达成某种协议的整个过程。在人类社会中，任

何组织或个人要达到自己的目的，都要通过与其他组织或个人交涉、协商，争取别人的支持或合作，所以，从某种意义上说，人类要想生存，就要不断地进行各种各样的“谈判”。虽然谈判讲究的是理智、利益、技巧和策略，但这并不意味着它绝对排斥谈判人员的思想、情感从中所起的作用。在任何谈判中，礼仪实际上都一向颇受重视。所以说，谈判是一门艺术，而且是涉及面较广的“综合性艺术”。

谈判的种类很多，大到国家之间的国际谈判，小到个人与老板之间的谈判；当然最经常的谈判是集团之间或单位之间的谈判，本章仅就公务谈判方面的礼仪知识做概要介绍。

第一节　谈判者的服饰与仪表

谈判人员的服饰与仪表是给对方的第一印象，也是自身心理特性的一个重要表现方面。谈判者的服饰和仪表要根据谈判对象的国别、职业、地位、年龄、爱好和文化习俗的不同，而略有不同的修饰打扮，同时，还要与谈判场所、所谈判问题的性质相适应。但有一点是共同的，那就是要清洁整齐、美观大方。

一、女士的服饰与仪表

参加公务谈判的女士，一般是职业女性的优秀代表，既应表现出中国妇女的东方美，又应该表现出高雅的气质和精通业务的自信心，并将它们和谐地统一，恰如其分地自然流露出来。

1. 服装的款式

一般说来，参加比较重要场合谈判的女士，服装款式以西装套裙为主，其颜色以素雅庄重的颜色为宜。参加国际谈判，可以穿传统的中国民族服装，如旗袍［图 7-1（a）］、长裙等。热天或在国外谈判，不应该穿长裤子，冷天可以穿羊毛连裤袜外着长裙或西装套裙［图 7-1（b）］，外穿长大衣或长风衣。青年女士的着装，颜色不宜过于鲜艳，服装样式以新颖、活泼为好，但衣服上不应增加过多的附加装饰品，以体现服装主人的新潮和干练。参加一般性的谈判，可以根据谈判的内容和对方谈判首席代表的背景材料，选择相适应的服装，如西服套装、旗袍、长裙、连衣裙、羊毛衫配长裙或长裤、夹克衫等。

2. 服装的质量及相关要求

女士在参加国际谈判时应该注意，最好不穿化纤服装，尤其是在阳光或灯光下闪闪发亮的各种人造织物。纯毛、纯棉或丝绸衣物，一定要熨烫平整。

参加谈判的女士，无论多热的天气也要注意上衣着装不要“暴露型”的，切忌穿超短裙参加公务活动。谈判时一定要注意鞋、袜的颜色和式样与服装相配套，形成和谐的统一美，一般来说，应该穿后跟稍高些的皮鞋与西服套裙相搭配。夏天谈判时，不宜穿只有几条带子的凉鞋，切忌穿有破洞或跳线的长袜参加谈判。

（a）旗袍

（b）西装套裙

图 7-1 女士服装款式

3. 适当化妆

参加谈判的女士应该化妆。要根据自己的年龄和肤色化日间淡妆，切忌浓妆艳抹，即便是较黑肤色的女士也不要为了掩饰而过多地擦粉，肤色较黑的女士可以先涂粉底霜，然后淡淡地、均匀地施粉；女士应该不太夸张地描眉，略涂眼影，抹口红要基本符合唇型，略涂清淡型的香水。参加谈判女士的发型是非常重要的，应该根据自己的脸型和职业、年龄等条件，做好发型，有必要时喷上定型发胶，切忌"蓬头垢面"。凌乱的头发，首先就给别人一个不好的印象，这对于谈判肯定是不利的。有一位国际友人曾这样说过："一个连自己都打扮不好的女人，肯定做不好工作。"

4. 饰品的佩戴

女士首饰的佩戴，既起"锦上添花"的作用，又显示女士的地位和财富，但是首饰不宜佩戴过多。在公务谈判场合，最好不戴长长的晃动型耳饰；胸针和项链二者选戴其一为宜；在一只手上不要手链、戒指齐备；只戴戒指时，一只手上只宜佩戴一枚。手袋或手提包是女士的实用装饰品，原则上它们应与服装配套，而且在质量和样式上，与本人的气质相吻合。女士的手袋里不宜放过多的东西，但是应该有纸巾（或手绢）、名片盒、钢笔、小记事本及小化妆盒等常用物品。

5. 女士服饰仪表自照

女士仪表有如下七大自照要求（图 7-2）。

1）领口干净，衬衣领口别太复杂、花哨。

2）服饰端庄，不要太薄、太透、太露、太短。

3）可佩戴精致的小饰品或公司标志。

4）勤修指甲，指甲油不要太浓艳。

5）衣裤裙表面不要有明显的内衣切割痕迹。

6）丝袜刮破不能再穿，包里随身备一双丝袜。

7）鞋洁净，款式大方，中跟为好，不宜太高太尖。

图 7-2 女士仪表

6. 相关注意事项

女士参加连续谈判，原则上应该每天换一套衣服，热天最好是半天更换一套衣服，并更换相应的首饰、手袋、鞋子等，可以通过衣服的不同搭配，使参加谈判期间，女士的着装在一个星期内不重复。

二、男士的服饰与仪表

1. 服装的款式

参加谈判的男士一般穿西装或中山装（图 7-3），在不是十分隆重的场合，热天亦可以穿衬衫配颜色协调的长裤。穿衬衫时，若打领带，一定要系好领扣。短袖衬衫可以放在长裤的外面，不打领带，长袖衬衫则应该将衣服下摆放在长裤之内。

2. 服装的质量及相关要求

正式谈判场合，男士应穿颜色较深且衣裤同色的西装，其质量以纯色或毛麻混纺为宜，高质量的毛涤西装也很好，切忌穿闪闪发亮的人造纤维。在较隆重的场合，西装必须系扣，如果是两个扣的单排扣西装，一般只系上面的一个扣子。

（a）西装　　（b）中山装

图 7-3　男士服装款式

男士的衣着一定要十分重视“整洁”，其中包括：衬衫每天更换，如果是纯棉衬衫，应当熨烫平整；领带清洁、无皱褶，每天换一条，并且相隔两日的领带以色度差较大为宜；西装必须清洁、平整，衣袋不“鼓鼓”的，西装裤子裤线必须笔直；不是翻裤脚式样的裤子，不许向上卷裤脚；穿黑色皮鞋且擦拭干净；袜子要清洁且与皮鞋同色；手帕洗净叠平，等等。在公务谈判时，无论多热的天气也应该穿长裤和中长筒袜子（以免抬脚时露出腿毛），不应穿西式短裤，更不要穿其他形式的短裤。

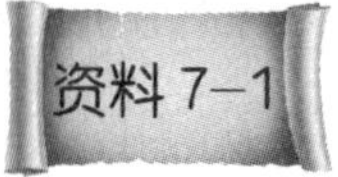

谈判着装有讲究

国内一家效益很好的大型企业的总经理叶先生，经过多方努力和上级有关部门的牵线搭桥终于使德国一家著名的家电企业董事长同意与自己的企业合作。谈判时为了给对方留下精明强干、时尚新潮的好印象，叶总经理上身穿了一件红色 T 恤衫，下身穿一条深蓝色牛仔裤，脚蹬一双红蓝白三色相间的旅游鞋。当他精神抖擞、兴高采烈地带着秘书出现在对方面前时，对方瞪着不解的眼睛，看着他上下打量了老半天……最终，这次合作没能成功。

3. 男士服饰仪表自照

男士服饰仪表有如下七大自照要求（图 7-4）。

1）正确使用领带、领带夹、领链。

2）衬衣领口整洁，袖口纽扣要扣好。

3）衬衣袖口应长出外套 1～2 厘米。

4）衣裤袋口整理服帖。

5）勤修指甲，保持手部清洁。

6）裤子平整干净，裤长及鞋面，拉好裤前拉链。

7）鞋底面保持清洁，鞋不能有破损，鞋面要擦亮。

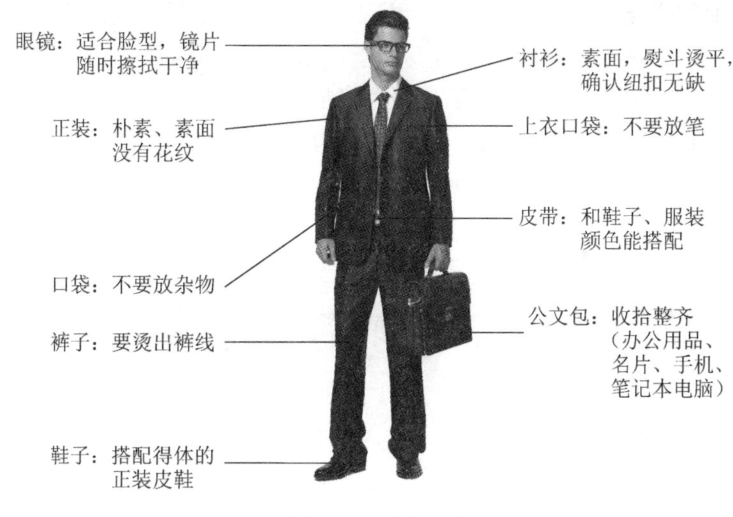

图 7-4　男士仪表

三、谈判者的仪态

参加谈判的人员，要分析对方人员的特点、可能提出的条件和问题，做好充分的准备，既可防止“措手不及”而陷于被动，又利于形成良好的谈判气氛。从某种程度上说，谈判者就恰似一个演员，在进入谈判会场前就应该进入“角色”，通过自己的言、行、动作而使“戏”演得生动、有实效。

1. 谈判人员的目光

人们都知道，“眼睛是心灵的窗口”，谈判人员的任何心理变化、感情变化都会从眼睛上表露出来。谈判人员，尤其是首席谈判人员，如果能很好地控制自己，就应该始终凝视对方首席谈判员的脸部三角区（也称公务注视区，如图 7-5 所示，双眼为底线，上顶点在前额正中），这时，给人以“严肃而有诚意”的感觉；如果不能很好地控制自己，那么应该戴上一副稍有颜色的眼镜，但不宜在室内戴深色墨镜。在谈判艺术中，这种“凝视行为”是经常运用的。

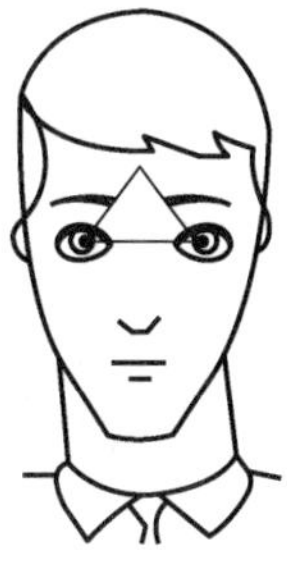

图 7-5　脸部三角区

2. 谈判人员的手势和动作

1）谈判人员的手势。手势会不自觉地反映出一个人的心态。如果你早早伸出手去，疾步上前而且掌心向上与对方握手，对方会得到“他有求于我”“我可以支配这个人”的感觉；相反，如果你掌心向下与对方握手，人家会联想到“他想支配我”“谨慎为好”；如果见面漫不经心地伸出手去，与对方轻轻一碰手，或者是右手握手的同时，左手搭在对方肩膀上，这都会给人一种傲慢的感觉，很容易引起反感。

在谈判过程中同样要注意手的动作，不要没事乱比画、摆弄车钥匙或钢笔等小物品，更不要在谈话过程中手势过多，必要的手势有助于谈话，而过多的手势则会令人不快。

2）谈判人员脚的动作。在平常状态，谈判者应自然地坐在椅子上，腿和脚都是静止的（不要哆嗦），如果非要架起一条腿，脚尖一定要向着地面。但在心情紧张时，有的人总会不自觉地将脚尖抬高，所以在谈判过程中，自己紧张时，最好双脚落地，同时观察对方的脚尖，从而判断其心理状态。

第二节　谈判礼仪

一、谈判前的准备工作

谈判桌上风云变幻，谈判者要在复杂的局势中左右谈判的发展，则必须做好充分的准备。只有做好了充分的准备，才能在谈判中随机应变，灵活处理，从而避免谈判中利益冲突的激化。由于商务谈判涉及面广，因而要准备的工作也很多，一般包括谈判者自身的分析和谈判对手的分析、谈判班子的组成、精心拟定谈判目标与策略，必要时还要进行事先模拟谈判等。具体的谈判准备工作，一般应分为以下八个方面。

1. 明确谈判的目的

谈判前一定要明确谈判的目的，预定达到目标值的上限与下限，预定可以妥协商议的条款和必须坚持的内容。

2. 准备谈判的论据

事先准备好谈判的论据，收集齐必备的资料，包括有关谈判内容的法律条文及行业法规，有关事件的背景材料，等等。

3. 明确谈判分工

谈判前要事先明确参加谈判人员的分工，如首席谈判人员、记录、专业对口谈判人员或翻译，每人都要相应地做好各自的准备。

4. 准备协议（或合同）草案

事先准备好一份协议（或合同）草案，谈判过程中如果需要，可以提出来。这样可以使容易取得一致的枝节性条款尽快统一，从而尽快讨论核心的实质性问题。

5. 了解对方的谈判目的

尽可能了解对方的谈判目的、要求，预先研究哪些是我方可以让步的，哪些必须做对等让步，哪些是必须对方让步的。对于必须对方让步的条款，要准备充分的论据，研究采取什么样的方式才能让对方让步从而达到谈判的目的。

6. 了解对方谈判人员

尽可能了解对方谈判人员的情况，尤其是对方首席谈判人员的性格、知识水平、个人修养情况以及兴趣、爱好等，以便在谈判过程中采取相应的态度和谈话方式，在出现困难和僵局时，容易采取措施挽回局面，达到谈判的目的。

7. 相关服务准备

如果谈判需要的时间较长，而且自己又处于“东道主”的位置，则应考虑日程安排及必要的参观、游览活动，并且尽早、有策略地通知对方，使安排的活动对促进谈判的成功有积极作用。

8. 服饰仪表准备

参加谈判的人员还应在服装、衣饰、首饰、发型等方面做相应的准备。

二、谈判工作礼仪

1. 遵守约定时间

参加谈判工作的人员，首先必须遵守时间，绝对不能迟到，也不宜到得过早，一般提早5～10分钟到达会场比较合适。

2. 注意见面礼仪

谈判双方见面时，应该以诚恳友好的态度，主动向前打招呼、握手，但对于女士，她们先伸出手，对方男士才“敢”与你握手。但是在个别场合，尤其在国际谈判中，如果对方很傲慢，甚至无礼，则可用“以其人之道，还治其人之身”的办法对付，从气质上挫伤对方的锐气，使对方认识到如果不平等待人，则无法进行谈判，那将是双方的失败。

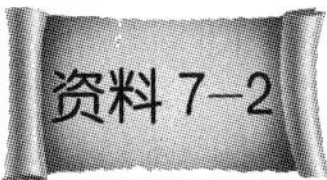

以其人之道，还治其人之身

在日内瓦会议期间，一位西方记者先是主动和周恩来握手，周总理出于礼节没有拒绝，但没想到这位记者刚握完手，忽然大声说：“我怎么能跟中国的好战者握手呢？真不该！真

不该!”然后拿出手帕不停地擦自己刚和周恩来握过的那只手，擦过之后把手帕塞进裤兜里。这时很多人在围观，看周总理如何处理。周恩来略略皱了一下眉头，他从自己的口袋里也拿出手帕，随意地在手上扫了几下，然后走到拐角处，把这个手帕扔进了痰盂。他说：“这个手帕再也洗不干净了!”

双方见面后，正式会谈前照例是寒暄几句，这时可使用一些双方都感兴趣，且与会谈正题无关的中性话题，一方面消除见面时的尴尬局面，另一方面为谈判创造和谐的气氛。常用的中性话题包括：①对方一路旅途的经历；②近期的体育新闻或文娱节目；③个人的爱好，如是否喜欢音乐、戏剧或诗歌，对周末垂钓是否感兴趣等；④回顾以前的合作经历，等等。

3. 谈判过程中的礼仪

在谈判过程中，最重要的是语言。言如其声，文如其人。俗语说“语言是心灵的一面镜子”。一个人说的话怎样，可以直接反映出他的修养和气度。说话要有轻重缓急，顺序要合理，条理要清楚；说话要平稳轻柔，速度适中，吐字清晰；音量不可过大，但必须让对方能够听得清楚；声音清晰自然，语调稍有抑扬顿挫，切忌全篇发言一种音调一个速度。另外，要善于聆听对方的谈话，不要打断对方的发言，如确需中间插话，要说一句“对不起，我打断一下”之类的话；若有不同意见，应该及时记下来，待对方发言完毕后再提出自己的看法。谈话过程中，需要辅以必要的手势和小幅度的形体动作，如点点头、耸耸肩，但是手势过多、动作幅度过大或动作过于频繁，会给人以“故意造作”之感。谈话过程中，尤其是当双方意见不一致出现争议时，切忌伸出一个手指，指向对方面部，这种动作表示“不友好”“不礼貌”，甚至有“挑衅”的意思。

敏锐的思维，幽默的回答

1971 年，基辛格博士为恢复中美外交关系秘密访华。在一次正式谈判尚未开始之前，基辛格突然向周恩来总理提出一个要求：“尊敬的总理阁下，贵国马王堆一号汉墓的发掘成果震惊世界，那具女尸确是世界上少有的珍宝啊！本人受我国科学界知名人士的委托，想用一种地球上没有的物质来换取一些女尸周围的木炭，不知贵国愿意否？”

周恩来总理听后，随口问道：“国务卿阁下，不知贵国政府将用什么来交换？”基辛格说：“月土，就是我国宇宙飞船从月球上带回的泥土，这应算是地球上没有的东西吧!”

周总理哈哈一笑：“我道是什么呢，原来是我们祖宗脚下的东西。”基辛格一惊，疑惑地问道：“怎么？你们早有人上了月球，什么时候？为什么不公布？”

周恩来总理笑了笑，用手指着茶几上的一尊嫦娥奔月的牙雕，认真地对基辛格说：“我们怎么没公布？早在 5000 多年前，我们就有一位嫦娥飞上了月亮，在月亮上建起了广寒宫

住下了，不信，我们还要派人去看她呢！怎么，这些我国妇孺皆知的事情，你这个中国通还不知道？”周恩来总理机智而幽默的回答，让博学多识的基辛格博士笑了。

三、谈判座次

谈判人员的座位是比较讲究的，在较为隆重的谈判场合，一般使用长方形的桌子，事先排好座次。谈判座次通常是宾主相对，各坐一边，以正门为准，如果谈判桌一侧向着正门，主方背门而坐，客方则面对正门，如图 7-6 所示。如果谈判桌一端向着正门，则以入门的方向为准，右方为客方，左方为主方，如图 7-7 所示。首席谈判人员坐在谈判桌前居中的位置，如果带翻译，翻译应坐在主谈人的右侧或后面，其他谈判人员按职务高低和礼宾次序分别坐在主谈人的左右两侧，座位不够时可在后排加座。有的谈判场合稍随意些，不设专门的谈判桌，谈判安排在四周布置有沙发的房间内进行，这时，东道主一方人员应坐在半边，客方坐在另半边，客方坐在主方的右侧，同样是首席谈判官坐在首席位置，紧紧相邻，如图 7-8 所示。为了明确起见，可以在每个座位前的桌面上（或沙发侧面茶几上）摆放姓名标志牌。

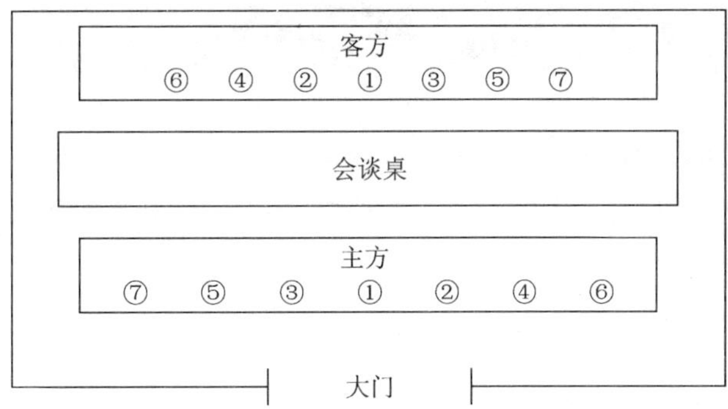

图 7-6　横桌式谈判人员座次安排

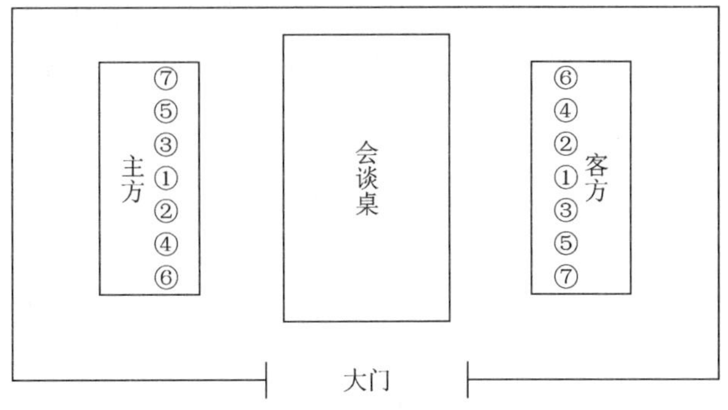

图 7-7　竖桌式谈判人员座次安排

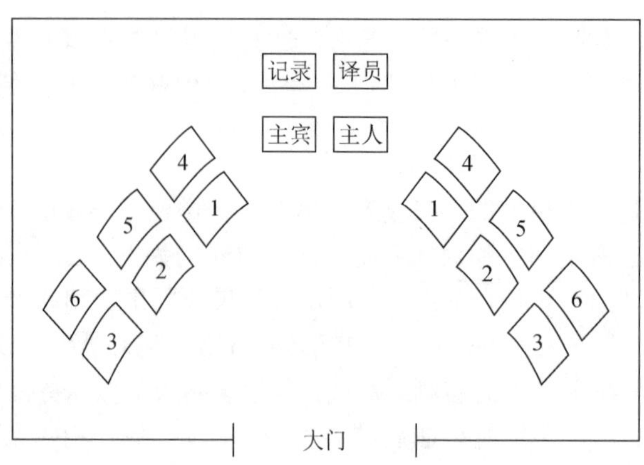

图 7-8 无桌式谈判人员座次安排

第三节 涉外谈判礼仪

改革开放以来，我国对外交往日益增多，涉外谈判已不再是某些国家机关和个别大型企业的“特殊活动”，它已发展成为较为普遍的谈判方式。涉外谈判除要遵守一般谈判礼仪的原则及规定外，还应注意一些特殊的问题。

一、饭店主要设施及使用规则

涉外谈判往往与饭店有比较紧密的联系，无论是本国代表团赴国外在饭店下榻，还是在国内比较豪华的饭店接待国外的代表团，都必须了解饭店的概况。目前我国合资的饭店及豪华饭店，几乎一切设施及其使用规则都已与国际接轨。因此，凡参加涉外谈判的人员，都应该牢记饭店主要设施的使用规则，以免在接触对方时失礼，为谈判蒙上阴影。

1. 电梯标示牌

我国电梯标示牌，以进门的同一层楼为 1，往上第 2、3 层楼则标示为“2”“3”。

欧洲国家的饭店，把进门的同一层楼称为“底层”，往上第 2 层楼称为 1 层，故电梯标示牌上的“G”为“底层”，即我们平时理解的第一层楼，标示牌上的“1”“2”则为我们平时所说的第 2 层楼、第 3 层楼。

美国饭店对楼层的命名与我国相同，进门的同一层楼为第一层。电梯标示牌上为“1”或“L”，往上第 2、3，等等层标示为“2”“3”。若标示牌上出现“－1”，表示有地下室。若出现“－1”“－2”，则表示有两层地下室，由进门后往下的第一层为“－1”。

2. 饭店大厅所设部门及其职责

1）门卫：负责叫出租车、装卸行李。

2）问讯处：负责解答问题、传送书信、留言等。

3）住宿登记处：负责办理住宿和退房手续、交取和收回客房钥匙、结算住宿费等。

4）总台服务：负责大厅到房间的行车搬运、代房客办事。

5）寄存处：负责临时存放衣帽或行李。

6）值班经理办事处：负责处理在饭店里发生的各种纠纷、意外，个人的意见及要求等。

3. 客房

客房的“长形钥匙牌”（也称房卡）往往是本房间总的电源开关，只有将“牌子”插入相应的插座内时，室内一切电器方可使用。进屋先要仔细看清楚床头柜的电器开关、电视机及空调遥控器等，以便正确使用室内电器。

客房里往往有一个洗衣袋，里面或上面有一张洗衣单据，这表明该店有洗衣业务，你可以将要洗的衣服放入洗衣袋，同时填好洗衣单据，将它们一并放入衣橱里。有的饭店注明免费给房客洗几件衣服，有的洗衣服则需付费。房客须详看并了解清楚，洗衣费与住宿费在离开饭店前同时结算。

卫生间内配有牙具、梳子、剃须刀、浴帽、小香皂、洗发水、沐浴露等一次性用品。

浴室（一般与卫生间是一体）里一般放三条大小不同的毛巾和一条加厚毛巾，最小的用于洗澡、擦身，中等的用于洗脸，最大的用于浴后擦身。浴室里有一块有许多凸起的胶垫，它是防滑垫，应该在洗浴时放在浴盆内。浴盆前面挂的防水帘，是防止洗浴时水溅到外面的，故洗浴时应将防水帘拉严，并把防水帘的底襟放在浴盆的内侧面。

二、饭店礼仪及规矩

1. 关于小费

从饭店门卫迎接客人，帮助客人从汽车上把行李搬入大厅开始，每个客人遇到进入饭店的第一件事情就是给小费。原则上，饭店里的任何服务人员为客人做的任何一件事，都要付一定数量的小费。小费的数额，无论任何国家、任何地区都没有统一的规定，给得过少，往往得到服务人员的“白眼”，认为你太小气；给得过多，一方面是自身财力的限制，另一方面给同行的人或接待你的对方人员以“摆阔气”，甚至“没有经济头脑”的印象，同样也是不利的。那么，给多少为合适呢？这就需要通过各种渠道先做了解，比如向有关咨询机构了解，也可向翻译或去过某个国家的人员了解。

给小费的方法基本只有一种。当服务人员为你做某件事情后，很自然地当面给他，可以是在服务人员替你交款后的零钱中给他一部分或全部，也可以另外拿出钱来说明“这是你的小费”。无论给不给小费，当服务人员为你做某件事情后，都要客气地说声“谢谢”。

当在公共场合，又不知道该不该给小费时，不要急于给小费，这里要观察别人如何做，有时小费已经包括在“收费项目”中了。例如，有的饭店或餐厅，在顾客的账单上有一项“服务费”，这时就不要再给小费了。有的饭店休息厅或餐厅有音乐家演奏，要不是你单独点曲目请他们演奏，则不必付小费。

2. 衣着礼仪

饭店既是个人休息的地方，又是公共场合，因此，在衣着鞋帽方面不可过于随便。目前，公认的规则是背心和内衣短裤只能自己单独在房间里时穿，当有客人或服务人员进来时，起码要穿上长裤、西装短裤（或运动短裤）之类的衣服；女士则上衣、裤子或裙子都要穿戴整齐。在自己的客房接待朋友，无论男士女士，穿睡衣都是可以的，尤其是对待住在同一饭店的来访者或“不速之客”，穿睡衣待客都不为失礼。睡衣只能在房间里穿，不可穿睡衣在走廊里走动，更不可穿睡衣到饭店大厅或餐厅等处，如果来不及更衣送客或嫌更衣麻烦，可以在睡衣外面罩一件长外衣。

拖鞋仅仅在客房及走廊里穿，不可以穿着拖鞋到处走动，当然，浴帽仅仅在浴室里淋浴时才有用，其他时间若戴个浴帽，哪怕是只在客房里，也是个“出洋相”的举动。

3. 礼貌用语及尊重他人

在饭店的走廊里或电梯间里，早上与其他人见面都要点头示意并问候一声“早上好”，声音不要太大，只要对方听见即可。

平时在房间、走廊及大厅、餐厅等处，都不要大声喧哗，尤其在公共场合，更要注意，不可以大声嚷嚷或开怀大笑。夜晚，在房间里说话、听音乐、看电视及洗浴时都要注意不要响声过大，以免影响他人休息。如果只顾自己，不考虑别人，是“缺乏教养”的表现。

4. 电话的应用

电话除了用作通信联络工具以外，如果客人需要早起床，可以用电话通知总机，告诉他们房间号、姓名及具体时间，到时候总机会通过电话叫你起床。当然现在都有自己的手机，用手机叫起将更加自主、方便。

在个别饭店里，有时会遇到“骚扰”电话，尤其在深夜，遇到不认识的人打来的电话时，不要与对方交谈，很快挂上电话就可以了，如果“骚扰电话”过于频繁，则应根据情况采取措施，并及时通知饭店，等等。

三、对参加涉外谈判人员的要求

参加涉外谈判的人员，不仅仅向对方展示个人形象、企业形象，而且在某种程度上影响到国家的形象，所以参加涉外谈判的人员，不但要求政治素质高、业务能力强，而且要有良好的个人修养，言行举止要符合国际交往礼仪。对参加涉外谈判人员的要求，概括起来主要有以下五个方面。

1. 有强烈的爱国心和作为中国人的自豪感

参加涉外谈判的人员，一定要时刻牢记国家的利益、人民的重托，千方百计地为自己国家人民的利益出谋划策，而不被外商给自己的蝇头小利所收买，做出损国害民的勾当；只有具有强烈的爱国心，才能在任何场合下不卑不亢，据理力争，而不是对某些国家的人低三下四，而对另外国家的人又趾高气扬；只有这样的人，才能刚柔并济，在对方蛮不讲理时能够拍案而起，或在对方有求于我时仍能谦恭平等相待。

2. 有肯学和善学的良好学风

作为谈判人员，不可能什么都懂，什么都会，尽管在涉外谈判之前做了种种准备，但仍会有不少突发性问题发生，这就需要谈判人员要有肯学和善学的良好学风，能利用各种机会，采用各种手段，虚心向一切可以学习的人士学习，然后互相切磋，以获得圆满的结果。

3. 有良好的外文功底

在谈判组中，除专职翻译外，其他人员最好也要有良好的外文功底。一方面在谈判中可以直接听懂对方的发言，及早做回答的准备；另一方面可以判断专职译员翻译的准确程度。同时，对于用双方文字起草的签字文本能起到校对的作用。

对于专职译员，则要求懂得谈判涉及的专业基本知识，对专业术语翻译准确无误，对于关键的技术问题表达清楚确切，不能存在任何含糊、模棱两可的语言。

4. 熟悉我国及国际有关法律知识

任何谈判除了需要遵守国际上的规定和习惯外，还要考虑各方所在国的法律规定和习惯，依法办事。一个谈判工作组的人员不可能面面俱到，那么不妨请熟悉国际商贸法律的律师参加谈判前的准备工作，向谈判组人员介绍有关法律知识，甚至请律师亲自参加谈判。

5. 有良好的仪容和礼仪修养

谈判人员应该衣着得体、端庄大方，态度真诚、彬彬有礼，语言流畅、用词确切。要做到这些，首先要在气质上就给对方以“必须重视”的第一印象，这是良好谈判的开始。

四、涉外谈判要注意的特殊问题

1）了解对方国家的风俗习惯，不要做出该国禁忌的动作或说出禁忌的语言，甚至赠送一些禁忌的鲜花等。

2）在交往的一切场合都要注意仪态，尤其在酒会或宴会上，要尊重对方的习俗，不可勉强劝酒，更不要因饮酒过量而失态。

3）在非谈判场合，不要议论谈判中的事情，如果有必要涉及谈判的话题，只能原则性地简单说明几句，绝对不可在谈判桌外让步，使对方在吃、喝、玩、乐中达到在谈判桌上达

不到的目的。

4）在文艺活动场所，尤其在舞会、卡拉 OK 演唱会等场合，要自然大方，不要忸忸怩怩，即使自己舞技或唱歌技巧不高，也要稍做简短说明后，应对方邀请共舞或歌唱，这样一方面不失礼，同时又活跃了气氛，有利于缩短双方的距离。

5）遵守外事纪律，严守国家机密。在谈判过程及平时的接触中，要时刻牢记哪些话该说，哪些话不该说，不要因向对方显示自己“地位重要”“消息灵通”而过多谈论国内政治、经济、文化甚至军事方面的事情，以防“说者无心，听者有意”，对方从这些随意的透露中获取有关情报。

第四节　签字仪式礼仪

一、参加签字仪式的人员

双方谈判达成协议之后，一般就某些重大问题举行签字仪式。参加签字仪式的人员，主要是双方参加会谈的全体人员，但有时为了体现对所签订协议的重视，往往邀请更高层次的领导人参加签字仪式。签字人的选定，一般是根据协议的性质和重要性，由谈判双方确定，但应相互通报，以求得双方签字人的身份大体相当。参加签字仪式的人数，一般是双方相等。在举行签字仪式之前，双方商定助签人员，并安排双方助签人员洽谈有关细节。

二、签字仪式的准备工作

签字仪式的准备工作如下。

1）文本准备。包括文本的定稿、翻译、校对、印刷、装订等。

2）会场准备。包括会场布置、准备签字所用的文具、国旗等物品。

三、签字仪式礼仪

各国安排的签字仪式不尽相同。我国举行的签字仪式，一般在签字厅内设置一张长方形桌子作为签字桌，桌面上覆盖深绿色台呢，桌后放两把椅子为双方签字人员的座位，主方在左，客方在右。桌上摆放着今后各自保存的文本以及签字用的文具，签字桌中间摆有一座旗架，上面悬挂双方的国旗。其布置如图 7-9 所示。

双方人员进入签字厅，签字人员入座时，其他人员分主、客各一方按身份顺序排列于各自的签字人员之后。双方助签人员分别站立在各自签字人员的外侧，协助翻文本，指明签字处。在本国保存的文本上签字之后，由助签人员互相交换文本，再在对方保存的文本上签字，然后由双方签字人交换文本，互相握手。有时签字后备有香槟，共同举杯庆贺。

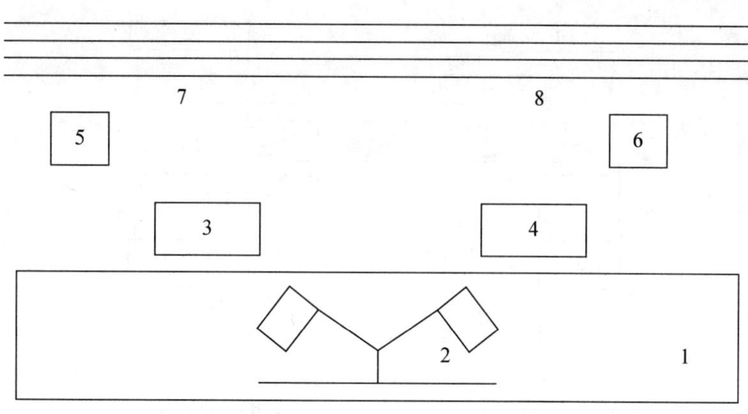

图 7-9　签字仪式宾主位置安排（形式一）

1—签字桌；2—双方国旗；3—客方签字人；4—东道国签字人；5—客方助签人；
6—东道国助签人；7—客方参加签字仪式的人员；8—东道国参加签字仪式的人员

在有些国家，签字仪式上设置两张签字桌，签字双方各坐一桌，双方的国旗分别悬挂在各自签字桌的旗架上，参加签字的人员坐在签字桌的对面，如图 7-10 所示。

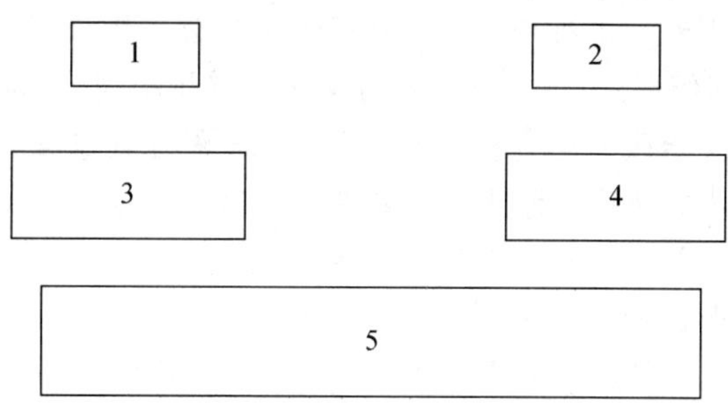

图 7-10　签字仪式宾主位置安排（形式二）

1—客方签字人席位；2—东道国签字人席位；3—客方国旗；4—东道国国旗；5—参加签字仪式人员的席位

也有些国家虽安排一张长桌为签字桌，但双方参加仪式的人员坐在签字桌前的两旁，双方国旗悬挂在签字桌的后面，如图 7-11 所示。

如有三四个国家缔结条约，其签字仪式大体如上所述，只是相应增添签字人员座位、签字用具和国旗等物。至于签订多边公约，通常仅设一个座位，一般由公约保存国代表签字，然后由各国代表依一定次序轮流在公约上签字。

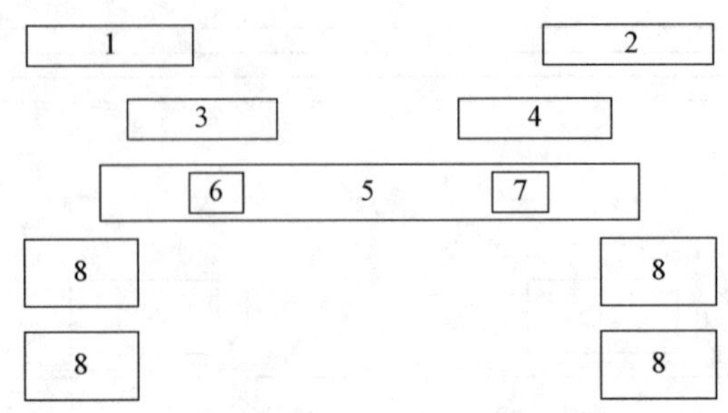

图 7-11　签字仪式宾主位置安排（形式三）

1—客方证签人；2—东道国证签人；3—客方签字人员席位；4—东道国签字人员席位；
5—签字桌；6—客方国旗；7—东道国国旗；8—其他参加活动人员席位

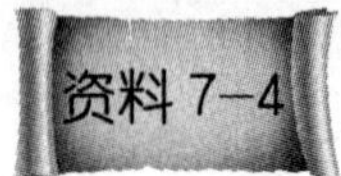

一时疏忽，错失商机

张先生是位市场营销专业本科毕业生，就职于某大公司销售部，工作积极努力，成绩显著，三年后升职任销售部经理。一次，公司要与美国某跨国公司就开发新产品问题进行谈判，公司将接待安排的重任交给张先生负责，张先生为此也做了大量细致的准备工作，经过几轮艰苦的谈判，双方终于达成协议。可就在正式签约的时候，客方代表团一进入签字厅就转身拂袖而去，是什么原因呢？原来在布置签字厅时，张先生错将美国国旗放在签字桌的左侧。项目告吹，张先生也因此被调离岗位。

分析：中国传统的礼宾位次是以左为上，以右为下，而国际惯例的座次位序则是以右为上，以左为下；在涉外谈判时，应按国际通行的惯例来做，否则，哪怕是一个细节的疏忽，也可能会导致功亏一篑、前功尽弃。

课堂实训

1. 实训题目

商务谈判礼仪实训练习。

2. 实训目标

通过实训，使学生掌握商务谈判的技巧和礼仪，了解谈判时应注意的问题。

3. 实训描述

1）了解双方情况，设定谈判目标。方先生是A机械设备生产公司的销售部经理，他了解到有一家B公司要购买一批机械设备，正好自己公司生产的设备基本符合B公司的要求，他想为自己的公司争取到这笔业务，于是想约请B公司的设备采购部刘经理进行谈判。

2）预测问题，寻找方法。事先应该认真思考：①如何与B公司刘经理进行谈判？②在谈判过程中应注意哪些问题？

4. 实训步骤

1）指导教师简要介绍本次实训的内容和模拟实训情景。

2）指导教师示范讲解交谈的礼仪及需要注意的问题。

3）根据模拟活动情景分组。把全班同学按每四人一组分成若干组。

4）确定模拟活动情景角色。①A公司方经理；②B公司刘经理；③A公司方经理的助手小张；④B公司刘经理的助手小郑。

5）全组讨论谈判时的正确礼仪及应该注意的问题。

6）模拟谈判训练。①抽签排序，一组一组地进行；②一组模拟时，其他组观摩并指出谈判中存在的问题。

7）教师考核。

8）师生点评。

5. 知识点拨

（1）谈判接近的技巧

1）见面时应注意的礼仪。

2）谈判开始时用适当的话题来做铺垫。

（2）谈判礼仪

1）选择适宜的话题，巧妙切入主题：①直接进入主题；②既定的话题；③轻松的话题；④擅长的话题；⑤寻找对方感兴趣的话题。

2）交谈的技巧：①记住对方的名字并学会称呼；②使用机智幽默的语言；③多用礼貌用语；④不要吝啬恭维话；⑤善于倾听。

3）忌讳的话题：①不涉及个人隐私；②不触及对方短处；③不涉及胡乱猜测和诽谤他人的话题；④不谈令人反感的话题。

4）交谈的禁忌：①忌独白；②忌插嘴；③忌抬杠；④忌牢骚；⑤忌虚伪；⑥忌否定。

思考题

1．什么是公务谈判？
2．女士参加公务谈判选什么样的服装款式最为合适？
3．男士参加公务谈判选什么样的服装款式最为合适？
4．谈判者在目光、手势和动作方面应注意哪些礼仪？
5．谈判前应做好哪些准备工作？
6．谈判时主、客方的座位应如何安排？
7．饭店大厅应设置哪些部门？各部门的职责是什么？
8．参加涉外谈判的人员应该具备哪些素质要求？
9．涉外谈判时应注意哪些特殊问题？
10．举行签字仪式时宾、主双方的位置应如何安排？

第八章　会议礼仪

本章导读

会议是人们有组织地会晤、议事的行为或过程，它既有礼仪性，又具实质性。会议作为人们从事各项工作的一种重要手段和方法，其应用范围十分广泛。每天所举行的会议不计其数，有政治的、经济的、贸易的、文化交往的以及其他各个领域的，在不同层次、不同方面的人员中进行，工作中的许多问题都要通过有关人员之间的会议加以解决，因此掌握会议礼仪是非常重要的。本章介绍会议礼仪。

1. 了解会议的组织程序。
2. 掌握会议礼仪。
3. 了解新闻发布会的程序和相关礼仪。
4. 了解学术研讨会的程序和相关礼仪。
5. 了解产品展览会的程序和相关礼仪。

关键词

组织程序（organizational procedures）
会议礼仪（meeting etiquette）
庆典活动（celebrations）

会议是人们为了解决某个共同的问题或出于不同的目的，围绕一个共同的主题，聚集在一起进行讨论、信息交流或商讨的活动。人们参加会议也是一种经常性的社交活动。会议的目的各种各样，要解决的问题范围可以小至家庭内部问题，大到国际性问题，因此，会议的

类型很多，不同类型的会议礼仪差异也很大。会议礼仪，是会议前、会议中、会议后及参会人应注意的事项，懂得会议礼仪对会议精神的执行有较大的促进作用。

第一节　会议的组织及要求

人类社会的会议复杂多样，种类繁多，从不同角度来看，同一个会议可以分为不同的种类。每类会议都有各自的特点和办会要求，了解和掌握会议的类型，目的在于更好地认识和组织会议，在更大的程度上发挥会议的作用。

一、会议的分类

1. 按会议性质分类

根据不同的性质，会议可分为如下类型。

1）法定性或制度规定性会议。如党代会、人代会、职代会、妇代会、股东大会等。

2）决策性会议。如常委会、党组会、理事会、行政会、董事会等。

3）工作性会议。如动员大会、工作布置会、经验交流会、现场办公会、总结会、联席会、座谈会、协调会、务虚会等。

4）专业性会议。如研讨会、论坛、听证会、答辩会、专题会、鉴定会等。

5）告知性会议。如表彰会、纪念会、庆祝会、庆功会、命名会等。

6）商务性会议。如招商会、订货会、贸易洽谈会、观摩会、广告推介会、促销会等。

7）联谊性会议。如接见、会见、茶话会、团拜会、恳谈会、宴会等。

8）信息性会议。如新闻发布会、记者招待会、报告会、咨询会等。

2. 按会议区域分类

按会议区域分是指按会议代表来自的范围划分，可分为世界大型会议、国际会议、全国会议、区域会议、单位会议、部门会议等。

3. 按会议规模分类

按会议规模分是指按照参加会议的人数来分，一般可分为大型会议、中型会议、小型会议。当然大型会议、中型会议、小型会议的实际人数会根据不同的情况有所变化，如对于有些小单位，10 人以上就算是大型会议了，而对于有些单位可能会举办上万人的大集会。

4. 按会议周期分类

按会议的周期划分可分为定期会议和不定期会议。定期会议是指有固定周期，定时召开的会议；不定期会议则是随时根据需要而召开的会议。

5. 按会议阶段分类

按会议的阶段划分可分为预备会议和正式会议。预备会议也可称为筹备会议，是指正式会议之前，为保证会议的顺利进行而召开的准备会议，主要商议正式会议的有关事宜。

6. 按会议手段分类

按会议的手段划分可分为常规会议、电话会议、电视会议、网络会议等。

1）常规会议。常规会议一般是指参会人员坐在同一个会场中，按照既定程序开会。

2）电话会议。电话会议是指通过电话线路，将一个会场的声音信号传送到其他会议，让多个会场的人同时听会，这样大大节约了时间和成本。

3）电视会议。电视会议是指通过电视台或有线电视信号将会场的声音和画面传到不同的会场中，让异地会场的人有身临其境之感。

4）网络会议。网络会议是利用网络技术进行会议信号的传递，由于网络具有交互性，会议的各方均可以通过网络进行发言、讨论，比电话会议、电视会议的单向沟通方式效果更好。

二、会议材料

1. 会前需准备的会议材料种类

会前需准备的会议材料一般包括以下几种。

1）会议的指导文件。如上级下发的政策性和工作部署性文件、上级指示文书、本次开会起因文书等。

2）会议的主题文件。如领导人讲话稿、代表发言材料、经验介绍材料等。

3）会议程序文件。包括议程文书、日程安排、选举程序、表决程序等。

4）会议参考文件。如统计报表、技术资料、与会代表来信和各类来访等的书面材料。

5）会议管理文件。包括会议通知、开会须知、议事规则、证件、保密制度、作息时间、生活管理等。

“五四”表彰大会程序

（会议由学院团委副书记张涛主持）

第一项，开会（全体起立，奏国歌）；
第二项，团委领导（学院团委李建强书记）宣读表彰决定；
第三项，颁奖（主席台上的领导为获奖者颁奖）；

第四项，先进团支部代表（电子1403班团支书张会琴同学）发言；

第五项，获奖优秀团员代表（网络1501班马建明同学）发言；

第六项，宣读倡议书（建筑1405班刘丽莎同学）；

第七项，学校领导（学院党委书记陈光同志）讲话；

第八项，闭会（获奖者全体留下与领导一起合影留念）。

2. 讲话稿的写法和注意事项

就讲话稿的形式而言应分为标题、正文、结尾三部分。在撰写讲话稿时，就具体内容而言应注意如下几个方面。

1）首先要强调会议的重要性。

2）对过去的工作做出客观性的评价。

3）点出当前值得注意的问题。

4）指明今后工作的方向和目标。

5）评价会议中心议题。

6）提出原则性的意见，向大会提出希望。

三、会场布置及座次安排

1. 会场布置的原则

（1）会场安排与大会主题内容相协调

不同性质的会议其会场有不同的布置原则，如党代会要朴素大方，人代会要庄严隆重，庆祝会要喜庆热烈，座谈会要和谐融洽，工作会要简单务实，纪念会要隆重典雅，展览会要新颖别致，追悼会要庄严肃穆。

（2）会场安排满足会议的需要

会场布置应与会议所需功能相符合，要配合会议的目的、性质、参加人数、会场大小、形状等因素而设定，并至少在会议开始前几个小时布置。按照会议的规模可分别使用大小不同的会议室。

1）小型会议室。适合安排日常办公会、班会等几人或一二十人的会议，桌椅摆法是椭圆形、圆形、回字形、长方形、T字形或U字形，如图8-1所示，特点是紧凑，消除拘束感，形成民主团结的气氛。

2）中型会议室。适合安排数十人或数百人的会议（如一般单位的职代会），桌椅摆法是而字形、半圆形或课堂形，如图8-2所示，特点是正规，有一个绝对中心，突出主持人和发言人，形成严肃庄重的气氛。

3）大型茶话会、团拜会的会场布置呈星点式或众星拱月式（图8-3）为好，特点是比较稳定，形成轻松和缓的气氛。

4）大型会议一般在礼堂召开，形式是固定的。

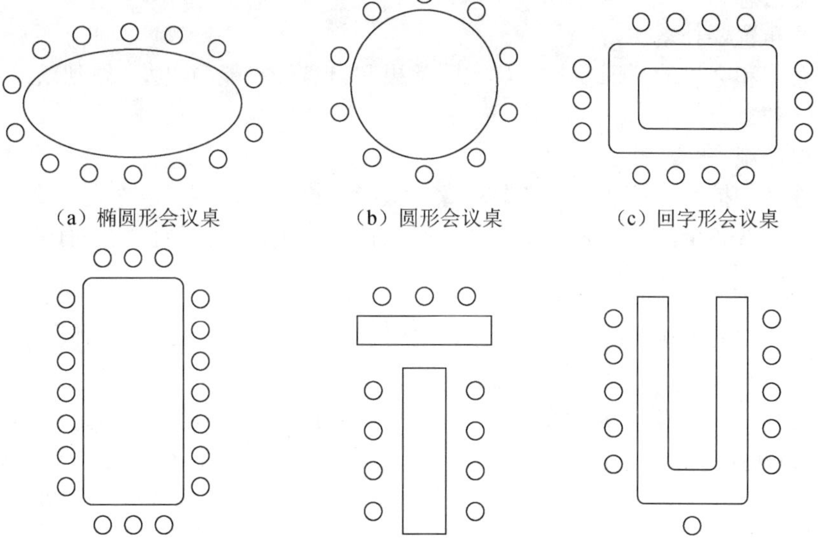

（a）椭圆形会议桌　（b）圆形会议桌　（c）回字形会议桌

（d）长方形会议桌　（e）T字形会议桌　（f）U字形会议桌

图 8-1　小型会议桌摆法

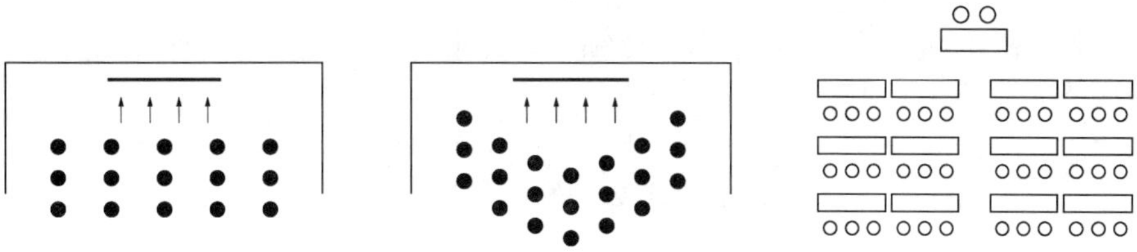

（a）而字形摆法　（b）半圆形摆法　（c）课堂形摆法

图 8-2　中型会议桌摆法

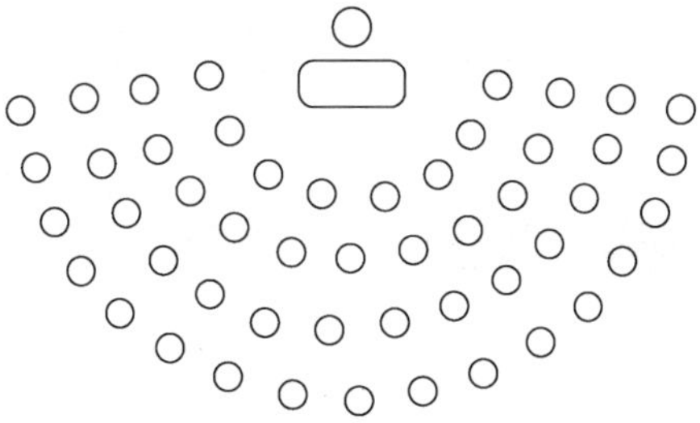

图 8-3　众星拱月式会场布置法

（3）会场布置整体搭配要协调、美观大方

会场颜色（如墙壁、桌椅、会标、幕布等颜色）要协调，会场要素（如会标、旗子、影音设备体积等）大小要协调，会场的光线、装饰风格等要协调，这一切都要让参会人员有一种舒适感和轻松感。

（4）会场布置要朴素

会场的布置和会议的开销要从会议实际效果和自身经济能力出发，做到以最小的成本创造最大的经济效益。

（5）会议设施齐全，性能可靠

会议设施（如扩音、录音、放音、录像、摄影、投影仪、风扇或空调、文具、茶具等）都必须在会前准备齐全，并事先反复检查，确保性能稳定，保证会议能够有效进行。

2. 主席台上的座次安排

重大会议座次的安排应符合礼仪要求，主席台上领导的座次安排要高低、上下、前后有序，让参会人员有一种恰当感和层次感。

1）主席台必须排座次、放名签，以便各位领导对号入座，避免上台之后互相谦让。

2）主席台座次排列。主席台座次按如下原则排列：①领导为单数时，主要领导居中，2号领导在1号领导左手位置，3号领导在1号领导右手位置，如图8-4（a）所示。②领导为偶数时，第一种摆放桌签的方法是1、2号领导同时居中，左为上，1号领导在左，2号领导在1号领导右手位置，3号领导依然在1号领导左手位置，如图8-4（b）所示。第二种摆放桌签的方法是1、2号领导同时居中，2号领导依然在1号领导左手位置，3号领导依然在1号领导右手位置，如图8-4（c）所示。上述两种方法没有正确不正确之分，只是各个地区习惯不同。因此，在实际情况中，可根据1号领导或当地习惯选择其中一种方法安排主席台上领导的座次。

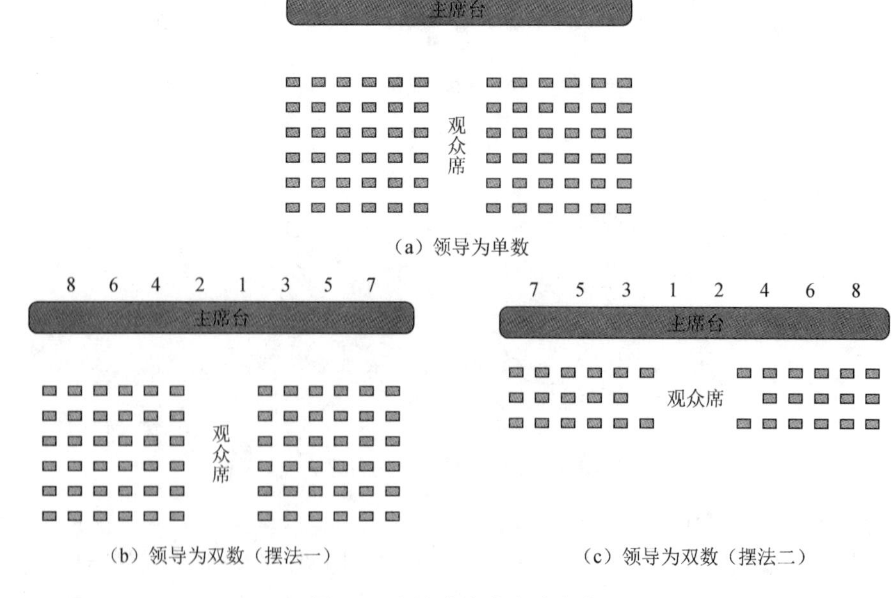

图8-4　主席台上的座次安排

3）几个机关的领导人同时上主席台。①通常按机关排列次序排列。省里的领导座次在前，如某省局二把手座次在某市常务副市长前。但也可灵活掌握，不生搬硬套。②对于一些德高望重的老同志，也可适当往前排，而对于一些较年轻的领导同志，可适当往后排。③对邀请的上级单位或兄弟单位的来宾，也不一定非得按职务高低来排，通常掌握的原则是上级单位或同级单位的来宾，其实际职务略低于主人一方领导的，可安排在主席台适当位置就座。这样，既体现出对客人的尊重，又使主客都感到较为得体。④几套班子的领导同时出席一项活动时，领导的排名顺序是党委书记、党委副书记，人大、政府主要负责人，政协主要负责人，常委（按公布顺序），人大副职，政府副职，政协副职，助理（按公布顺序）。

3．领导人数较多时的座次安排

当需要上主席台的领导人数较多时，主席台可设两排或两排以上席位，前排为主，后排为次。各排席位的座次安排仍按上述原则。另外，应在席前放置姓名牌，以便于按位对号就座。

错排座位遭指责

在一次重要的国际会议上，有十几个国家的领导人在一起聚会。因为组织者的疏忽，在集体摄影中竟将两位女性领导人安排在了后排，结果，就因为在这一重要国际会议的“全家福”排位安排中出了点问题，会后却引起两国对组织方（会议承办国）的舆论指责。

4．领导在观众席听报告、看视频时的座次排列

有时领导需要安排在观众席上听报告、看视频、看文艺节目等，此时领导的座次排列同“2．主席台上的座次安排”2）中①和②中的第一、第二种摆法排列。

第二节 新闻发布会

新闻发布会亦可称为记者招待会。它是指社会组织在发生具有重大影响的事情时，向新闻界公布信息，借助新闻媒体提升该组织或与该组织密切相关的东西的形象。它是政府机关、社会团体向新闻界发布新闻或介绍情况的一种方式。举行新闻发布会必须具备影响较大、新闻机构感兴趣的内容，这样才能邀请到较高规格的与会人员，达到扩大宣传的目的。在确定本单位要举行新闻发布会后，要投入一定的人力、物力和财力做充分的准备。

一、会议的准备工作

组织一个高效率的会务筹备组，选好一个干练、认真的筹备组负责人，是会议成功的先

决条件。会议筹备组织的负责人，应是本单位比较有影响的人物，不但有较强的组织才能，而且有一定的凝聚力；不但自身各方面能力较强，而且能以身作则，关键时候可以带领会务组全体人员突击某项工作，如果允许，筹备组的负责人最好是会议主持人。会议筹备组应下设“秘书”与“会务”两个小组，前者主要负责文字宣传准备工作，后者主要负责除文字宣传以外的所有工作，从会前的准备，会议开始的接待，会议中间的服务，直至会后的送行，等等。会议筹备组的主要负责人和两个小组的负责人要及时沟通信息，在总的日程安排下，做详细的准备工作及日程进度计划，以确保会议准备工作的完善。

1. 确定发言人和会议主持人

新闻发布会，主要是面对记者阐述问题及回答记者的提问，而职业习惯决定了记者的发言及提问，往往是各种刁钻、刻薄、尖锐、难堪、敏感的问题，有时甚至是涉及本部门（或本单位）暂时保密的问题，因此，对于主要发言人及主持人的要求很高。总的来说，发言人应该是思维敏捷、条理性强、反应快、专业水平高、有一定文学水平和较强的表达能力，并在本部门担任主要领导职务的人。主要领导人作为发言人，既可以全面深刻地阐述发布的“新闻”内容，又可以灵活主动地回答记者各种各样的提问，同时使回答的问题具有权威性，提高本次会议的可信度。

会议的主持人同样应具备思维敏捷、反应快、有较高的文学水平等条件，但更需要有较丰富的经验，能够冷静地对待可能出现的各种场面，协助发言人控制会场的气氛和驾驭会场的动向，所以，会议主持人往往由受过公共关系专业训练的人员担任。

2. 文字准备工作

文字准备工作由秘书组负责，秘书组人员不宜过多，但必须由熟悉情况、专业和写作水平较高的人担任组长。秘书组的工作任务如下：根据新闻发布会的主题，起草发言稿，估计记者可能提出的问题，准备回答问题的资料；撰写会议报道提纲，并组织印刷装订；负责组织安排会议的辅助宣传材料，如新产品陈列、照片、图表说明等。

会议主持人和发言人要对所有准备的文字认真审阅，符合要求定稿后，向本部门（本单位）人员通报，使全体人员思想认识和谈话口径达到一致。

3. 会务准备

会务准备工作由会务组负责，会务准备的内容主要包括以下几个方面。

1）确定会议时间。会议时间一般不要选择在重大节日和假日，因为这些日子是记者的“紧张工作时间”，一般会议不容易邀请到。

2）确定会议地点。会议地点一般选择在交通方便、周围环境安静的地方。

3）会场的布置。会场的桌椅首先要考虑记者记录方便，还应考虑录像灯光、幻灯或录像播放等，为其提供便利条件。

4）邀请新闻记者、发布会议信息及送请帖。会议时间、地点确定后，要尽可能利用新闻媒介发布信息，以期达到扩大宣传的作用；同时还应慎重地选择邀请的记者，不但要邀请报社、电视台记者，而且应该邀请电台、有关杂志社的记者。对于认识的记者，可以将邀请信（或请柬）交给个人；对于不认识的记者，则应该发函至单位。发出邀请信后，在开会的前 1～2 天应派人（或打电话）到有关单位，落实参加会议人员情况。

4. 其他准备

根据会议的需要，决定新闻发布会之后是否组织参观、小型便宴等活动，做好相应的准备。

5. 会务预算

新闻发布会的预算一般包括场地租用费、会场布置费、印刷品费、文书用品费、交通费、电话费、菜点饮料、礼品等费用。

二、与会人员的仪表及讲话技巧

1. 仪表要求

发言人和主持人，都应该注意容貌和仪表，因为他们的形象在某种程度上代表了本单位的形象。主持人的服饰应该端庄大方，发言人的服装则应更庄重一些，但服饰应与会议主题相吻合，并与开会时间相配。女士的服饰不宜过于华丽，不要浓妆艳抹，也不要佩戴过多的首饰。

2. 发言及答题技巧

发言人的自信心是会议成功的基础，在开始正式发言前，发言人不要急于开口，而是用充满自信而又友善的目光环视全场，在遇到熟人或友好的目光时，稍稍点头致意，也是互相沟通感情的好办法。发言人讲话时，不但要注意语调、语速，而且要及时注意听众的反应，对于大多数人没有听清楚或可能疑问的地方，可以脱开讲稿，适当增加少量解释，但切忌离题太远并且说出尚未考虑成熟的意见。

在回答记者的问题时，首先要抓住问题的实质，其次要分析提问者的态度。对于问题的实质，判断清楚后，应该立刻联想到准备回答问题的提纲，或者请助手协助提供有关问题的资料，给予回答。对于提问者的态度，除明显恶意中伤或肆意无理取闹者外，一般都应该善意地去理解对方的提问，尽量予以满意的回答。对于无礼的恶意攻击，可以采用下述方法：①“以其人之道，还治其人之身”。②以静制动，以礼对辱。如果对于对方的无礼言行一时没想出还击妙语的话，可以彬彬有礼地让其发泄：“是这样吗？”“请详细谈谈好吗？”于从容和不屑与之论长短之中，显示出你的无畏与藐视。

以眼还眼，以牙还牙

英国著名戏剧家萧伯纳寄给丘吉尔两张戏票，同时附了一张纸条，上面写道："来看我的戏吧，请你带上一个朋友，如果您有朋友的话。"丘吉尔回复："我很忙，不能去看首场演出，请给我第二场的票，如果您的戏还会演第二场的话。

对于一些难以回答的问题，迫于不得已时，只好回答"无可奉告"，但最好试验一下下述方法：①巧妙闪避，其实质是绕开实质性问题；②模糊对答，其实质是避实就虚。

巧妙回答，闪避实质

一个西方记者问周恩来总理："中国人民银行有多少资本金呀？"周总理委婉地回答："中国人民银行的货币资本金嘛，共有 18 元 8 角 8 分。"当他看到众人不解的样子时，又解释说："中国人民银行共发行 10 种主、辅货币，面值分别为 10 元、5 元、2 元、1 元、5 角、2 角、1 角、5 分、2 分、1 分，若每种面值取一张（枚），加在一起共 18 元 8 角 8 分。"

分析：周恩来总理在高级外交场合，显示出机智过人的幽默风度，令人折服。

模糊对答，避实就虚

有一次，国外的参观者向我国某厂的总工程师询问飞机发动机的年产量，这属于机密，但直接回绝又显得生硬，于是总工程师避实就虚地回答说："计划下达多少，我们就生产多少。"结果，双方心照不宣，一笑了之。

三、会后工作

新闻发布会后，要认真进行总结，秘书组要分析邀请的记者到会率和发稿率，以及发稿的内容，对于不利于本单位的报道采取策略的对应办法；还应对会上记者所提问题进行分类研究，总结经验和教训，提出对缺陷和不足的弥补措施。会务组要通过各种渠道，收集与会者对会议服务的意见和建议，做出会议总结，同时做出财务结算。

第三节 学术研讨会

学术研讨会是交流学术思想，促进科学发展，提高学术水平的重要手段，也是日益增多的会议类型。学术研讨会往往参加会议人员范围较大，以中型、行业性、国内人员参加的研讨会为例，分析会议的全过程如下。

一、会议的准备工作

1. 确定研讨会议的目的及主题

由会议发起人明确会议研讨的目的及会议研讨的主题，会议可以围绕一个研讨主题设一个或多个具体的议题供与会者研究讨论。

2. 成立筹备组，明确会务分工

成立会议筹备工作组，明确会务准备工作的分工。一般应任命一位组织能力强、有一定威信的人担任筹备组负责人，筹备组下设三个小组：秘书组、会务组和宣传组，具体分工如下：①秘书组负责文秘工作，包括确定会议的大会报告课题及报告人选，并负责发出邀请；安排参加会议的单位及各单位名额分配，并发通知函；大会日程安排；会议文件资料准备；会议记录；起草会议纪要；等等。②会务组的主要任务包括安排布置会场（包括主会场和分组讨论用分会场）及全场服务；对会议代表的接待工作，包括接站、住宿、吃饭、医疗卫生巡视、保卫工作等；参观、游览及宴请活动的组织、安排及陪同；纪念品的准备；以及会议财务预、决算。③宣传组的任务包括：会议的宣传报道、环境布置、对会议代表的采访、照相、录像，以及学术论文集的编辑出版工作等。

二、学术研讨会的关键环节

学术研讨会的关键是课题的选择和报告人的水平，所以，这方面的选择一定要慎重。对于出席会议的人员要提前一段时间发出通知。多数情况下，请与会代表提前将论文提交会务组，以便选择，分别作为大会宣读、会议交流或收录论文集的文章。

学术研讨会是否开得成功，另一重要环节就是大会主席团的人选及会议执行主席的水平（对于小型会议，亦可称为会议领导小组及会议主持人）。大会主席团的人选，不仅要求业务水平高，而且要有一定威望；执行主席还必须有相当的组织能力和讲演水平。

三、与会人员的仪表及座次安排

学术研讨会是比较严肃的会议，参加会议的人员必须衣着整洁，态度谦逊。在大会报告期间，注意聆听别人的发言，当与自己观点不同时，要心平气和地阐明自己的观点并举出实

验数据和引证资料；不可摆出“唯我正确”的架势，更不可带着藐视的态度或用尖刻的语言向对方发问。

学术报告会主席台上，除大会主持人、报告人以外，开幕式和闭幕式，要将请来的主要来宾和大会主席团的人员都请到主席台上就座，其他时间，则没有必要都坐在主席台上。主席台上座次的分布，原则上是重要人物坐中间，然后向两边依次排开，大会主持人一般坐在主席台的边上。听众席上，对于大型会议的重要来宾，一般安排在前两排，在座位前的桌子上摆上姓名标志牌，进入会场时由服务人员引导至座位上。

第四节　产品展销会

在商品经济的大潮中，产品广告的作用越来越突出，广告也由报纸、广播、电视屏幕和网络走向街道、运动场及车站码头等各种场合，也就是说“声、像、文字”的广告形式已经在人们的生活中到处可见，于是同样形式的产品展览会或产品展销会也越来越受到众人的青睐，它已经成为当代树立企业形象和产品宣传的重要途径。

产品展销会的规模有大、中、小之分，按筹办单位划分可分为参加别人筹办的展销会和由本单位自行组织的展销会。无论参展还是自办展销会，其工作目的都必须以宣传自己的产品并打开（或扩大）产品销路为目标而进行。

一、参展工作组成员构成

无论是参加展销会还是自办展销会，都要组织一个精干的工作组负责全面工作。工作组组长以本企业技术（或销售）负责人为宜，该组织成员应包括以下四个方面的人员。

1. 技术人员

展销会的主要工作人员应该是熟悉本企业展销产品性能的专业技术人员，同时还应了解国内或世界上该项技术的先进水平以及本单位产品所占的位置，能明确阐述本单位主要产品或该项产品的适用范围及主要特点，既能清晰地介绍产品、流畅地回答参观者的问题，还必须会操纵本单位参展的机械（或电子）设备，处理可能出现的故障，必要时，还能应参观者的要求，展示设备内部结构，进行现场表演。参展技术人员的形象直接影响着企业的声誉或产品的形象，因此，这类人选必须精通业务，口才好，并且有一定的动手能力，有风度但不一定漂亮，很潇洒但不一定英俊。

2. 美工人员

将企业形象或产品形象完美地展现给观众，是美工人员的唯一任务。根据展销地点、季节及观众的特点，设计本企业的标志和参展产品的表现形式，将声、光、影、像、实物有机结合，达到吸引观众的目的。如果本单位的参展场地设在了比较偏僻的地方，那就更需要美

工人员用独特的艺术魅力，将观众吸引过来，所以说美工人员的水平和工作成绩，是本产品吸引观众的先决条件。

3. 公关人员

展销会是群英争雄之地。一个干练的公关人员，应能及时收集信息，与领导共同商讨各项应急措施，同时与大会组织者、与媒体记者、与可能成交的（或叫潜在的）客户等都保持良好而紧密的关系。公关人员还应该具备一定的市场营销学及商品学的知识，以此来扩大本企业的交往范围。因此，企业公关人员的水平，在某种程度上代表了本企业的活力及销售管理水平。

4. 后勤人员

后勤人员的水平和工作效率是参加展销会是否成功的保障，他们除负责产品的运送、展销会所需的各种物资供应外，还要为本单位参展工作组所有人员安排衣、食、住、行（对于自办展销会者，还需要考虑来宾的接待工作），以及本次活动的预算和决算。

二、会前准备工作

产品展销会工作组成立以后，组长要依据企业宣传惯例，组织全组人员认真研究分析，做出总体工作方案，征求本企业主要负责人的意见，然后再开展工作。工作组整体工作应包括以下六个方面的内容。

1. 市场定向及观众类型预测

按道理企业在决策某种产品投产前，事先要对产品的市场需求做出详细的调查，并在此基础上预测该产品的产销情况。在送产品参加展销会时，首先要对这种产品进行市场定位（即产品定位），也就是在消费者心目中树立一定的产品形象。例如，当你看到汽车广告时，能从车子的设计式样中看出它是豪华型轿车，还是运输车，或是比赛用的高速汽车，这三种汽车在市场上显然各有不同的位置。其次要预测产品的销售对象，是工、农、商、学、兵哪一行业大类？还是老、中、青哪一年龄段？或者是面对高、中、低消费水平哪一个阶层？不同的消费对象群，其文化程度和欣赏水平不同，接受能力也会有所不同，只有明确产品的消费目标并“投其所好”，才能使产品展销收到事半功倍的效果。

2. 确定参展产品的主体形象

对一个老企业或一种名牌产品而言，企业形象已确立，牌名商标已被公认，那么，除了维持原有声誉，重复已被广泛流传的广告用语，加深观众印象外，还必须要有微小而又明显的新颖变化，以显示老企业、老产品不断发展的勃勃生机。

对于新企业或一种新产品，则要采用“产品本体定位策略”。要旗帜鲜明地树立起本企业的标志，强调介绍本产品的品质、功效、造型等情况，并与同类现有产品进行比较，以突

出本产品的特色，创立自己的“产品形象”。

3. 设计参展品的总体宣传方式

充分利用有限的展示空间，在不违反展销会纪律的前提下，采用实物、模型、文字、图画、电视、音响和多媒体等手段，充分发挥综合的艺术创造能力和宣传效果。在总体方案确定后，以美工为主，在有关录音、录像人员和技术人员的配合下，共同做出产品宣传的具体实施方案。

4. 明确公关的主要方面

在产品展销会场内吸引观众是一个方面，但这是被动等待，在展销会期间，公关人员应主动出击，与可能的消费集团进行联系，邀请有关人员到场参观，如果是高新技术产品或特殊用途产品，还应该到主管委、局及有关的行政领导部门（如科委、节电办、环保局等）向有关领导及主管人员宣传，邀请他们前往展销厅指导工作。

在展销现场，工作人员应根据观众对产品感兴趣的程度进行分析判断，对于潜在的消费者，则应主动发给他们产品说明书等宣传材料。

为了扩大产品的宣传范围和宣传力度，一定要邀请各大宣传媒体的记者，若是专业化产品，还要主动与该专业杂志编辑部的人员联系，邀请他们参观展品。

5. 做出参展活动的经费预算

参加或主办展销会，必须做好各项经费预算。除此之外，还可以用实物（如模型展品或加工出的小产品）作为小礼品，以加深观众的印象并扩大影响。

6. 展销环节的衔接

展销绝不是为展而展，“展”的目的在于“销”。因此无论会内会外，都要安排好简便易行的销售及订货渠道，一旦有人有产品购买意向，马上就能促成交易。

三、展销会工作人员的礼仪

1. 努力塑造整体形象

会展工作人员的着装礼仪是参展公司的第一展示，它会直接影响现场观众对于展会企业的第一印象。在一般情况下，要求在展位上工作的人员应当统一着装。在大型的展览会上，参展单位若安排专人迎送宾客时，则最好请其身穿色彩鲜艳的单色旗袍，并佩戴写有参展单位或其主打展品名称的大红色绶带。全体工作人员皆应在左胸佩戴写明本人单位、职务、姓名的胸卡，礼仪小姐可例外。按照惯例，工作人员不应佩戴首饰，男士应当剃须，女士则最好化淡妆。

2. 时时注意待人礼貌

参展单位的工作人员都必须真正地意识到观众是自己的上帝，为其热情而竭诚地服务则是自己的天职。展览一旦正式开始，全体参展单位的工作人员即应各就各位，站立迎宾。不允许迟到、早退，无故脱岗、东游西逛，更不允许在观众到来之时坐、卧不起，怠慢对方。当观众走近自己的展位时，不管对方是否向自己打了招呼，工作人员都要面含微笑，主动地向对方说："您好！欢迎光临！"随后，还应面向对方，稍欠身，伸出右手，掌心向上，指尖直指展台，并告知对方："请您参观。"当观众离去时，工作人员应当真诚地向对方欠身施礼，并道以"谢谢光临"，或是"再见"。

3. 善于运用解说技巧

工作人员的谈吐要与产品的市场定位相一致，并针对不同观众的层次，采用不同的讲解方式。在实事求是的前提下，要注意对参展商品"扬长避短"，强调"人无我有"之处。若参观者是行家，应该多讲术语，对咨询者要深入浅出地通俗讲解，千万不要说"你这还不懂？"之类的刺激性言语。工作人员必须有足够的耐心，真正做到"百问不烦，百做不厌"，须知有求必应，有问必答，对展品介绍得清楚明了，努力让观众满意。在必要时，还可邀请观众亲自动手操作，或由工作人员为其进行现场示范。切忌争抢、尾随观众兜售展品，弄虚作假，或强行向观众推介展品。

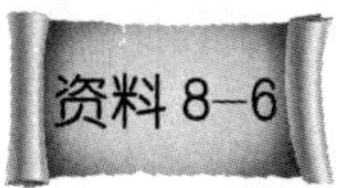

顾此失彼，铸成大错

在A城市，有一家名叫顺达的大型集团公司，迎来了一个来自海外的华人参观考察团，这个考察团的成员来自多家公司，他们此行的目的是来了解情况，做投资准备的。为此，集团公司做好了一切准备，提前派出人员，从全国各地挑选了一批漂亮、年轻的女性接待人员，并为她们量身定做了整齐划一的职业装，以显示公司的实力；另外，他们还着重对接待人员进行了形体礼仪方面的培训，可是他们却忽略了语言的培训，这些接待人员操着不同的方言和来访人员交谈。最后，竟然没有一家公司看好和信任该公司。

问题：顺达集团公司事先做了那么多的准备工作，为什么在参观考察团的众多公司中竟没有一家公司决定在此投资？

课堂实训

1. 实训名称

模拟组织一次记者招待会。

2. 实训目标

通过实训，使学生掌握商务谈判的技巧和礼仪，了解谈判时应注意的问题。

3. 实训内容

以学校发生的事件为主题模拟召开记者招待会，认真编排会议程序，精心准备、周密安排。

4. 实训要求

确定发言内容并由起草小组准备材料，确定主持人和新闻发言人，其他同学均担任记者。

5. 实训地点

教室或校园内小礼堂。

6. 实训课时

两个课时。

1. 如何按不同的标准对会议进行分类？
2. 会议的一般组织程序是什么？
3. 会场的布置应遵循哪些原则？
4. 当参会领导为单数或双数时，会议主席台上的座位应如何安排？
5. 新闻发言人在发言和答题时应注意哪些技巧？
6. 学术研讨会的准备工作应注意哪些方面？
7. 学术研讨会的开幕式、闭幕式，主席台上的座次应如何安排？
8. 产品展销工作组应由哪几类人员构成？各应具备哪些素质要求？
9. 产品展销会工作人员应注意哪些方面的礼仪？

第九章 宴会礼仪

本章导读

参加任何活动都要讲究相应的礼仪。当你在看精彩的足球赛时，举止粗犷一些也许不会影响到你的形象，但是在你参加宴会时，如何就座？如何照顾他人？如何点菜？如何使用餐具？如何斟酒倒茶？如何进行交流？如何对待侍者？时时都在向别人传达着一个信息——你是个什么品位的人。所以，了解并掌握宴会礼仪，对于一个社交人士来说是十分必要的。本章介绍宴会礼仪。

1. 熟悉宴请礼仪。
2. 熟悉基本的中西餐程序与餐具的使用。
3. 掌握中西餐的就餐礼仪。

关键词

宴会礼仪（banquet etiquette）
中餐礼仪（chinese dining etiquette）
西餐礼仪（western dining etiquette）

宴会是因习俗或社交礼仪需要而举行的宴饮聚会。宴会又称筵宴、酒会，它是以宴饮聚会为表现形式的一种高品位的社交活动方式。宴会形式上是“吃”，实质上是“社交”，人们通过宴会，不仅获得饮食方面的享受，更重要的是可增进人际交往和加深相互的感情。

第一节 参加宴会人员的服装与打扮

穿着不仅代表一个人的身份、地位、教养和品位，也是一个民族的经济橱窗。中国古人有言："人靠衣装，佛靠金装。"在不同的场合，应该有不同的着装和打扮，宴会中对服装有特殊的礼仪要求，宴会中穿着得体不仅可以给人留下良好的印象，同时也是一种礼貌。在国宴、正式宴会等隆重场合，应该穿严肃、大方的礼服；而举行家宴时，一般穿便服，甚至可以穿整洁的家居服。下面介绍宴会中的服装礼仪。

一、传统西装礼服

传统的西装（男士）礼服有三种。

1. 晨礼服

晨礼服为西方男士日间常用的礼服。晨礼服上装为灰色或黑色，后摆为圆尾形，其上衣长与膝齐，胸前仅有一粒扣，一般用背带，配白衬衫，灰、黑、驼色领带均可，下衣为深色黑条裤，穿黑袜子和黑皮鞋，戴黑礼帽等。晨礼服是在白天参加典礼、星期日礼拜和婚礼上的礼服，男士晨礼服如图 9-1（a）所示。

2. 小礼服

小礼服也称晚餐礼服或便礼服，它是晚间集会最常用的礼服。小礼服是全白或全黑西装上衣。衣领镶有缎面，腰间仅一颗纽扣，下衣为配有缎带或丝腰带的黑裤，系黑领结，穿黑皮鞋。穿这种礼服一般为参加晚上 6 时以后举行的晚宴、音乐会、剧院演出等活动，男士小礼服如图 9-1（b）所示。

3. 大礼服

大礼服也称燕尾服，它是西方男士晚间最正式的穿着。大礼服是黑色或深蓝色上衣。前摆齐腰剪平，后摆剪成燕尾的样子，翻领上镶有缎面。下衣为黑色或深蓝色的、裤腿外侧有丝带的长裤。系白色领带，配黑色皮鞋、黑丝袜、白色手套，男士大礼服如图 9-1（c）所示。

（a）晨礼服　（b）小礼服　（c）大礼服

图 9-1　西方男士礼服

二、西方女士礼服

女士服装一向是装点世界的主要色彩，是美化人类社会的主要组成部分。女士服装的种类、款式、颜色及色彩搭配不胜枚举，而传统的西方女士服装却有公认的规定。它们主要分为大礼服、小礼服和常礼服三种。

1. 大礼服

大礼服一定是长裙，长度可以拖地，也可至鞋跟（注意高跟鞋的鞋跟高度）而不拖地，颜色一般为单色，款式为袒胸露背式。穿大礼服的女士一定要戴颜色相同的帽子，帽子上可以有适当的装饰，如鲜花等，还要戴长丝手套及各种首饰，如耳环、项链、头饰等，女士大礼服如图 9-2（a）所示。

2. 小礼服

小礼服也是单色长裙，长度不拖地，款式为只露后背。穿小礼服的时候，对于帽子、手套没有严格要求，但应佩戴耳环、项链及头饰，女士小礼服如图 9-2（b）所示。

3. 常礼服

常礼服一般是颜色和面料质量相同的上衣和裙子，上衣和裙子的款式没有明确的规定，但必须搭配得当。穿常礼服时，也可以戴帽子和手套，并佩戴各种首饰，女士常礼服如图 9-2（c）所示。

(a) 大礼服

(b) 小礼服

(c) 常礼服

图 9-2　西方女士礼服

三、我国的礼服

我国的服装，没有上述西方国家礼服的严格区别。我国传统的男士礼服为单色毛料中山装，且上衣与裤子一定要颜色、面料质量相同，配黑皮鞋。改革开放以来，现在我国的礼服也变得以穿西装为主，但一定要注意西装与领带、皮带、皮鞋的搭配。我国女士的礼服却是多种多样的，可以穿旗袍、连衣裙、中式上衣配长裙或长裤，夏季可以穿衬衫配裙子或长裤，但切忌穿超短裙。女士穿礼服时还应注意适当佩戴首饰。

我国是个多民族的国家，各民族的服装都在礼服的范围之列，要注意的是，穿上民族服装，一定要佩戴整套饰物，女士要梳相应的发型。

四、着装趋势

国际上的着装趋势是向简单化、个性化发展，现在除了少数国家在隆重场合禁止女士穿长裤和超短裙外，大多数国家已没有明文规定。在西方国家，穿着大礼服或晨礼服参加宴会的男士也越来越少，尤其是大礼服更为少见，一般男士均穿深色质料好的西装。

在正式宴会等隆重场合，男士应穿西装、中山装或民族服装，也可以穿两用衫，应该系领带。女士最好穿旗袍、西服套裙或长裙，如果对方请柬上要求穿礼服时，女士一定不要穿长裤或短裙。

如果男士伴女士赴宴，则男士的装扮应配合女士，如果女伴穿的是有光泽的大礼服或小礼服，男士起码应穿晨礼服；如果女伴穿的是高雅的连身洋装，男士则应穿深色西服，系银灰色领带，而不应该穿中山装或其他民族服装。

穿礼服时，要注意鞋、袜、皮带等服装配件的搭配。对于男士而言，在正式场合公认的原则是除白色服装外，不管任何衣着，都应该配一双黑皮鞋才算礼貌。在正式场合，应尽量

避免穿褐色、灰色或其他颜色的皮鞋。

参加正式宴会（尤其是白天的宴会），男士最好应穿系鞋带的皮鞋，鞋头不要太圆，样式最好简单大方，不要多添装饰物。女士鞋的种类、样式、颜色都没有明确规定，但一定要与整套服装的格调、色彩相协调，同时要适合自己的年龄和气质。女士的长筒袜在整套服饰中起着重要的作用，同时长筒袜还可以掩饰自身（尤其是腿部）缺陷。

五、简便礼服

传统的西方男士礼服比较烦琐，如晨礼服只能在白天穿，大礼服只能在晚上穿，在很多时候，尤其是对于繁忙的公职人员来说，很不方便。日本人研制出一种简便礼服，在白天、晚上都能穿，在很多场合都可以穿。例如，白天穿这种便礼服去上班，下午换条领带去参加宴会，就不失为庄重、礼貌的穿着。

简便礼服的颜色一般为黑色，也可以选择素色、没有花纹的布料。冬天宜选用细软的毛质品，夏天宜采用斜纹布料。简便礼服的式样，一般是双排扣（6 个扣子）的上装，同质料、颜色的裤子。

第二节 宴会的准备工作

宴会的准备比大型会议的筹备工作要简单得多，宴会对于宾客来说是一种礼遇，所以既然是礼遇就应该非常重视，而且要根据宴会的有关礼节、礼仪组织好。

在确定好宴请目的、主宾人选、宴会规格之后，就要着手进行宴会的具体准备工作，其主要内容有如下四个方面。

一、宴会的种类

宴会为正餐，宾主皆围桌按照预先安排的位置就座，由服务人员顺序上菜，倒饮料。宴会一般安排为午餐或晚餐，晚上举行的宴会比中午的宴会更隆重。宴会按规格划分，可分为国宴、正式宴会和便宴。

1. 国宴

国宴是国家元首或政府首脑举行的宴会，规格最高。宴会厅内挂国旗，安排乐队演奏国歌及席间乐，席间致辞或祝酒。

2. 正式宴会

正式宴会也是规格较高的宴请形式，各国正式宴会的具体形式依本国风俗习惯略有不同，但对于出席正式宴会人员的服饰、仪态都有相应的要求。

3．便宴

便宴是一种非正式宴会，宴会的形式比较随便，宴会的气氛也比较亲切、随和，座次可以不预先安排，也不发表正规的讲话。家宴是便宴的一种，气氛将更加亲切、融洽，为表示对客人的尊重和关系亲近，往往由家庭主妇亲自下厨烹调，家人共同招待。

二、宴会的时间、地点及邀请

1．选择宴会时间、地点的原则

（1）宴会时间

宴会时间要选择在宾、主双方都适合的时间，要注意客方的风俗习惯，如伊斯兰教在斋日内一定不要进行午宴；宴请信奉基督教的客人时，不要选 13 号，更不要选 13 号和星期五相遇的日子。一般小型宴会要征询主宾意见，可以专程派人当面协商，也可事先电话联络约定。

（2）宴会地点

宴会地点根据宴会的规模和规格而定，在可能的条件下，应该考虑主客的情趣和爱好，选择相应的环境和餐厅布置。当举行正式宴会对，宴会厅旁边应有另外设置的休息厅，供宾客到达后，宾、主双方进行简短交谈用。

2．邀请信与请柬

正式宴会均应发邀请函。对于主宾，应该发邀请信，对于其他客人则发请柬。视客人的具体情况，一般在宴会前一周左右发出请柬，以便给对方留出安排日程的时间。请柬的发送数量要尊重客方的风俗习惯。例如，宴请外宾，要依照国际惯例，对宾客夫妇二人合发一张请柬；如果是国内较大规模的宴会，在需要凭请柬进入宴会厅时，则夫妇二人必须各发一张请柬。

请柬以及请柬信封上的一些字母和数字都是有一定意义的，其表示方法如下：①信封（请柬）下角的数字，表示宴会上客人的席位号；②请柬的右上方或左下方写“R.S.V.P.”字样，这是法文“请答复”的缩写，则要求宾客及时通知宴请方，自己是否能按时出席宴会；③请柬的右上方或左下方写着“Regrets only”字样，则说明若宾客不能出席时应通知主方；④请柬右上角或左下角如果写有“To remind”字样，则表示已约定好的邀请，这份请柬仅作为礼貌的表示，起到“备忘录”的作用。

凡是需要宾客反馈信息的，在寄送请柬的同时，要注明联系地址、联系人姓名及电话号码。

三、宴会的席位安排

正式宴会一般都讲究安排座位，包括安排桌次和每桌上的席位，这时桌子上要摆桌次牌和姓名标志牌。有的宴会只安排部分人的桌次和席位，其他客人仅安排桌次，甚至完全不需

预先排定。

1. 安排席位的礼仪原则

礼宾次序是安排席位的主要依据。

1）按职务高低安排的原则。按照我国惯例，公务宴会一般以职务高低安排席位，职务高者居上，低者居下；身份高者为上，低者为下。同时还要照顾到年龄的长幼。

2）按身份专业安排的原则。要考虑每桌人员身份大体相等，或是尽量从事同一专业等。

3）“先朋友，后亲戚，再宗族”原则。在一般的中式宴会中，特别是家庭宴会，一般都遵循这条原则，这其中又以年龄长幼为序。

4）按男女性别因素安排的原则。按照国外的习惯，桌上男女穿插安排，以女主人为准，主宾在女主人右上方，主宾夫人在男主人右上方。在我国，通常把女士排在一起，即主宾在男主人右上方，其夫人在女主人右上方。如果女士较多，也可以女士单独坐一桌。

5）有助和谐的原则。在具体安排座次时，还应考虑同桌人和谐的原则等因素，如客人之间是否熟悉、关系是否密切、语言是否相通、兴趣爱好是否相投、意见或观点是否有较大分歧，等等。总之，应根据实际情况，灵活安排，这样更有利于桌上和谐。

2. 席位安排顺序

国际的习惯，桌次高低由离主桌位置远近而定，左高右低。同一桌上，席位高低以离主人的座位远近而定。国外的习惯，男女穿插安排，以女主人为准，主宾在女主人右方，主宾夫人在男主人右方；我国习惯按个人本身职务排列，如果夫人出席，常常把女方排在一起，即主宾坐在男主人右方，其夫人在女主人右方。

桌次及席位的排到如图 9-3～图 9-8 所示。

图 9-3　桌次摆法（方案一）　　图 9-4　桌次摆法（方案二）

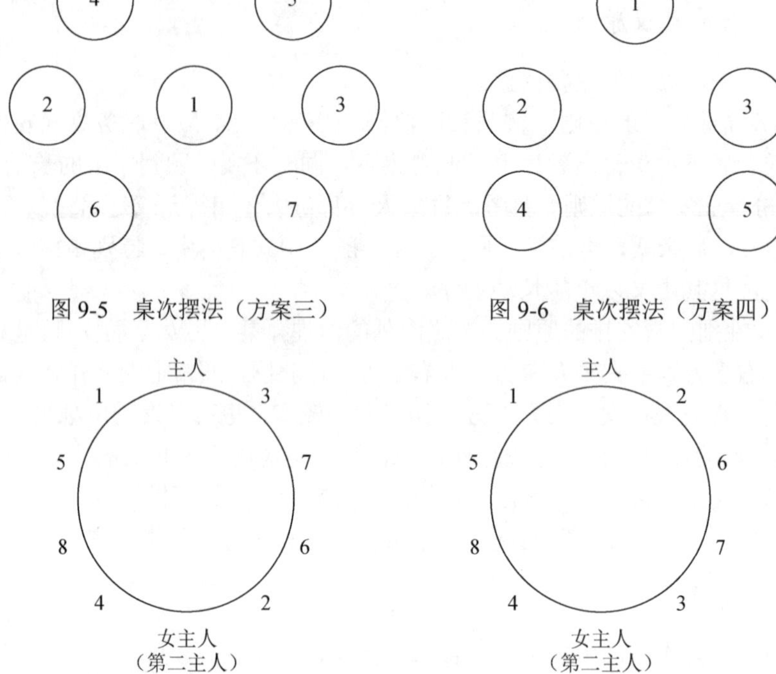

图 9-5　桌次摆法（方案三）

图 9-6　桌次摆法（方案四）

（a）排法一

（b）排法二

图 9-7　圆桌席位排法（私人宴请，夫妻共同出席）

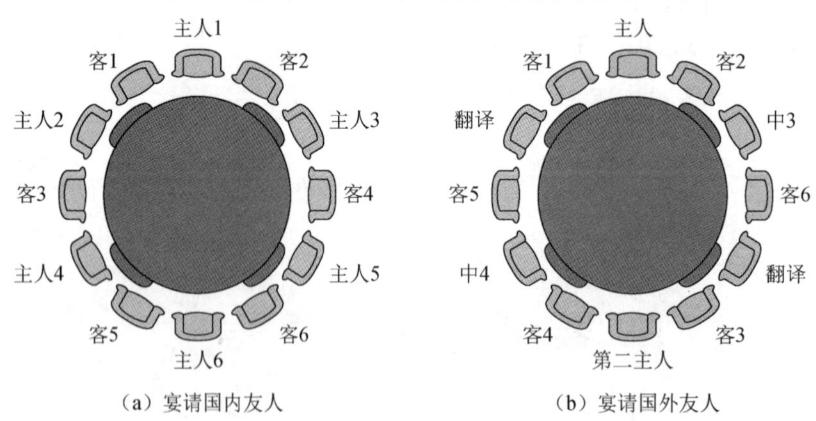

（a）宴请国内友人

（b）宴请国外友人

图 9-8　圆桌席位排法

四、订菜与备酒

宴会的菜单和酒类、饮料的品种，不应由宴请方的爱好决定，应该根据规格和形式决定。

选菜主要考虑主宾及宾客中多数人的性别、年龄及爱好的口味以及禁忌（包括宗教禁忌、民族禁忌、职业禁忌、健康禁忌、口味禁忌等），大型宴会要照顾到各个方面。应多选用地方特色的菜肴、酒水、水果，菜肴道数和分量都不宜过多，避免浪费。如印刷菜单，每桌两份或每人一份，以供来宾选菜时参考。

第三节 参加宴会的礼仪

宴会是比较隆重的社交场合，因此席间礼节非常重要。掌握席间礼仪的主要目的是避免给他人带来不愉快的感觉，使你的仪态、形象与风度都能给众人留下良好的印象。

一、参加宴会的礼仪

1. 礼貌对待邀请

参加宴会前，对于主人的邀请，要按照请柬上标注的要求，及时反馈信息，这是对主人邀请的第一个礼貌回答。

2. 注意仪表礼仪

出席宴会前，要进行简单的梳洗打扮，女士要淡淡地修饰一下，显出秀丽高雅的气质。男士也要把头发和胡须整理和刮洗干净，穿上一套整洁大方、适合身份的衣服，容光焕发地赴宴。如有要求，按规定穿礼服。

3. 诚信遵守时间

参加宴会一定要按时到达，不迟到，不早退，以示对主人的尊重。如有特殊情况，应及时向主人通报，同时表示歉意。赴宴时间不宜提前过多，一般情况，身份高者，宜在正点或稍迟1～2分钟，其他人员则应正点或提前5分钟左右到达为宜。

按约赴会，诚信守时

有一天，刚上任不久的某部门经理付先生接到一个电话，一位以前的老同学告诉他要在次日晚餐请他喝酒。他在没问清楚原因的情况下就随便答应了，结果到第二天他又因公司的业务安排了晚餐宴请一位重要客户，上午刚上班就将宴请时间、地点、宴请标准及邀请通知等全部布置妥当，到了下午又接到那位老同学第二次打来的提醒电话时，脑子嗡的一下子变大了："天哪！我怎么把老同学请客的事给忘了！"此时，他只好支支吾吾地说有事儿实在参

加不了。可是他哪里想到他就是老同学要邀请的客人中的主宾，而且人家也早已把宴请的所有准备工作都做完了，推迟和退餐都已是不可能的了。试想：主宾不去了，老同学将如何收场自然不说便知。

4. 赴宴见面礼仪

参加宴会的人员到达后应主动到主人迎宾处，进入宴会厅，要先向主人问候致意（还可酌情送给女主人少量鲜花），再向其他客人问好。如是庆祝性的宴请，还可以向宴请单位送花篮或花束。如果来宾直接进入宴会厅，则应在宴会厅门前找到服务人员，请他们带到席位处。

5. 入席就座礼仪

到席位后自己先不要急于落座，一般是本桌的首席入座后，大家才可坐下，当邻座是年长者或女士时，应主动协助他们先坐下，然后自己再就座。入席时，用手把椅子拉后一些再坐下，切记不要用脚将椅子推开。用餐前，坐姿要端正，手放在膝盖上，不要将臂肘放在桌子上，不可以手托腮或两手交叉放在脑后，不要把手放在桌子上或者摆弄餐具，不要用餐巾或纸巾擦拭餐具，这样会让别人认为你嫌餐具不清洁，而使主人难堪；餐巾或者服务员送上来的热（或湿）毛巾只可以擦嘴、擦手，不可以擦汗。两脚自然垂直放在本人座位下，不要将脚伸到别人座位处，两腿不要抖动；开始用餐前，应该将餐巾打开铺到膝上，餐后大致叠起来放在盘子的右方，不可以丢在椅子上，也不可以叠得方方正正，给人家以“未用”的错觉。进餐前要与周围的客人互相结识、交流，因为这是结交新朋友的好时机。

6. 用餐时的礼仪

用餐时，吃东西要文雅，不能嘴里含很多东西，两颊鼓鼓地与别人交流；要闭住嘴咀嚼，喝汤时不要啜，吃东西不要发出声音；如果汤或菜太热，要等晾凉（温度合适时）再吃，不要用嘴吹，更不要烫了嘴而张开嘴向外哈气；嘴里的骨头、鱼刺等，不要随意吐在桌子上，要放在菜盘里的边上；吃东西时，要用筷子或汤勺将食物送到口边，切不可伸着脖子、向前探着身子甚至伸出舌头去够食物。剔牙是不雅观的动作，当必须剔牙时，要用餐巾遮口，切不可以离席前拿根牙签边走边剔牙。吃菜时，遇到服务员或主人让的而自己又不喜欢吃的菜时，不能用手势或说出“不要”“我不喜欢”之类的话，可以放在盘子里，少吃一点或不吃就是了。

7. 祝酒饮酒礼仪

宴会开始，一般先祝酒，如果酒量不大或因故不能饮酒，应向主人表明，并以饮料代酒，完成宴会上的礼仪程序。作为主人，则不应该不顾宾客的情况，而强行“灌酒”，可以用低度酒、甜酒或饮料代替烈性酒。在宴会上，宾、主双方都应控制自己的酒量，绝对不能贪杯失态。祝酒碰杯时，主人与主宾先碰杯，他人可以同时举杯示意，不一定每人都一定碰到，

碰杯时不要“交叉”。在主人和主宾发表祝酒辞时，应停止进餐和交谈，注意倾听，也不要吸烟。当主方人员或其他人员到某桌敬酒时，该桌人员应起立，与对方碰杯时，要正视对方的眼鼻三角区。在相互敬酒时，即使不会喝酒，也要将杯举到唇边，示意“喝了一点”。一般来说，宴席结束时，倒入杯中的酒要喝完，以示对主人的尊重。

8. 离席礼仪

宴会结束时，有的主人会送给每位客人一件小纪念品或一朵鲜花，这时要说一两句赞扬纪念品的话，并将纪念品带走，不要说过多感谢的话。更不应该采取“看不上此物”的态度，而将礼品丢在桌子上。在宴会上，除了主人特意示意的纪念品外，其他任何东西都不要拿走，包括糖果和香烟。离席时，要等首席先站起，其他人才可以站起来，并且让年长者和女士先离席。在出席私人宴会后，要首先感谢女主人，但话语一定要适合身份及场合。

二、增加宴会热烈气氛的方法

宴会是一种友好的交往活动，宴会间应该努力增加友好而热烈的气氛，根据宾、主双方的职业、年龄、文化修养的不同，宴会的谈话内容差异很大，因此，主人在宴会前应该适当做些功课，对主宾及来宾中多数人的基本情况做大致的了解，略做些准备，以避免出现冷场等尴尬局面。平时也可以积累一些宴会上的共性话题以备用，常采用的话题有以下几种。

1. 以酒文化为题

中国酒文化源远流长，对于不同的宾客，可采用不同的方式，如对待熟悉的老朋友，可以行酒令助兴；而对于外国人，如日本客人，可以提到田中角荣首相来中国寻求杜康酒的故事，并向他介绍杜康酒的历史和曹操的诗句：“对酒当歌，人生几何？譬如朝露，去日苦多。慨当以慷，忧思难忘。何以解忧？唯有杜康。”顺便赞扬田中角荣先生熟知中国历史，推展到中日关系的发展，等等，这样会使话题不断扩展。

2. 以茶文化为题

中国的茶文化完全可以与酒文化媲美。一般宴会前的饮料都上茶，可以由这种茶谈起。如果宾客中福建人多，不妨谈谈乌龙茶，甚至介绍“大红袍”品种的传说；如果客人中间有云南人，则可以谈普洱茶，谈普洱茶与诸葛亮关系的传说，甚至可以借题发挥到三国人物。

3. 其他话题

例如，体育运动的新闻、热门话题、琴棋书画的话题等，对非常熟悉的人开个善意的玩笑，等等，但这些话题的选择一定要适合当时的气氛和宾、主双方的身份。

4. 找共同点，促使“碰杯”

找出参加宴会人员（指本桌人员）的共同点，促使有共同点的人“碰杯”。共同点可以是各种各样的，如同乡、老战友、老校友、同性别、同年龄段、从属同性质工作，甚至穿同样（同色）衣服，等等。在找共同点时特别需要注意两点：一是不要用生理缺陷找共同点，如矮个子、秃顶等；二是不要使有的人难堪，如一个桌子上有 1～2 个年龄大而职务（或职称）较低的人，如果有人提出“副教授举杯”，试想，这两个人该作何感想？

活跃宴会气氛的方法很多，只要平时做“有心人”，又善于临场发挥，一定会有很好的效果。

做客时，不要“喧宾夺主”，只要配合主人略谈一二即可，否则，反客为主会给别人留下不好的印象。

资料 9-2

不可以“比长论短”助酒兴

在一次同乡宴会上，席间大家推杯换盏、气氛热烈，在多数人都已经喝到九成醉的时候，有的人还要找话题再多张罗几杯酒，以助酒兴。老张提议说：“身高一米七五以上的喝一个”，老李又接着说“上过大学的请举杯”……结果，身材不够高的和没上过大学的有的骂骂咧咧，有的摔杯子，原本比较融洽的气氛一下子被破坏了，最后闹得不欢而散。

第四节　西餐礼仪

一、西餐桌上的礼仪

在欧洲，所有跟吃饭有关的事，都会备受重视，因为它同时提供了两种最受赞赏的美学享受，那就是美食与交谈。除了口感精致之外，用餐时酒菜的搭配，优雅的用餐礼仪，调整和放松心态，享受环境和美食，正确使用餐具、酒具都是进食美食前的先修课。

1. 事先预约

需要注意的是，在西方去饭店吃饭一般都要事先预约。在预约时，有几点要特别注意说清楚，首先要说明人数和时间，其次要表明是否要吸烟区或视野良好的座位。如果是生日或其他特别的日子，可以告知宴会的目的和预算。在预定时间到达就餐地点是基本的礼貌，有急事要提前通知，取消订位时一定要道歉。

一般西餐厅的营业时间为中午 11 时半至下午，晚上 6 时半后开始晚餐，如果客人早到了，可以先在酒吧喝点酒，然后再进入主餐厅。就座后可以不急于点菜，有什么问题可以直接问服务生，他们一般都非常乐意回答你提出的任何问题，若他们不是很清楚，会问询餐厅

经理或主厨。

就餐时间太早（中午 11 时或下午 5 时半就到了西餐厅）、匆匆吃完就走、在餐桌上大谈生意、衣着不讲究、主菜吃得太慢影响下一道菜或只点开胃菜而不点主菜和甜点等，都是不礼貌的行为。

2. 穿着得体

再昂贵的休闲服，也不能随意穿着去高档西餐厅吃饭，穿着得体是欧美人的常识。去高档的西餐厅，男士要穿整洁；女士要穿晚礼服或套装和有跟的鞋子，女士化妆要稍重些（因为餐厅内的光线较暗），如果指定要穿正式的服装，男士必须打领带，进入餐厅时，男士应先开门，请女士进入，应请女士走在前面。入座、点酒都应请女士来品尝和决定。

3. 餐桌及席位的安排

西餐席位比较讲究礼仪，西餐的位置排列与中餐有很大的区别，根据饮食习惯不同中餐多使用圆桌，而西餐一般使用长桌。

（1）桌次排列

餐桌的排列次序同中餐桌次的排列原则一样，主桌为首位，但西餐桌子设置的方法可根据用餐人数的多少和场地大小而定。有时还会拼成各种图案（图 9-9 和图 9-10），两桌的小型宴会可根据餐厅具体情况横排或竖排。

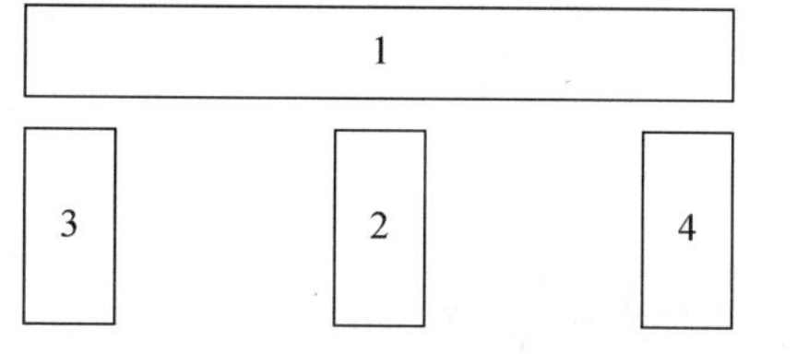

图 9-9 长桌摆法（方案一）

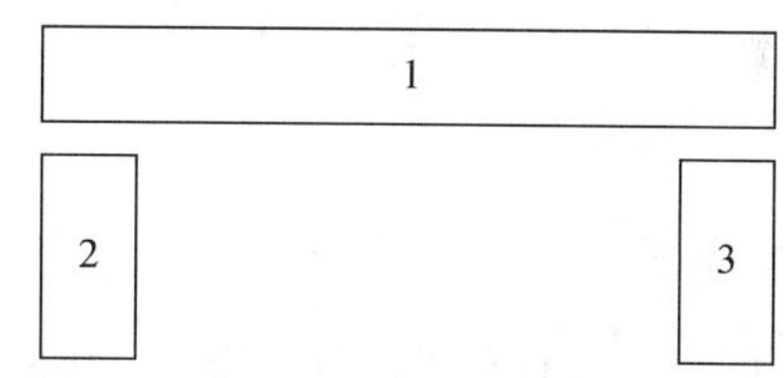

图 9-10 长桌摆法（方案二）

（2）席位排列

西餐席位的排列次序是右高左低，男女交叉安排，以女主人的席位为准，主宾坐在女主人的右上方，主宾夫人坐在男主人的右上方，以长桌排位，一般有两种排列方法。第一种方法：男女主人在长桌中央对面而坐，客人按主次分坐于男女主人两边，餐桌两端可以坐人，也可以不坐人（图 9-11），这种排法的优点是谈话集中，但一般不能把客人排在末端，由陪同人员坐在末端；第二种方法：男女主人分别就座于长桌两端，其他客人分坐于桌子两边（图 9-12），这种排法的优点是可避免客人坐在末端，同时提供两个谈话中心。西餐入座时一般应当从椅子的左侧入座。

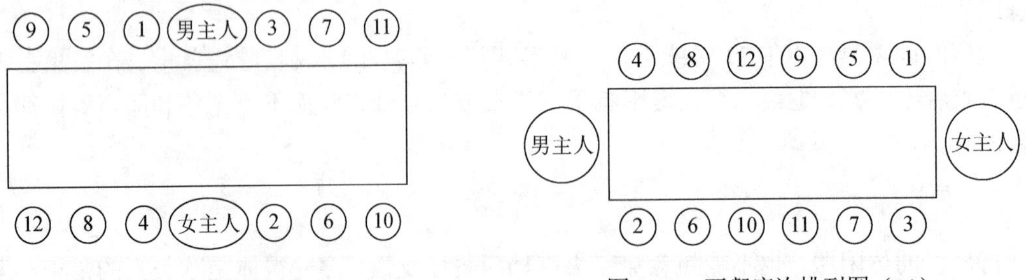

图 9-11 西餐座次排列图（一）

图 9-12 西餐座次排列图（二）

当人数较多时，若都安排在一张长条桌上，桌子两端座位相距较远，谈话交流不方便；若安排在两张长条桌上，两桌之间相互沟通交流更不方便。为了便于沟通交流，常摆成一个倒 U 字形餐桌，座次排列如图 9-13 所示。

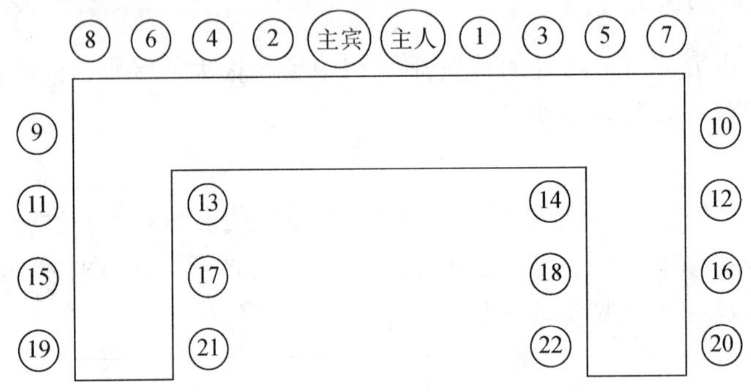

图 9-13 西餐座次排列图（三）

4. 就餐礼仪

高档西餐的开胃菜虽然分量很小，却很精致，值得慢慢品尝。餐后可以选择甜点或奶酪、咖啡、茶等，不同的国家都有不同的小费习惯，但一定要多加赞美和表示感谢。

吃西餐在很大程度上讲是在吃情调：大理石的壁炉、熠熠闪光的水晶灯、银色的烛台、缤纷的美酒，再加上人们优雅迷人的举止，这本身就是一幅动人的油画。为了您在初尝西餐时举止更加娴熟，花些力气熟悉一下进餐礼仪，还是非常值得的。

西餐对每种酒如何饮用都有特别规定，即食生蚝或其他贝类时，饮无甜味的白葡萄酒。吃鱼时，可配任何白葡萄酒，但以不过甜者为宜。

西餐在吃水果时，常上洗手钵，所盛的水，常撒花瓣一枚，供洗手用。但记住，只用来洗手指尖，切勿将整个手都伸进去。刚吃完水果的手，不宜用餐巾擦手，应先洗手指，再用纸巾擦干。

就座时，身体要端正，手肘不要放在桌面上，不可跷足，身体与餐桌的距离以便于使用餐具为佳。餐台上已摆好的餐具不要随意摆弄。西方人用餐，餐桌上必须使用餐巾，餐巾务

必洗净熨平，折后置放于餐盘中。必须等大家都坐定后，才可使用餐巾。将餐巾对折后轻轻放在膝上，切忌用餐巾擦拭餐具。

5. 餐具的使用

中餐的餐具主要是碗、筷，而西餐的餐具则是刀、叉、盘子。通常宴请外国人吃中餐，亦以中餐西吃为多，既摆碗筷，又设刀叉。吃西餐时桌上一般要准备多件餐具、酒具，如图 9-14（a）所示。刀叉的使用是右手持刀，左手握叉［图 9-14（b）］，将食物切成小块，然后用叉送入嘴中。欧洲人使用时不换手，即从切割到送食均以左手持叉。美国人则切割后，把刀放下，右手持叉送食入口。

就餐时按刀叉顺序由外往里取用。吃牛排时，要吃一块，切一块，切牛排应由外侧向内侧切，一次未切下，再切一次，不能像拉锯似的去切，亦不要拉扯。肉块儿的大小要切得适度，不要大块塞进嘴里。猪排、羊肉都要熟透再吃，吃法与吃牛排相同。炸鸡或烤鸡，在正式场合用刀叉吃。食肉时，两唇合拢，不要出声。口中食物未吞下，不要再往口中送食物。肉类切忌先切成碎块，不但不雅，而且肉汁流失，殊为可惜。面包要撕成小片吃，吃一片撕一片，不可用嘴咬。如要涂牛油，并非整片先涂，再撕下来吃，宜先撕下小片，再涂在小片上，送入口中。撕面包时，碎屑应用碟子盛接，切勿弄脏餐桌。面包切忌用刀子切割。如果饼干和面包是烤热的，可以整片先涂牛油，再撕成小片吃。

每道菜吃完后，将刀叉并拢排放盘内，以示吃完，如图 9-14（c）所示。如未吃完，则摆成八字或交叉摆，刀口应向内，如图 9-14（d）所示。吃鸡、龙虾时，经主人示意，可以用手撕开吃，否则可用刀叉把肉割下，切成小块吃。切带骨头或硬壳的肉食，叉子一定要把肉叉牢，刀紧贴叉边下切，以免滑开。切菜时，注意不要用力过猛撞击盘子而发出声音。不容易叉的食品，或不易上叉的食品，可用刀把它轻轻推上叉。除喝汤外，不用匙进食。汤用深盘或小碗盛放，喝时用汤匙由内往外舀起送入嘴，即将喝尽，可将盘向外略托起。吃带有腥味的食品，如鱼、虾、野味等均配有柠檬，可用手将汁挤出滴在食品上，以去腥味。

刀叉的拿法是轻握尾端，食指按在柄上。汤匙则用握笔的方式拿即可。如果感觉不方便，可以换右手拿叉，但更换频繁则显得粗野。吃体积较大的蔬菜时，可用刀叉来折叠、分切。较软的食物可放在叉子平面上，用刀子整理一下。

多汁的水果如西瓜、柚子等，应用匙取食。粒状水果如葡萄，可以用手抓起来吃。如欲吐葡萄籽时，应将籽吐于手掌中再放入碟内。汁较少的水果如苹果、柿子，可将之切成四片，再削皮用刀叉取食。桃及瓜类，削皮切片后用叉取食。台湾的柑，用手剥皮后，可用手一片一片地撕下来吃。喝汤时不能发出啜食的声音，也不能端起汤盘喝，喝汤必须借助汤匙。

如果是谈话，可以拿着刀叉，无须放下。不用刀时，也可以用右手持叉，但若需要做手势时，就应放下刀叉，千万不可手执刀叉在空中挥舞摇晃，也不要一手拿刀或叉，而另一只手拿餐巾擦嘴，也不可一手拿酒杯，另一只手拿叉取菜。要记住，任何时候，都不可将刀叉的一端放在盘上，另一端放在桌上。每次送入口中的食物不宜过多，在咀嚼时不要说话，更

不可主动与人谈话。

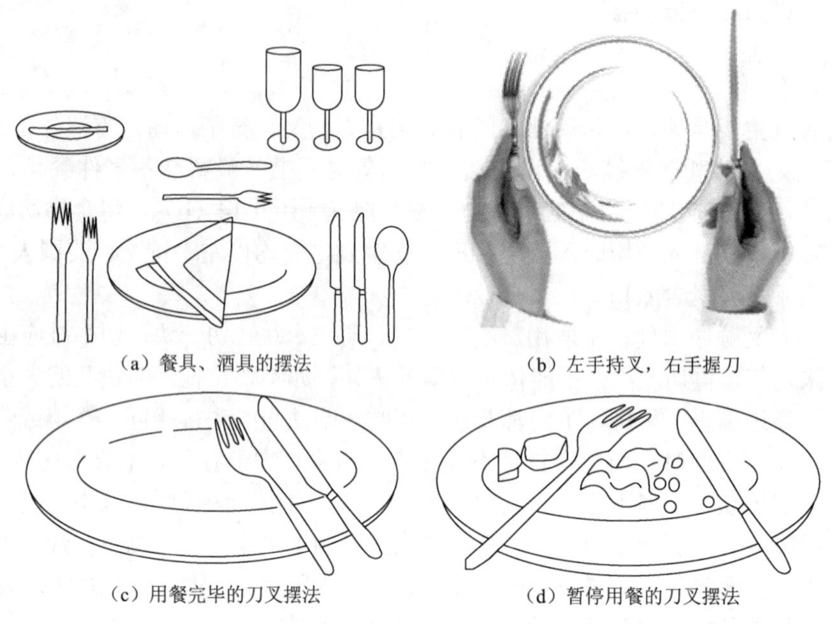
（a）餐具、酒具的摆法　（b）左手持叉，右手握刀

（c）用餐完毕的刀叉摆法　（d）暂停用餐的刀叉摆法

图 9-14　西餐餐具（酒具）的摆放和使用方法

二、吃西餐时应注意的相关事项

1. 交谈

无论是主人、陪客或宾客，都应与同桌的人交谈，特别是左右邻座。不要只同几个熟人或只同一两人说话。邻座如不相识，可先自我介绍。交谈时声音不要过大，以免引起邻座的不满。交谈时切勿将刀叉对着对方，否则是对对方的不尊敬，造成对你的厌恶。

2. 食物搭配

饮酒时应该搭配食用什么食物，时常困扰着人们，几百年来，饮酒时选择适当的食品似乎已经形成了一条条的规律。饮酒如何搭配食物毫无疑问应该随个人口味而定。食物和酒类可以分为四种口味，这也就界定了酒和食物搭配的范围，即酸味、甜味、苦味和咸味。

1）酸味。一般酒不能和沙拉搭配，因为沙拉中的酸会极大地破坏酒的醇香。但是，如果沙拉和酸性酒类同用，酒里所含的酸就会被沙拉的乳酸分解掉，这当然是一种绝好的搭配。所以，酸性酒和酸性食物可以一起食用。酸性酒类与含咸食品共用，味道也很好。

2）甜味。一般说来，甜食会使甜酒口味减淡。所以吃甜点时，糖分过高的甜点会将酒味覆盖，使其失去了原味。应该选择略甜一点的酒类，这样酒才能保持原来的口味。

3）苦味。苦味酒和带苦味的食物一起食用苦味会减少。所以，如果想减淡或除去苦味，

可以将苦酒和带苦味的食物搭配食用。

4）咸味。有许多酒类能降低含咸食品的盐味。世界许多国家和地区食用海产品如鱼类时，都会配用柠檬汁或酒类，其原因是酸能降低鱼类的咸度，食用时，味道会更加鲜美。

3. 祝酒

作为主宾参加外国举行的宴请，应了解对方的祝酒习惯，即为何人祝酒，何时祝酒，等等，以便做必要的准备。碰杯时，主人和主宾先碰，人多可同时举杯示意，不一定碰杯。祝酒时注意不要交叉碰杯。在主人和主宾致辞、祝酒时，其他人均应暂停进餐，停止交谈，注意倾听，也不要借此机会抽烟。主人和主宾讲完话与贵宾席人员碰杯后，往往到其他各桌敬酒，遇此情况应起立举杯。碰杯时，要目视对方致意。

宴会上相互敬酒表示友好，活跃气氛，但切忌喝酒过量，以免失言，甚至失态，因此必须控制在本人酒量的三分之一以内。

4. 宽衣

在社交场合，无论天气如何炎热，不能当众解开纽扣脱下衣服。小型便宴，如主人请客人宽衣，男宾可脱下外衣搭在椅背上。

5. 喝茶（或咖啡）

喝茶、喝咖啡时如愿加牛奶、白糖，可自取加入杯中，用小茶匙搅拌后，茶匙仍放回小碟内，通常牛奶、白糖均用单独器皿盛放。喝时右手拿杯把，左手端小碟。喝咖啡时会往咖啡中加液体咖啡伴侣，如果不愿意浪费，可将少许咖啡倒入盛装咖啡伴侣的杯盘中搅拌，并再次倒入咖啡杯中搅拌即可，切忌误将剩下的咖啡伴侣直接喝下。

6. 喝汤

喝汤不能吸着喝。先用汤匙由后往前将汤舀起，汤匙的底部放在下唇的位置将汤送入口中。碗中的汤剩下不多时，可用手指将碗略微抬高。如果汤是用有握环的碗盛装，可直接拿住握环端起来喝。

7. 吃水果

1）苹果、梨。在宴席上，要用手拿取苹果或梨，放在盘里。你可以用螺旋式剥皮法将其削皮。如果说这样做很难的话，就将水果放在盘上，先切成两半，再去核切块，然后用叉或水果刀食用。如果是在随便点的场合，你可以用手拿着吃。

2）鳄梨。带壳的鳄梨需要用勺来吃，如果切成片装在盘子里或拌在色拉里，要用叉子叉着吃。

3）香蕉。如果是在餐桌上吃香蕉，要先剥皮，再用刀切成段，然后用叉子叉着吃。在非正式场合如野餐、海滩等，要把香蕉剥出一半，然后再吃。

4）无花果。鲜无花果作为开胃品与五香火腿一起吃时，要用刀叉连皮一起吃下。若上面有硬杆，则用刀切下（否则会嚼不动）。作为饭后甜食吃时，要先把无花果切成四半，在橘汁或奶油中浸泡后，用刀叉食用。

5）柚子（橙子、橘子）。吃柚子时，要先把它切成两半，然后用茶匙或尖柚子匙挖出食用。在非正式场合，可以把柚子汁小心地挤到茶匙中。剥橙子皮时有两种方法，两者都要使用尖刀。方法一：螺旋式剥皮。方法二：先用刀切去两端的皮，再竖直将皮一片片切掉。剥皮后，可以把橙肉掰下来食用。如果橙子是切好的，也可以像吃柚子那样使用柚子匙或茶匙挖着吃。吃橘子要先用手剥去皮，再一片一片地吃。

6）葡萄。对于无籽葡萄没什么讲究，一粒粒地吃就行。若葡萄有籽，先把葡萄放入口中嚼吸食肉质，然后把籽吐到手中。要想容易地剥去葡萄皮，则要持其茎部放在嘴边，用中指和食指将肉汁挤入口中，然后把剩在手中的葡萄皮放在盘里。

7）芒果、木瓜。整个芒果，要先用锋利的水果刀纵向切成两半，然后再切成四分之一。用叉子将每一块放入盘中，皮面朝上，并剥掉芒果皮。也可以像吃鳄梨那样用勺挖着吃。如把芒果切成两半，挖食核肉，保留皮壳。吃木瓜像吃鳄梨和小西瓜一样，先切成两半，抠出籽，然后用勺挖着吃。

8）桃李。将桃李先切成二分之一，再切成四分之一，用刀去核。皮可以剥下来，但如果带着皮切成小块，用甜食刀叉食用也很好。

9）柿子。吃柿子有两种方法：一是先切成两半，然后用勺挖出柿肉；二是将柿子竖直放在盘中，柄部朝下，切成四块，然后再借助刀叉切成适当大的小块。食用时将柿核吐在勺中，放到盘子的一边。不要吃柿子皮，因为太苦太涩。

10）菠萝（果肉）。吃菠萝方法很简单，吃鲜菠萝片时，始终使用刀和叉。

11）草莓。大草莓可以用手拿着柄部，蘸着自己盘中的白砂糖整个吃，然后将草莓柄放入自己的盘里。如果草莓是拌在奶油里的，当然要使用勺子。

12）西瓜。切成块的西瓜一般用刀和叉来吃，吃进嘴里的西瓜籽要及时清理，并吐在手中，然后放入自己的盘子里。

13）浆果、樱桃。浆果、樱桃的吃法很多，可视情况而定，一般来说，吃浆果时，不管有无奶油，都要用勺子；吃樱桃要用手拿，将樱桃核文雅地吐在紧凹的手中，然后放入自己的盘子里。

8. 调味品

1）马萝卜酱、薄荷胶、葡萄干胶、芥末、苹果酱、酸果萝酱。食用上述调味品时，要先用汤匙将其舀入盘子里，然后用叉子叉肉抹油食用。液体酱汁如薄荷、樱桃或杏鸭酱，要直接浇到肉上面。浇得尽量少些，这样不会影响肉的整体味道。吃蛋卷和饼干用的果胶、果酱和蜜饯要用汤匙舀到黄油盘子的一边，然后用刀平抹在面包或蛋卷小块上。如果没有汤匙，用刀取果胶前，先在盘子边上擦一擦。吃咖喱菜时，可把花生、椰子、酸辣酱等调料放到盘

子里混合后配咖喱食用。酸辣酱也可作为配菜吃，不用混合。

2）盐和胡椒粉。先品尝食物，后加盐和胡椒粉。先放盐或胡椒粉是对厨师不礼貌的表现。如果桌上有盐罐，使用里面的盐匙，如果没有盐匙，就用干净的刀尖取用。蘸过盐的食物要放在自己的黄油盘里或餐盘里的一边。如果为你提供一个专人盐罐，你可以用手捏取。

3）色拉。按照传统，色拉要用叉子来吃，但是如果色拉的块太大，则应切开以免从叉子上掉下来。吃冰山莴苣一般要使用刀和叉。当色拉作为主食吃的时候，不要把它放在餐盘里，要放在自己的黄油盘里，靠在主盘旁。通常用一块面包或蛋卷把叉子上的色拉堆在盘子里。

4）黄油。往面包、蛋卷、饼干或吐司上抹黄油要用刀，而且小块面包只能抹少量的黄油。不要往蔬菜上抹黄油，因为这被认为是对厨师的侮辱。

9. 吃蔬菜

1）芦笋。如果要吃的芦笋菜中有汤汁，先切成小块，再用刀叉食用。如果芦笋很大而且需要蘸汁，先把头切下，然后分开来食用，以防滴汁和掉渣。也可以用手拿着茎柄蘸汁吃。对于小的芦笋，完全可以用手拿着蘸汁食用。

2）西红柿。西红柿除了做色拉吃以外，还可以用手拿着吃。挑个小点的，正好放入嘴中，要把嘴唇闭紧，不要张嘴咀嚼，因为这样汁液会溅出来。如果盘中只有一个大的西红柿，用牙轻轻将皮剥掉，先咬下一半，慢慢吃完再吃另一半。

3）玉米棒。鲜玉米棒大多是在非正式场合吃的，可以先把它掰成两半，以便好拿，要注意不要一次在上面抹撒太多的黄油或调料。可以横着吃，也可以转圈吃。先集中数排或一部分抹黄油，撒盐。吃完后再换地方，这样你的手和面部就不会过多地沾染调料。

4）土豆。土豆片和土豆条是用手拿着吃的，除非土豆条里有汁，那样的话要使用叉子。小土豆条也可拿着吃，但用叉会更好。如果土豆条太大，不好取用，就用叉子叉开，不要挂在叉上咬着吃。把番茄酱放在盘子边上，用手拿或用叉子叉着小块蘸汁吃。烤土豆在食用时往往已被切开。如果没有用刀从上部切入，用手或叉子将土豆掰开一点，加入奶油或酸奶，奶油和小青葱，盐和胡椒粉，每次加一点。也可以带皮食用。

10. 用手拿着吃的食物

如果你不知道该不该用手拿着吃，就跟主人学着做。记住：食物用浅盘端上来时，吃前先放入自己的盘子。下面这些食物可以用手拿着吃：带芯的玉米、肋骨、带壳的蛤蚌和牡蛎、龙虾、三明治、干蛋糕、小甜饼、某些水果、脆熏肉、蛙腿、鸡翅和排骨（非正式场合）、土豆条或炸薯片、小萝卜、橄榄和芹菜等。

要记住：小的三明治和烤面包是用手拿着吃的，大点的吃前先切开。配卤汁吃的热三明治需要用刀和叉。看一个人拿面包的方式，可以测试出他是否是个有修养的人。不过只要你记住在吃面包或蛋卷时，往上抹黄油之前，先把其切成两半或小块，你就可以轻松地通过测试。小饼干不用弄碎，使用你盘中的黄油刀，抹油应在盘子里或盘子上部进行，把黄油刀稍靠右边放，刀柄放在盘边外面以保持清洁。热吐司和小面包要马上抹油，不必把面包条掰碎，可在其一面抹黄油。把丹麦糕点（甜蛋卷）切成两半或四半，随抹随吃。

熏肉吃法很简单，吃带肥肉的熏肉要使用刀和叉即可。如果熏肉很脆，则先用叉子将肉叉碎，再用手拿着吃。

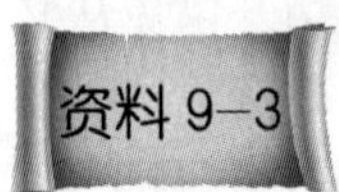

吃西餐，知礼仪

老张的儿子留学归国，还带了位洋媳妇回来。为了讨好未来的公公，这位洋媳妇一回国就诚惶诚恐地张罗着请老张一家到当地最好的四星级酒店吃西餐。

用餐开始了，老张为在洋媳妇面前显示出自己也很讲究，就用桌上一块“很精致的布”仔细地擦了自己的刀叉。吃的时候，学着他们的样子使用刀叉，既费劲又辛苦，但他也觉得自己挺得体的，总算没有丢脸。用餐快结束了，吃饭时喝惯了汤的老张盛了几勺精致小盒里的“汤”放到自己碗里，然后喝下。洋媳妇一愣，一时间不知所措，而他的儿子却早已满脸通红。

问题：请指出老张不合西餐礼仪之处，并说明正确的做法。

三、西餐食品的各种吃法

1. 甜点吃法

1）冰激凌。吃冰激凌一般使用小勺，当和蛋糕或馅饼一起吃或作为主餐的一部分时，要使用一把甜点叉和一把甜点勺。

2）馅饼。吃水果馅饼通常要使用叉子，但如果主人为你提供一把叉子和一把甜点勺的话，那么就用叉子固定馅饼，用勺挖着吃。吃馅饼是要用叉子的，除非是冰激凌馅饼，这种情况下，叉、勺都要使用。如果吃的是奶油馅饼，最好用叉而不要用手，以防止馅料从另一头漏出。

3）煮梨。吃煮梨应使用勺和叉，先用叉竖直把梨固定，再用勺把梨挖成方便食用的小块。叉子还可用来旋转煮梨，以便挖食梨肉。如果只有一把勺子，就用手旋转盘子，把梨核留在盘里，用勺把糖汁舀出。

4）果汁冰糕。如果作为肉食的配餐食用，可以用叉；如果是作为甜点食用，可以使用勺子。

5）炖制水果。吃炖制水果要使用勺子，不过你可以用叉子来稳住大块水果。把樱桃、梅干、李脯的核体面地吐到勺里，放在盘边。

2. 鱼的吃法

鱼肉极嫩易碎，因此餐厅常不备餐刀而备专用的汤匙。这种汤匙比一般喝汤用的稍大而且较平，不但可切分菜肴，还能将菜和调味汁一起舀起来吃。若要吃其他混合的青菜类食物，还是使用叉子为好。对于鱼骨头，首先用刀在鱼鳃附近刺一条直线，刀尖不要刺透，刺入一半即可。将鱼的上半身挑开后，从头开始，将刀放在骨下方，往鱼尾方向划开，把骨剔掉并挪到盘子的一角，最后再把鱼尾切掉。

3. 带骨食物的吃法

1）鸟类。先把翅膀和腿切下，然后借助刀和叉来吃它的身体部分。可以把翅膀和腿用手拿着吃，但不能用手拿它的身体部分。

2）鸡肉。先吃鸡的一半。把鸡腿和鸡翅用刀叉从连接处分开，然后用叉稳住鸡腿（鸡脯或鸡翅也可），用刀把肉切成适当大小的片。每次只切两三片，如果是很正式的场合，不能用刀和叉取用的，就干脆别动。如果是在非正式场合，你可以用手拿取小块骨头，但不能使用一只手。

3）肉排。用叉子或尖刀插入牛肉、猪肉或羊排的中心。如果排骨上有纸袖，可用手抓住来啃骨头上的肉，这样就不会使手油腻。在正式场合或者在饭店就餐时，即使包有纸袖也不能用手拿着骨头啃着吃。这些多余的东西是用来作装饰的，而不是让你暴吃的。在非正式场合，只有骨头上没有汤时，才可以拿起来啃着吃。

4. 面包的吃法

一般吃面包的原则是先用两手撕成小块，再用左手拿来吃。吃硬面包时，用手撕不但费力而且面包屑会掉满地，此时可用刀先切成两半，再用手撕成块来吃。避免像用锯子似的，应先把刀刺入中央部分，往靠近自己身体的部分切下，再将面包转过来切断另一半。切时可用叉将面包固定，避免发出声响。

5. 喝酒的姿势

酒类服务通常是由服务员负责将少量的酒倒入酒杯中，让客人鉴别一下品质是否有误，只需把它当成一种形式，喝一小口并回答“good”。接着，侍者会来倒酒，侍者倒酒时，你不要动手去拿酒杯，而应把酒杯放在桌上由侍者去倒。正确的握杯姿势是用手指握杯脚，为避免手的温度使酒温增高，应用大拇指、中指和食指握住杯脚，小指放在杯子的底台固定。喝酒时绝对不能吸着喝而是倾斜酒杯，像是将酒放在舌头上似的喝。可轻轻摇动酒杯让酒与空气接触以增加酒味的醇香，但不要猛烈地摇晃杯子。切记，一饮而尽、边喝边透过酒杯看人、拿着酒杯边说话边喝酒、吃东西时喝酒、口红印在酒杯沿上等，这些都是失礼的行为。不要用手指擦杯沿上的口红印，用面巾纸擦较好。

四、其他应注意的事宜

1. 西餐上菜顺序

1）头盘。西餐的第一道菜叫头盘，也称为开胃品。开胃品的内容一般有冷头盘或热头盘之分，常见的品种有鱼子酱、鹅肝酱、熏鲑鱼、鸡尾杯、奶油鸡酥盒、焗蜗牛等。因为是要开胃，所以开胃菜一般都具有特色风味，味道以咸和酸为主，而且数量较少，质量较高。

2）汤。与中餐有极大不同的是，西餐的第二道菜就是汤。西餐的汤大致可分为清汤、奶油汤、蔬菜汤和冷汤四类。品种有牛尾清汤、各式奶油汤、海鲜汤、美式蛤蜊周打汤、意式蔬菜汤、俄式罗宋汤、法式洋葱头汤。冷汤的品种较少，有德式冷汤、俄式冷汤等。

3）副菜。鱼类菜肴一般作为西餐的第三道菜，也称为副菜。品种包括各种淡水鱼、海水鱼类、贝类及软体动物类。通常水产类菜肴与蛋类、面包类、酥盒菜肴品均称为副菜。因为鱼类等菜肴的肉质鲜嫩，容易消化，所以放在肉类菜肴的前面，叫法上也和肉类菜肴主菜有区别。西餐吃鱼菜肴讲究使用专用的调味汁，品种有鞑靼汁、荷兰汁、酒店汁、白奶油汁、大主教汁、美国汁和水手鱼汁等。

4）主菜。肉、禽类菜肴是西餐的第四道菜，也称为主菜。肉类菜肴的原料取自牛、羊、猪、小牛等各个部位的肉，其中最有代表性的是牛肉或牛排。牛排按其部位又可分为沙朗牛排（也称西冷牛排）、菲利牛排、“T”骨型牛排、薄牛排等。其烹调方法常用烤、煎、铁扒等。肉类菜肴配用的调味汁主要有西班牙汁、浓烧汁精、蘑菇汁、白尼斯汁等。

5）禽类菜肴。禽类菜肴的原料取自鸡、鸭、鹅，通常将兔肉和鹿肉等野味也归入禽类菜肴，禽类菜肴品种最多的是鸡，有山鸡、火鸡、竹鸡，可煮、可炸、可烤、可焖，主要的调味汁有黄肉汁、咖喱汁、奶油汁等。

6）蔬菜类菜肴。蔬菜类菜肴可以安排在肉类菜肴之后，也可以与肉类菜肴同时上桌，所以可以算为一道菜，或称为一种配菜。蔬菜类菜肴在西餐中称为沙拉，与主菜同时服务的沙拉，称为生蔬菜沙拉，一般用生菜、西红柿、黄瓜、芦笋等制作。沙拉的主要调味汁有醋油汁、法国汁、千岛汁、奶酪沙拉汁等。

7）沙拉。沙拉除了蔬菜之外，还有一类是用鱼、肉、蛋类制作的，这类沙拉一般不加味汁，在进餐顺序上可以作为头盘食用。

8）熟食的蔬菜。还有一些蔬菜是熟食的，如煮花椰菜、煮菠菜、炸土豆条。熟食的蔬菜通常是与主菜的肉食类菜肴一同摆放在餐盘中上桌，称为配菜。

9）甜品。西餐的甜品是主菜后食用的，可以算作第六道菜。从真正意义上讲，它包括所有主菜后的食物，如布丁、煎饼、冰激凌、奶酪、水果等。

10）咖啡、茶。西餐的最后一道是上饮料，即咖啡或茶。饮咖啡一般要加糖和淡奶油；茶一般要加香桃片和冰糖。

2. 意外情况

宴会进行中，如若不慎发生异常情况，如用力过猛，使刀叉撞击盘子，发出声响，或餐具摔落地上，或打翻酒水，等等，应沉着冷静，不必着急。餐具碰出声音，可轻轻向邻座（或向主人）说一声“对不起”。餐具掉落可由招待员送一副。酒水打翻溅到邻座身上，应表示歉意，协助擦干；如对方是女士，只要把干净餐巾或手帕递上即可，由她自己擦干。

3. 冷餐会、酒会取菜

冷餐或酒会上招待员上菜时，不要抢着去取，待送至本人面前再拿。周围的人尚未拿到第一份时，自己不要急于去取第二份。请勿围在菜桌旁边，应取完即退开，以便让别人去取。

4. 纪念物品

有的主人为每位出席者备有小纪念品或一朵鲜花，宴会结束时，主人招呼客人带上。遇此，可说一两句赞扬这小礼品的话，但表示感谢时不必过于郑重。有时，外国访问者，往往把宴会菜单作为纪念品带走，有时还请同席者在菜单上签名留念。除主人特别示意作为纪念品的东西外，各种招待用品，包括糖果、水果、香烟等，都不要拿走。

5. 致谢

有时在出席私人宴请活动之后，往往致以便函或名片的形式表示感谢。

课堂实训

1. 实训名称

中、西餐就餐礼仪训练。

2. 实训内容

将学生分为每 10 人一组，一部分学生做主人（选其中一位作为第一主人），另一部分学生为客人（选其中一位作为主宾）进行中、西餐迎客、座次、就餐的模拟练习，然后进行角色调换，再次进行练习。

3. 实训要求

按照课堂讲解和课堂演示的要求，掌握以不同的身份就餐时需要注意的礼仪。

4. 实训地点

教室或实训室（按就餐要求重新摆放桌椅），有条件的可在中、西餐厅进行。

5. 实训课时

两个课时。

6. 教师考核

指导教师在旁边观摩并进行点评，最后给出实训成绩。

1. 参加宴会的传统男士西装礼服有哪几种？各有何特点？
2. 参加宴会的传统女士西装礼服有哪几种？各有何特点？
3. 我国的礼服一般如何穿着和搭配？
4. 确定宴会的时间、地点时应注意什么？
5. 正式宴会的席位安排应遵循哪些原则？
6. 宴会席位的安排顺序有哪几种排法？
7. 在制定宴会的菜单、酒类和饮品时应考虑哪些因素？
8. 参加正式宴会时应注意哪些礼节？
9. 增加宴会的热烈气氛可以采取哪些方法和技巧？
10. 中餐和西餐在宴请座次安排上有何不同?
11. 简述西餐进餐过程中的礼仪要求。
12. 简述西餐进餐过程中的注意事项。

第十章　职 场 礼 仪

本 章 导 读

了解、掌握并恰当地应用职场礼仪，有助于完善和维护职场人的职业形象，会使你在工作中左右逢源，使你的事业蒸蒸日上，做一个成功的职业人。成功的职业生涯并不意味着必须要才华横溢，更重要的是在工作中要有一定的职场技巧，用一种恰当合理的方式与人沟通和交流，这样才能在职场中赢得别人的尊重，从而在职场中获胜。本章介绍职场礼仪，包括求职礼仪和日常工作礼仪。

1. 了解撰写求职简历应注意的礼仪。
2. 了解撰写求职信应注意的礼仪。
3. 熟悉电话求职礼仪。
4. 掌握日常工作礼仪。

关键词

职场礼仪（workplace etiquette）
求职礼仪（job etiquette）
笔试礼仪（written etiquette）
面试礼仪（interview etiquette）
日常工作礼仪（daily work etiquette）

职场礼仪，是指人们在职业场所中应当遵循的一系列礼仪规范。学会这些礼仪规范，将使一个人的职业形象大为提高。职业形象包括内在的和外在的两种主要因素，而每一个职场人都需要牢固树立塑造并维护自我职业形象的意识。

第一节 求职礼仪

求职者首先要设法尽量多地了解希望就职的那家公司或单位的情况。其次，要尽可能全面地了解自己，应认真考虑一下自己究竟想干出点什么？该工作是否有助于实现个人目标？如何证明自己能够胜任未来的工作？

求职者可以分为三类：一类是刚刚走出校门的毕业生；另一类是由于原工作组织破产等而重新求职者；还有一类是对现有工作职务不满意而想另谋高就者。无论是何种求职者，在求职时，都应遵循一定的求职礼仪。

一、个人求职简历礼仪

个人求职简历是一种书面的自我介绍，是进入面试前给主考官建立第一印象的最重要的材料，为了避免未进入面试环节即被淘汰的不良后果，一定要重视求职简历的制作。

1. 求职简历的内容

求职简历的内容主要包括个人基本情况介绍（如姓名、性别、政治面貌、籍贯、生源地、学历、健康状况、身高、家庭地址、邮编、联系电话、电子邮箱、QQ号及个人免冠照片等）；学习进修教育情况（如学校和专业介绍、学过的课程、详细的学习成绩、外语水平、奖惩情况、学历学位证书的复印件、社会工作或勤工俭学经历、德智体自我鉴定、院系意见等）；工作经历及原工作职责（若不是应届毕业生，需写明工作经历、职务与成就）；权威人士推荐（为了增加说服力，可列举几个能证明的原上司、老师或其他有一定社会地位或专业权威人士的评价或推荐信，当然需要经过本人同意）。另外，如果觉得有必要说明自己的婚姻、家庭等个人隐私，也可以反映在个人简历上，这都是符合礼仪的。

2. 求职简历的撰写技巧

撰写求职简历要注意以下技巧：第一，要扬长避短，尽量提供自己最优秀的一面；第二，要“量身定做”，应聘不同的职位，突出不同的特长，切不可一式多份；第三，简历的撰写要简洁精练，篇幅不要过长（除附加证明材料外一般不要超过两页纸，而且最好使用打字的方法），内容要实事求是，绝对诚实，不要夸张吹嘘，用词要恰当，尽量不用虚词或感叹词，反复阅读校对，不能出现文字或语法错误，不要有涂改擦痕。

二、求职信礼仪

当应聘地离住址较远或招聘单位要求来函介绍情况时，应聘者可以写求职信。

一封好的求职信，在求职者尚未面试之前就给招聘单位留下一个很好的第一印象，这对于顺利入围面试是十分重要的。

1. 求职信的内容

求职信属于书信范畴，主要包括称呼、正文、结尾、署名、日期、目录和附件六个方面的内容。

1）个人情况和招聘信息来源。个人情况可以参考上述简历的内容撰写；招聘信息来源可能是网站、报纸、人才市场、校园招聘会、户外招聘广告、招聘单位散发的传单或熟人推荐等，求职信中写明招聘信息的真实来源即可。

2）申请的工作单位。写明你要求职的工作单位，单位名称要准确，一定要写单位的全称。

3）胜任工作的条件。要对照招聘岗位的具体要求说明自己能胜任应聘岗位的各种能力和经验。例如，向对方介绍自己曾经担任过何种社会工作及取得的成绩，预示着自己有管理方面的才能，有发展、培养的前途。再如，向宣传或公关部门推荐自己时，介绍自己爱好文艺、体育、绘画、摄影或书法等特长，预示着能承担此类部门的各种工作任务。

4）表示面谈的愿望。求职信结尾要表示希望对方给予回复，并且热切希望有一个面谈的机会。要写清楚自己详细的通信地址、邮政编码、联系电话、电子邮箱或QQ号等，必要时还应注明何时打电话较合适，等等，以便互相联系。

5）附上照片。在求职信的适当位置贴上精心选择的近照（或插入电子照），不宜选择生活照。无论是贴上去的照片，还是打印出来的图片，都要做到清晰、柔美，不失真。

2. 写求职信应注意的礼仪

1）实事求是，扬长避短。要恰如其分地介绍自己的能力和特长。介绍特长时，不能虚夸，但也不必谦虚，应写得真实、具体，不要泛泛而谈，只要你在某一方面确有能力，适当地“吹嘘”是你信心的体现。

2）文笔要流畅，表达要准确，切忌错别字。求职信的书写要文笔流畅，表达准确，用词得体，不卑不亢。如果是手写，字迹要工整、漂亮；如果是打印，要精心排版。求职信初稿完成后要反复斟酌字句，在任何情况下，都要尽量避免笔误或拼写错误，更不能使用网络聊天语言，否则会给人粗心大意、缺乏诚意或视求职如儿戏，甚至文字功底差的印象。

3）简明扼要，重点突出，条理清楚，有针对性。因为不同岗位对应聘者的要求会有不同的侧重，不同的招聘官也会有不同的喜好，所以应聘不同的工作岗位时，求职信应尽量使用不同的版本。

4）不需要过分强调学习成绩（附成绩单即可），应多强调自己完成工作的能力。

5）书写纸张应用质地好的信纸，用钢笔书写或打印。

6）书写篇幅以两页约1500字较为合适。太长了，对方没时间看；太短了，自己情况介绍不详细，不易吸引人。

7）字体漂亮，讲究格式。如果采用打印的形式，应采用漂亮的字体，讲究格式。

8）附有关证书的复印件。求职信一般都要求同时寄一些有效证件的复印件，如成绩单、推荐函、学历证、学位证、获奖证书、身份证或其他能证明求职者能力的证明材料，如论文、发明证书，求职者最好在正文下方列出一个附件清单，这样做，一是方便招聘单位审核，二是给招聘方留下一个“有条不紊，很负责任，办事周到”的好印象。

9）精心设计。求职信一定要精心设计，力争使自己的求职信能在堆积如山的简历中脱颖而出，这里的关键是既标新立异，而又无哗众取宠之嫌，从而达到出奇制胜的效果。①如果你写得一手好字，一份用钢笔书写的求职信可能会使招聘人员眼前一亮；②如果你能将各种材料如照片、证件扫描，编辑排版制成“画册”，这种画册式的求职信自然是与众不同；③如果能制作一张光盘，其中不仅包括文字、图片，还有录像片段，或者自己建立一个网站，都会给招聘单位留下深刻的印象。

3. 求职信范文

下面的求职信是一个典型的案例（因为每个人的情况不同，此范文仅供参考，不可照抄）。

尊敬的××公司领导：

你们的招聘启事为一个刚刚离开校门的年轻人提供了诱人的机会。能为您这样颇有影响的公司进行关于消费者的研究，简直是我最喜欢的工作。下面谈谈我个人的情况。

我今年22岁，相貌端正，与人关系融洽。

我好询问、好分析——喜欢将事情搞个水落石出。

我灵活机敏、风趣幽默——有让人说真话的本事。

这些品质加上热情、恒心和吃苦耐劳的精神，能够使我——一个初学者的工作得到您的满意。

今年7月我毕业于南京大学，主修市场营销专业，我的老师给我写了评价较高的推荐信。我希望能有机会把这封信给您看看。

我研究过消费过程，理解统计表上所标出的购买习惯和趋势的意义。如果能到贵公司就职，我将很快成为一名称职的市场营销专业人员。

随信附上明信片，上面有我的通信地址。希望能用它通知我和您会晤的时间。如愿打电话，我的电话号码是×××××××××××。

此致

敬礼！

×××谨启

××××年×月×日

三、电话求职礼仪

许多求职者在找工作时会先通过电话与用人单位接洽。在打电话时，对方看不到你的容貌，印象的好坏全凭声音语调及说话的内容、方式来判定，所以，电话中的礼貌问题就显得尤为重要。在参考第五章第二节中相关论述的基础上，要注意如下礼仪要求。

1. 选择好通话时间

一般宜在上午或下午的工作时间打电话。但要注意早上刚上班和下午准备下班时这两个时间段，通常都是公司中最忙碌的时候，打电话要注意避开这两个时段。早上7时之前、午休时间、晚上10时以后和三餐时间不宜打电话。

2. 选择通话场所

在安静的场所打电话，如果是使用公共电话或手机，要特别注意周围环境，在嘈杂的环境中，除了听不清楚之外，也会容易让人焦躁。所以一定要慎选场所，以免失礼。

3. 注意讲话口气

通话后请先礼貌地打招呼，比如“您好！我有几个问题想要请教，请问您现在方便吗？”以免打扰对方工作，留下不佳的印象。

4. 防止中间挂断

使用公共电话，最常发生的问题就是零钱准备不够而中断；用电话卡打电话也要特别注意电话卡的余额是多少，防止发生中间挂断现象；如果是使用手机，也要事先考虑一下话费是否充足，还要看一下手机的电量，以免出现通话尚未结束就自然挂断。

5. 礼貌询问，自报姓名

电话接通后应首先报上自己的姓名，并礼貌地问对方单位、称呼，明确提出要找的人，请对方找人或表示转告应致谢。待接通相关人员后，同样再报出自己的姓名。其次，将询问到的各项信息事先做成备忘录。

6. 调整好心情

要以面试的心情通电话。讲话时语速不急不缓，语气、声调不要太大或太小，应简明扼要地叙述，不要啰唆，语言顺畅，不要结巴。一般的公司在询问后通常会要求求职者寄简历，但也有用人单位在电话中询问相关问题以决定是否进一步面谈，一旦突然被问到应聘的动机、工作经验等问题，恐怕会因为没有准备而无法答得很好。所以应该准备一些应聘理由和自我推荐的说辞，如果决定进一步面谈，一定应记清楚与对方约好见面的时间、地点。

7. 选择合适的沟通方式

在电话中尽可能回答所有的问题。如果觉得用电话还是不妥，利用电子邮件也是不错的方式。现在越来越多的用人单位除了接受电子邮件简历外，对于求职者提出的疑问也会很乐意解答。

8. 巧问条件限制

在招聘广告中，大多会列出年龄限制、经验需求及需要具备的专业技术，不过这并不是绝对的限制。和公司要求的条件不完全吻合，还会有被聘用的机会。例如说要五年以上工程师的经验，三年的资格也有可能被录取。关于年龄方面也是一样，年龄限制往往只是一个标准罢了。不管如何，应聘条件并非绝对，如果你对该公司真的很有兴趣，不妨先问问看。

9. 有的问题应尽量避免询问

或许你对薪水的多少非常在意，但对于用人单位而言，如果不清楚你的底细，是无法马上回答的。至于有关加班及休假的问题，也会容易让人质疑你的敬业态度，在电话中应尽量避免询问。

10. 话毕致谢，轻轻挂断

打完电话后，应致谢并说“再见”，最好让对方先行挂断，自己再将电话轻轻挂断，且不可匆忙结束通话而未说致谢的话就急速挂断，这样做是很不礼貌的。

四、笔试礼仪

1. 笔试的种类

1）专业考试。①公务员制度：《行政职业能力倾向测试》《申论》；②事业单位招聘：《职业能力测验》《公共基础知识》；③选调生：类似于公务员考试，但对考生的要求会更多一些。

2）心理测试。心理测试可以说是一个“公说公有理，婆说婆有理”的测试，不要奢望一定会得高分，因为不同的岗位对心理的要求不同。

3）命题写作。希望大家能在这方面多锻炼自己。

2. 笔试技巧

1）要掌握科学的答题方法，大家可以买些相关的书看看。

2）在答题时要紧扣主题，比如看《申论》时要注意抓题。

3）注意书写卷面的整洁。判卷者总是会给整洁的卷面多打分，哪怕是一分，或许它就决定了你的一生。

4）充分发挥自己的特长。比如2010年福建省宁德市寿宁一中学生杨华用一个小时的时间，写下了千言古文作文《士运论》，得到满分。

3. 注意事项

1）笔试前应充分准备，但临考前的晚上不要再开夜车，以免疲劳应战。

2）笔试时应自觉遵守考场纪律，不要高声喧哗、吸烟、左顾右盼或议论，不夹带资料和抄袭。

总之，在应聘时注意并恰当地遵守这些礼仪，有助于择业成功。

五、面试礼仪

面试官对求职者形象的好坏，关系到求职者能否找到一份满意的工作。为此，求职者在面试前对个人形象进行设计是必要的。但是，并非所有的"包装"都能奏效，有时还会适得其反。一般在求职面试时，在礼仪和形象设计上应注意如下几个方面。

1. 求职者面试的仪态礼仪

1）服饰与打扮要求。一个人与他人交往的第一印象很重要，外表是人们踏入社会的第一张名片。大学毕业生在应聘时，首先要注意自己的衣着和打扮。许多人认为难得有一次面试的机会，一定要大出风头，于是买了许多时髦、前卫的服装服饰，这是一个极大的误区。一般正规的企业都很欣赏传统、保守的正装，所以，服装不一定要穿名牌，穿着庄重、得体就好。有的人则不太注重服装，穿着过于随便，这会使招聘人员对你的印象大打折扣。求职时的服饰打扮应该注意稳重、正式，一般来说，套装较为普遍适宜，而且一定要整洁、干净，注意尺码一定要合身，大一码或小一码都会影响穿着效果。衣服的颜色宜选择皮肤的中性色，注重现代感，把握积极的方向。要注意保持面容清洁、头发整齐，绝不可蓬头垢面。穿深色衣服时最好事先拍拍两肩，以免头皮屑掉在上面。另外，不可忽视不同职位对穿着的不同要求，如应聘公关职位就要适当地注意时尚，而应聘文秘、财会职位就应与时尚拉开适当的距离。

面试着装打扮，切忌标新立异

一次某公司招聘文秘人员，由于待遇优厚，应聘者很多。某大学中文系毕业的小张同学前往面试，她的背景材料可能是最棒的：大学四年，在各类刊物上发表了三万字的作品，内容有诗歌、散文、评论等，还为六家公司策划过周年庆典，一口英语表达也极为流利，书法也堪称佳作。小张五官端正，身材高挑、匀称。面试时，招聘者拿着她的材料等她进来。小张穿着迷你裙，露出藕段似的大腿，上身是露脐装，涂着鲜红的唇膏，轻盈地走到一位考官面前，不请自坐，还笑眯眯地等着问话。孰料，三位招聘者互相交换了一下眼色，主考官说："张小姐，请回去等通知吧。"她喜形于色："好!"挎起小包飞跑出门。

问题：小张能等到录用通知吗？为什么？假如你是小张你打算怎样准备这次面试？

2）求职者站姿的基本要求。站姿是仪态美的起点，又是发展不同动态美的基础。良好的站姿能衬托出求职者良好的气质和风度。站姿的基本要求是挺直、舒展，站得直，立得正，线条优美，精神焕发。其具体要求如下：①头要正，头顶要平，双目平视，微收下颏，面带微笑，动作要平和自然；②脖颈挺拔，双肩舒展，保持水平并稍微下沉；③两臂自然下垂，手指自然弯曲；④身躯直立，身体重心在两脚之间；⑤挺胸、收腹、直腰，臀部肌肉收紧，重心有向上升的感觉；⑥双脚直立，女士双膝和双脚要靠紧，男士两脚间可稍分开点儿距离，但不宜超过肩膀（具体姿势要求可参考本书第二章第一节相关论述）。

3）求职者坐姿的基本要求。坐姿是仪态的重要内容。良好的坐姿能够传递出求职者自信练达、积极热情的信息，同时也能够展示出求职者高雅庄重、尊重他人的良好风范。求职者坐姿的基本要求是端庄、文雅、得体、大方。具体要求如下：①入座时要稳要轻，不可猛起猛坐使椅子发出声响。女士入座时，若着裙装，应用手将裙子稍向前拢一下。②坐定后，身体重心垂直向下，腰部挺直，上体保持正直，两眼平视，目光柔和。男子双手掌心向下，自然放在膝盖上，两膝距离以一拳左右为宜。女士可将右手搭在左手上，轻放在腿面上。③坐时不要将双手夹在腿之间或放在臀下，不要将双臂端在胸前或放在脑后，也不要将双脚分开或将脚伸得过远。坐于桌前应该将手放在桌子上，或十指交叉后以肘支在桌面上。④入座后，尽量保持正确的坐姿，如果坐的时间长，可适当调整姿态，以不影响坐姿的优美为宜（具体姿势要求可参考第二章第一节相关论述）。

坐姿反映心态，切勿小觑

一次，有三个大学毕业生同时应聘一家公司做业务员，由于害怕面试时紧张，三个同学希望一块参加面试并征得了人事部主任的同意。当三位同学进入人事部主任办公室时，主任先上前请三位同学自由入座。当主任回到办公桌前转过身来一看，欲言又止，只见两位同学坐在沙发上，一个跷起二郎腿，而且两腿不停地颤抖；另一个身子松懈地斜靠在沙发一角，两手使劲攥握手指咯咯作响；只有一个同学端坐在椅子上，表情自然地等待面试。人事部主任起身非常客气地对两位坐在沙发上的同学说："对不起，你们二位的面试已经结束了，请回去等结果。"两位同学四目相对，不知何故，怎么什么都没问，面试就结束了？

问题：你知道其中的缘故吗？

4）求职者走姿的基本要求。走姿是站姿的延续动作，是在站姿的基础上展示人的动态美，无论日常生活中还是社交场合，走路往往是最吸引人注意的体态语言，最能表现一个人的风度和魅力。求职者走姿的具体要求如下：①行走时，头部要抬起，目光平视对方，双臂

自然下垂，手掌心向内，并以身体为中心前后摆动，上身挺拔，腿部伸直，腰部放松，步幅适度，脚步宜轻且富有弹性和节奏感；②男士应抬头挺胸，收腹直腰，上体平稳，双肩平齐，目光直视前方，步履稳健大方，显示出男性刚强雄健的阳刚之美；③女士应头部端正，目光柔和，平视前方，上体自然挺直，收腹挺腰，两脚靠拢而行，步履匀称自如、轻盈，端庄文雅，含蓄恬静，显示出女生庄重而文雅的温柔之美（具体姿势要求可参考第二章第一节相关论述）。

2. 面试时行为举止的注意事项

在面试时，求职者的行为举止十分重要。一般而言，求职者要注意如下问题。

1）准时赴约。求职者一定要遵时守信，迟到和毁约都是不尊重主考官的一种表现，也是一种不礼貌的行为。如果求职者有客观原因不能如约按时到场应事先打个电话通知主考官，以免对方久等。如果已经迟到，不妨主动陈述原因，宜简洁表达，这是必需的礼仪。

2）不要结伴而行。应聘时不要结伴前往面试，即使公司要招聘多人。无论应聘什么职位，独立性、自信心都是招聘单位对每位应聘者的基本素质要求。

3）举止大方，从容不迫。求职者要举止大方，举手投足自然优雅，不拘束，从容不迫，显示出良好的风度。

4）带齐个人简历、证件、介绍信或推荐信等必要的材料。见面时，一定要保证不用反复翻找就能迅速取出所需材料。

5）入室敲门。求职者进入面试室的时候，应先敲门，即使面试室的门是虚掩的或是本来就开着的也应先敲门，千万别冒冒失失地推门就进，给人以鲁莽、无礼的感觉。敲门时要注意敲门声的大小和敲门的节奏。正确的是用右手的指关节轻轻地敲三下，问一声："我可以进来吗？"待听到允许后再轻轻地推门进去。

6）微笑示人。求职者在踏入面试室的时候，应面露微笑，如果有多位考官，应面带微笑地环视一下，以眼神向所有人致意。一般而言，陌生人在相互认识时，彼此会首先留意对方的面部，然后才是身体的其他部分。面带真诚、自然、由衷的微笑，可以展示一个人的风度、风采。有利于求职者塑造自己的形象，给人留下美好的印象。求职者与主考官相识之后，便要稍微收敛笑容，集中精神，平静的面容有助于求职者面试成功。

7）莫先伸手。求职者进入面试室，行握手之礼，应是主考官先伸手，然后求职者伸手相迎，热情相握。若求职者拒绝或忽视了主考官的握手，则是失礼。若非主考官主动先伸手，求职者切勿贸然伸手与主考官握手。

8）递物大方。求职者与主考官会面后应选择合适的时机送上事先备好的个人求职资料。递交资料时应双手奉上，表现得大方和谦逊。

9）请才入座。求职者不要进屋就自己坐下，要等主考官请你就座时再入座。主考官请你入座，求职者应该表示感谢，并坐在主考官指定的椅子上。如果没有指定的座位，可选择主考官对面的位子坐下。另外，注意坐姿的优美与精神状态。

10）保持一定的距离。面试时，求职者和主考官必须保持一定的距离，不适当的距离会使主考官感到不舒服。如果应聘的人多，招聘单位一般会预先布置好面试室，把应试人的位置固定好。当求职者进入面试室后，不要随意将椅子挪来挪去。有的人喜欢表现亲密，总是把椅子向前挪，殊不知，这是失礼的行为。如果应聘的人少，主考官也许会让你同坐在一张沙发上，求职者这时应界定距离，太近了，容易和主考官产生肌肤接触，这是失礼的行为。

11）以礼相待，忌不拘小节。有的求职者，自恃学历高，或者有经验、有能力，不愁用人单位不用，在求职时傲慢不羁，不拘小节，表现出无所谓的样子，这是不可取的。正是这些不易被人注意的细节，使不少人失去了一些好的工作机会。求职者在等候面试时，不要旁若无人，随心所欲，对接待员熟视无睹，自己想干什么就干什么，给人留下不好的印象。对接待员要礼貌有加，也许接待员就是公司经理的秘书、办公室的主任或人事单位的主管人。如果你目中无人，没有礼貌，在决定是否录用时，他们可能也有发言权，所以，你要给所有人留下良好的印象，而并非只是对面试的主考官。面试前，自觉将手机等关掉（或设为振动模式）后再进入面试室。

12）自我介绍的分寸。当主考官要求你做自我介绍时，不要像背书似的把简历上的一套再说一遍，那样只会令主考官感到乏味。用舒缓的语气将简历中的重点内容稍加说明就可以了，如姓名、毕业学校、专业、特长等。如主考官想深入了解某一方面时，你再做稍详细的介绍。

13）行为举止礼仪。求职者在面试时要注意自己的行为举止：①要注意站正坐直，不要弯腰低头；②双手放在适当的位置，并要安稳，不要做如玩弄领带、掏耳朵、挖鼻孔、抚弄头发、掰关节、玩弄招聘者递过来的名片等多余的动作；③禁止腿或脚不停地晃动、跷起等；④自己随身带着公文包或皮包，也不要挂在椅子背上，可以把它放在自己坐的椅子旁边或背后。

14）放松心情，充满自信。许多求职者一到面试点就会产生一种恐惧心理，害怕自己思维紊乱，词不达意，出现差错，以致痛失良机。于是往往会因为紧张而出现心跳加快、面红耳赤等情况。此时，应控制自己的呼吸节奏，努力调节，尽量达到最佳状态后再面对招聘考官。求职面试的过程实际上是一种人际交往的过程，求职双方都应用平和的心态去交流。求职者要不卑不亢，讲话时要充满自信，回答提问尽量详细，但不要展开发挥。

15）询问与应答的礼仪。保持积极自信的心态，是面试中智慧语言不断迸发的前提。要按接见者的话题进行交谈，大胆询问有关未来的工作。面试中主考官常常会问到如下几个方面的问题：①请告诉我你的基本情况；②你为什么申请这份工作？③你了解这份工作和这家公司吗？④你的主要特长是什么？⑤你对工作的期望是什么？⑥这些年来你最大的成就是什么？⑦你是如何克服困难的？⑧五年内你希望自己有何发展？⑨你对成功的定义是什么？对上述这些有可能问到的方面应聘者都要事先有心理准备。有的主考官可能会故意提问一些令你感到受冒犯或意想不到的问题，用来试探一下你如何应对，考察你的人品修养和应变能力。你一定要冷静，不能意气用事，更不要耍小聪明。一定要冷静思考再做回答，有的问题可以拒绝回答，但口气和态度一定要婉转、温和。

诚实是最重要的素质

有一位求职者到一家公司去应聘，由于各方面的条件都不错，他很快便从众多的应聘者中脱颖而出。面试的最后一关，由公司的总裁亲自主持。当这位求职者刚一跨进总裁的办公室，总裁便惊喜地站起来，紧紧握住他的手说：“世界真是太小了，真没想到会在这儿碰上你。上次在东湖游玩时，我的女儿不慎掉入湖中，多亏你奋不顾身地跳进湖中将她救起，我当时由于太忙，忘记问你的名字了。快说你叫什么名字？”这位求职者被弄糊涂了，但他很快便想到可能是总裁认错人了。于是，他平静地说：“总裁先生，我从来没有在东湖救过人，你一定是认错人了。”即使这位求职者如何解释，总裁依然一口咬定自己不会记错。求职者呢，也犯起了倔强，就是不肯承认自己曾经救过总裁的女儿。过了好一会儿，总裁才微笑着拍了下这位求职者的肩膀说：“年轻人，你很诚实，我们决定录用你，你明天就可以来上班了！”

16）勿犹豫不决。一般来说，应聘时求职者的态度切忌举棋不定，这样会让主考官感到你是个信心不足的人，由此会怀疑你的工作作风和实际能力，尽管招聘单位有很多选择机会，而自己也会因此而丧失此次机遇。

17）及时告辞。有些接见者以起身表示面谈的结束，另一些人则用“同你谈话我感到很愉快”或“感谢你前来面谈”这样的辞令来结束谈话，对此，应聘面试者应十分敏锐，及时起身告辞。

18）告别要有礼貌。面试过程中应始终遵守礼仪准则，面谈结束，离开时要将椅子放好，并同接见者握手，面带微笑地表示感谢，还应向外间接待你的秘书道谢。面试后最好给接见者写一封感谢信，这样做不仅表示礼貌，还可弥补面试的不足，表示你对单位的感情，并加深对你的好感。在接到不录用的通知后，也要写信或发个电子邮件（发手机短信也可）表示感谢，以便下次联络。

最好的介绍信

某公司经理经面试后决定录用一位没有任何人推荐的小伙子。当有人问起他“您为什么要录用这位小伙子”时，他如是说：“这位小伙子带来了许多介绍信：①他神态清爽，服饰整洁；②他在门口蹭掉了脚下带的土，进门后随手轻轻地关上了门；③当他看见残疾人时主动让座；④进入办公室，其他人都从我故意放在地板上的那本书上迈过去，而他却很自然地俯

身捡起并将其放在桌上；⑤他回答问题简洁明了，干脆果断。”

问题：① 经理话中的“介绍信”指的是什么？② 这些“介绍信”介绍了小伙子的哪些优点？③ 小伙子在应聘中遵守了哪些礼仪规范？

3. 面试中的忌讳

1）忌过分套近乎或使用不得当的称呼。比如称主考官为王副经理、叔叔、阿姨、李哥等。

2）忌提过于幼稚和不合时宜的问题，或者明知故问。比如，在贵公司有发展吗？您对我印象如何？像我这样的名牌大学毕业生，公司能给我多少钱？

3）忌打听秘密，传播无聊的消息和留言，甚至有不客观的评价。比如，听说领导的亲戚×××都已经内定了？听说公司最近效益不好？

4）忌个人口头语过重，忌使用争辩和反驳的语气，言语伤人或得理不饶人。比如，这事儿你们也未必清楚，某些方面你们还不如我呢！

5）忌诉苦、叹息、发牢骚或怨天尤人。比如，我们老师也是一知半解，当时就没讲清楚；学校对学生的评比基本不看能力。

6）忌寡言少语，反应迟钝，坐立不安，导致谈话冷场。比如，低头不语、不及时回应等。

7）忌讲起话来滔滔不绝，以自我为中心。比如，光顾自己讲，不给别人插话的机会，从而造成自我暴露多，其结果是收获甚少。

8）忌小动作太多，注意力不集中。比如，有看手机、戴耳麦、私语、抖动腿等轻浮动作。

9）忌表情夸张，过于兴奋、激动。比如，言谈举止中带有演讲、主持、撒娇等表演的痕迹。

10）忌说大话，班门弄斧，自以为是。比如，我有很多特长，我的经历很丰富，我有关系，贵公司应该建一个网站，等等。

11）忌打断对方讲话，令人尴尬受辱，破坏谈话兴致。比如，中间强行插话、转移话题或接听手机。

12）忌过分殷勤，给人造成负担。比如，不适宜地递烟、倒茶等。

总之，面试时，一定要保持斯文有礼、不卑不亢、大方得体、生动活泼的言谈举止。这不仅可大大提升你的形象，而且往往使成功机会大增。

第二节　日常工作礼仪

一、上岗礼仪

通过种种考试、面试，能够被录用并开始上岗，应该说已经是一个幸运者、胜利者了，而第一次上岗对于每个人来说都是十分重要的，因为如果说应聘时是推销自我的话，上岗就是展示自我能力的开始，尤其“首因效应”十分重要，为了树立良好的“第一印象”，在走

上新的工作岗位时，应注意如下礼仪。

1. 明确上岗须知

1）准时到达，切忌迟到。

2）衣着整洁，言行举止彬彬有礼。保持良好的自我形象；给同事起身、点头、示意；仔细听清并记住同事们（包括上级、下级）的姓氏，尽早区分认识，便于沟通。

3）办公场所不可乱闯。

4）全面了解公司的各项规章制度及岗位职责。

5）若遇不解，坦诚求助。当你有困难时不要不好意思求助他人，人们有时会愿意原谅无知，而决不肯原谅错误。

不拘小节，误了大事

小刘所在的公司应邀参加一个研讨会，该次研讨会邀请了很多商界的知名人士及新闻界人士参加。老总特别安排小刘和他一道参加，同时也让小刘见识一下大场面。

小刘早上睡过了头，等到他赶到会场时，会议已经进行了 20 分钟。他急急忙忙推开会议室的门，“吱”的一声脆响，他一下子成了会场的焦点。刚坐下不到 5 分钟，肃静的会场上又响起了摇篮曲，原来是小刘的手机响了！这下子，小刘可成了全会场的“明星”……

没过多久，听说小刘已经被另调新岗了。

2. 做到爱岗敬业

1）认真做好第一份工作，良好的开端是成功的一半。

2）一如既往地用心工作。

3）不断学习，精益求精。

3. 搞好人际关系

1）与上级的关系。尊敬领导，维护上级权威。

2）与同事的关系。团结协作，平等互助，关心沟通。

3）与下级的关系。以身作则，公平公正，既坚持原则，又照顾到人情。

上司的女儿还在幼儿园

琳达是北京×××机电公司销售部经理的秘书。由于上司的太太临时出国，这些天上司每天下班后都要去幼儿园接女儿回家。这天下午，上司正在与哈尔滨×××公司的冯总洽谈一笔很重要的生意，快到六点（下班时间）了还没谈完；听说谈完之后上司还得宴请冯总。这时上司似乎完全把去幼儿园接女儿的事给忘了。面对这种情况，琳达应该怎么办？

请从下面五个选项中选出一个你认为最合适的，并说明理由：

a. 装作不知道有这件事；

b. 上司让自己帮忙就去接；

c. 提醒上司该去接女儿了；

d. 如果上司让自己去接就推辞，说自己下班后还有事；

e. 用短信提醒上司，说自己可以代替他去接。

答案：本题选 e 比较合适。

理由：去幼儿园接女儿，这看起来是上司的私事，但上司为了工作牺牲了自己的私人时间而不能去接自己的女儿。如果按时去接，必然会影响上司的工作，因而去幼儿园接女儿不再是件私事了。秘书提醒上司说自己可以去接，表明了作为助手积极主动的态度，这样做表面上看好像是为上司个人的事着想，但实际上也是为了公司利益。

二、早安礼仪

早上一到公司要精神抖擞地向他人有礼貌地道早安。

1. 细心观察，学会方式

道“早安”是社会行动的第一步，是确定自己存在的积极行动。如果自己所发出的声音能够引起对方的反应，这不仅达到了“自我确认”的目的，也是人与人接触的基本礼貌，社会关系也因此而产生。

2. “早安”从“早餐”开始

早餐，英文称“breakfast”。这个字是由宗教活动“fast”（绝食）及“break”（打破）二字合成的。也就是说，打破从昨夜开始一直没有进食的状态称之为早餐。

3. 道“早安”表示又是新的一天

你与周围的人互道“早安”，就如同上班铃声一样，一天的工作从这句“早安”又开始了。你如果希望在新的一天当中，自己的人际关系更加圆满，无论如何都要清新、明朗地和他人道“早安”。

4. 道“早安”是一种价值观

你必须清楚自己对“早安”的价值观。道“早安”不只是一种礼仪或是关系到一些利弊得失，而且对于自我存在的确认以及人际关系有着非常重要的影响。

5. “早安”可化解矛盾

从实际生活来看，早上打招呼的对象应包含与自己交情一向不睦的人，以及昨天曾经为了工作而起冲突的人。这一句轻松愉快的“早安”等于是向对方宣布“昨天是昨天，今天是今天。昨天的不愉快已经过去了，今天又是愉快的一天”。有时你愉快地向对方道“早安”，对方有可能还在因昨天的不愉快而耿耿于怀，不给你好脸色，碰到这种情况你也不必在意。不愉快或芥蒂就让对方去负担好了，自己一定要保持清爽愉快的心情。

6. “早安”影响形象，代表信心

尤其是对上司精神饱满地打招呼，可以让上司对你保持“这小伙子真棒”的好印象。早上的印象会影响全天的印象，这可马虎不得。

三、下班礼仪

结束了一天的工作之后就到了下班的时间，这是上班族每天都期盼解除约束的时刻。下班也要注意礼仪。

1. 按点下班

公司里一定有一些人在下班之前二三十分钟便开始准备要回家了。有的女性特别喜欢花上一段时间化个妆，但是请你一定要明白，多数公司是不允许在下班前做私事的。所以，员工不要下班铃还没响就想着离开办公室，尤其是手头的工作还没告一段落时。

2. 比领导晚走

如果下班铃已响，自己的工作也已经结束，而上司还留在办公室时该怎么办？过去的规矩是：上司没走，属下一般不可先行离去。现在虽然已经没有这样的规矩了，但也要视情况而定，注意礼仪。此时，不妨轻声地问一声：“有没有需要我帮忙的地方？”或是说：“对不起！我先走了。”千万不要一声不响地走掉，这样是很不礼貌的。在先行离去时，除了说“对不起”之外，说一声：“你辛苦了!”对上司、对同事或下属也都适用。

3. 离开时礼貌致意

离开办公室时，对还在工作的同事说声“再见”，原本是最基本的礼貌。但这只适用于比较亲近的同事，对于上司，还是要再进一步地表示自己的敬意为好。

四、接待来访礼仪

人们经常会出于各种原因来办公室找你，所以应注意接待来访者的礼仪，这不但涉及组织形象问题，对你工作能否顺利开展也有很大的关系。

1）如果你暂时无法接见来访者，应安排秘书或其他有关人员礼貌地接待客人，切不可

让其坐“冷板凳”。

2）当来访者是上级或长者、客户时，你要站起来握手，而如果是员工、同事进来，除了是新来的，又是第一次见面，一般不必起身握手。

3）如果来访者是为了同你谈某些事情，要尽量让对方把话说完，而且你的一举一动要表现出你在认真地听讲。

4）不要随意拍板，不要轻易许诺。不同意对方观点，要克制恼怒。意见一致，要抑制热情，不能喜形于色，手舞足蹈。

5）接待来访者时，由于连续不断的电话而使会谈反复中断，是对来访者的莫大侮辱，也最容易引起来访者的愤慨，所以应尽量由秘书等人接电话。

6）如果会见时出现某些使你为难的场面，你可以直截了当地拒绝某一要求，也可以含蓄地暗示自己无法做到，或者干脆说明自己的难处来避免你不愿谈的问题。但都得注意礼貌用语，不要刺激对方觉得你瞧不起他或有能力而故意不帮忙。

7）能马上答复或解决的事不要故意拖延时间，不能一下子答复或马上解决的事应告诉对方一个答案，约定一个时间再联系。

8）如果想结束会见而对方又不知道时，你可以婉言提出如“对不起，过一会儿我还有一个会议要开”，等等。或者由秘书等人来催你去办理另一件事来告诉对方，你们的谈话到此结束，也可以用起身等体态语告诉对方就此结束。

五、上门拜访礼仪

在工作中，出于各种原因，你可能要去拜访别人，这时就更需要讲究礼仪，才能使你尽量顺利地完成工作任务或达到拜访目的。

1）最主要的拜访礼仪是准时赴约。万一有意外事情不得不迟到时，应及时打电话告诉对方。

2）到达约会地点后，要主动向接待人员通报自己的有关情况，以便接待人员安排你与求见者会面。

3）如果需要等待接见，应安静地坐着，不要随意与其他人员闲聊来打发时间，如果想吸烟要注意观察该场所是否允许吸烟。即使你等候时间过长，也不要明显地抬腕看表或摆出不耐烦的样子。实在无法再等候，可以向秘书说明，并另定机会，不可大发雷霆。

4）与求见者见面后，如果是初次见面要主动自我介绍，如果是熟人，也要先问候并握手致意。

5）谈话时应开门见山，言归正传，不要海阔天空，浪费时间，而且不能光一个人滔滔不绝，要给求见者讲话、答复的时间，出现矛盾不要争执不休，得到帮助不要奴颜婢膝。

6）应对求见者的举动十分敏锐，当求见者有结束会见的意欲时应立即起身告辞，切忌死赖着不走。

六、汇报工作礼仪

下级向上级汇报工作时，应注意如下礼仪。

1）遵守时间，不可失约。应树立极强的恪守时间的观念，不要过早抵达，使上级准备未毕而难堪，也不要迟到，让上级等候过久。

2）轻轻敲门，经允许后才能进门。不可大大咧咧，破门穿堂，即使门开着，也要用适当的方式告诉上级有人来了，以便上级及时调整状态、心理。汇报时，要注意仪表、姿态，站有站相，坐有坐相，文雅大方，彬彬有礼。注意上级办公室是否允许吸烟，如果可以敬烟时应打开烟盒弹出几支，递向上级由他自取。

3）汇报内容要实事求是，汇报口音要吐字清晰，语调、声音大小适当。有喜报喜，有忧报忧，语言精练，条理清晰，不可“察言观色”投其所好，歪曲或隐瞒事实真相。

4）如果上级不注意礼仪，不可冲动，仍然要坚持以礼相待，也可以身示范来暗示上级纠正错误，或者直言相陈，但要注意言辞的艺术性。

5）汇报结束后，上级如果谈兴犹在，不可有不耐烦的体态语产生，应等到由上级表示结束时才可告辞。告辞时，要整理好自己的材料、衣着、茶具、座椅等，当领导送别时要主动说“谢谢”或“请留步”。

七、听取汇报礼仪

上级在听取下级的工作汇报时，也要注意如下礼仪。

1）应守时。如果已约定时间，应准时等候，如有可能可稍提前点时间，并做好记录要点及其他准备。

2）应及时招呼汇报者进门入座。不可居高临下，盛气凌人，大摆自己的官架子。

3）要善于听。当下级汇报时，可与之目光交流，配之以点头等表示自己认真倾听的体态动作。对汇报中不甚清楚的问题可及时提出来，要求汇报者重复、解释，也可以适当提问，但要注意所提的问题不至于打消对方汇报的兴致。

4）不要随意批评、拍板，要先思而后言。听取汇报时不要有频繁看表或打呵欠、做其他事情等不礼貌的行为。

5）要求下级结束汇报时，可以通过合适的体态语或委婉的语气告诉对方，不能粗暴打断。如果已到了吃饭时间且下级上班地点距此地又较远时，可挽留下级吃便饭。当下级告辞时，应站起来相送。如果是平时联系不多的下级来汇报，还应送至门口，并亲切道别。

八、职场礼仪禁忌

人在职场要注意一些礼仪禁忌。

1. 切忌直呼领导名字

只有跟领导情谊特殊的资深主管，或是认识很久的老友，或有时是领导自己说：“别拘

束，你可以叫我×××”，才可能直呼领导的中文或英文名字，否则下属应该以“尊称”称呼领导，如“张局”“郭总”“李董事长”等。

2. 切忌以“高分贝”打私人电话

在公司打私人电话已经很不应该，若是还肆无忌惮高谈阔论，更会让老板十分不满，也影响同事工作。

3. 切忌开会不关手机

“开会关机或设为振动”是基本的职场礼仪。当台上有人做报告或布置事情时，台下手机铃声响起，会议必定会受到干扰，不但对台上的人，对其他参会人员也是不尊重。

4. 切忌让领导提重物

跟领导出门洽谈公务时，提重物等动作你要尽量代劳，让领导也跟你一起提一半的东西是很不礼貌的。另外，男同事跟女同事一起出门，男士也应表现出绅士风范，主动帮女士提东西、开关车门，这些贴心的举手之劳，将会为你赢得更多的人缘。

5. 切忌称呼自己为“某先生或某小姐”

打电话找某人的时候，留言时千万别说：“请告诉他，我是某先生或某小姐。”正确的说法应该先讲自己的姓名，再留下职称，比如：“你好，敝姓王，是××公司的营销主任，请××打我电话好吗？我的电话号码是××××××××，谢谢你的转达。”

6. 切忌只对“自己人”注意礼貌

中国人往往“对自己人才有礼貌”，比如一群人走进大楼，有人只帮自己的朋友开门，却不管后面的人还要进去，就把门关上，这是非常不礼貌的。

7. 切忌迟到、早退或太早到

不管上班或开会，请不要迟到、早退。若有事可能迟到、早退，一定要事先提出，不能临时才说。此外，太早到也是不礼貌的，因为主人可能还没准备好，或还有别的宾客，此举会造成对方的困扰。当万不得已到得太早时，不妨先打个电话给主人，问是否能将约会时间提早一些？不然先在外面待一会儿，等时间到了再进去。

8. 切忌谈完事情不送客

职场中送客到公司门口是最基本的礼貌。若很熟的朋友知道你忙，也要起身送到办公室门口，或者请秘书或同事帮忙送客，一般客人则要送到电梯口，帮他按电梯按钮，目送客人进了电梯，待电梯门完全关上，再转身离开。若是重要客人，更应该帮忙叫出租车，帮客人开车门，关好车门，目送对方离开再走。

9. 切忌看高不看低

只跟领导等“居高位者”打招呼，有点太过现实。别忘了也要跟领导、主管身边的秘书或小朋友打招呼。

10. 切忌专选高价位餐点

领导请客，专挑昂贵的餐点；别人请客，专挑贵的餐点是非常失礼的。价位最好在主人选择的餐饮价位上下。若主人请你先选，选择中等价位就够了，千万别把人家的好意当成冤大头。

11. 切忌不喝别人倒的水

主人倒水（饮料）给你喝，一滴不沾是不礼貌的举动。即使不渴或不喜欢这种饮料，也要举杯轻抿一口再放下。若是主人亲自泡的茶或煮的咖啡，千万别忘了赞美两句。

12. 切忌想穿什么就穿什么

“随性而为”的穿着或许让你看起来青春有特色，不过，上班就要有上班样，穿着专业的上班服饰，有助于提升工作形象，也是对工作的基本尊重。

13. 开门见山地陈述观点

在竞争激烈的职场上，高学历、有能力的人实际上很多，在素质相仿的一群人中，抓住机会脱颖而出，才能获得更好的发展空间。拐弯抹角或耐人寻味的提问方式虽然可以使人觉得你含蓄温和，但它的反面代价也是巨大的。因此，不管你自认为多么谦逊，也请不要在会议上说一大堆多余的话，那样会大大损害你的形象。一个人的自信是非常有渗透力的，所以在你需要把自己的设想与观点摆在桌面上时，开门见山，少兜圈子会为你赢得主动权，奠定你在高层心目中的地位。

14. 让桌面永远保持干净

这可以说是最容易做到的一件事，但又是坚持下来最困难的一件事。桌面上杂乱的文件、记事本，电脑上厚厚的尘土，乱丢的签字笔，会让一切看上去都毫无头绪，负面的情绪稍一累积，就会勾起惰性的滋生。办公室里总有些另类人，把一切都打理得井井有条，办公室内生机勃勃，有花有草有小鱼；桌面上永远一尘不染，连鼠标都闪闪发亮。另类人之所以另类，他的高明之处在于坐在如此整洁舒适的小小天地里，便会油然而生一种对工作的依恋之情，一花一草一桌一椅，都可激发他的工作状态。能把公司照看成小家的人，一定特别愿意提早来上班，先从给花草浇浇水、喂喂小鱼、清新整洁的环境开始一天的工作吧，这也是提高主动性的小窍门。

15. 三分钟之内结束私人电话

上班时间不要主动打私人电话，但却很难避免在上班时间接听别人打来的私人电话，关键是当接听朋友或家人打来的与工作无关的电话时要尽量长话短说，不要漫无边际地聊起来没完。一天的工作时间就那么长，应该学学那些为自己制定了规矩的职场先锋。比如，约定自己的私人电话时间绝不会超过三分钟。原因是私人的事情难免会影响你的情绪，甚至会让自己暂时脱离工作的状态。所以，在三分钟之内结束，避免自己被琐事干扰，对自己和工作都是一种负责的主动态度。

工作时间接听私人电话要有节制

谢小姐大学毕业后不久在某公司就职，她性格开朗、活泼，朋友非常多。朋友多，电话自然也很多。她每天上班时总要接一些私人电话。每次接到朋友的电话，她总是兴高采烈，常常旁若无人地与朋友谈笑风生，似乎总有说不完的话。可是，她却没有觉察到周围同事那带有责备的目光。在年终考核时因民主测评分数过低，她被公司辞掉了。

16. 事业成功的人往往耐得住寂寞

有些人做事看似过于程式化，但他们是善于自我控制的人，他们很会安排时间。对于我们每一个人来说，每当遇到自己不情愿做又不得不做的事情时，避免拖延的最佳办法就是制定计划并按部就班地完成它。从接到任务的第一时间起，就在自己的日历上注明截止日期，并科学地排出日程表。这样不但可以每天轻松地做完当天的工作，而且更容易把当天的工作组织得非常完美。因为有惰性的人干事总是先松后紧，最后让自己慌手慌脚地把工作敷衍了事，其效率与业绩自然就不可能超越一贯按部就班做事的人。

职场中的聚与距

进公司的第一天，部门经理带我和同事们认识。每个人都对我微笑、握手，气氛暖融融的，让我着实激动了一把。

可没想到经理一走，办公室里立刻露出“真容”。经理让小李当我师傅带我熟悉业务，可她只顾埋头写计划书，对手足无措的我根本不予理睬。

我天性内向，朋友不多，非常渴望能在集体中找到归属感，获得关注。于是我下决心改变自己，可越变越崩溃。比如我看了许多星座的书，然后专找星座一样的同事聊天，觉得彼

此有缘。“徐姐，你好年轻啊，看起来就像三十多岁。”结果人家脸一黑：“我本来就是三十多岁嘛！”我臊了个大红脸。

我非常沮丧，觉得职场人际的水好深啊！

我有个亲戚在单位是中层领导，在职场上经历过大风大浪。她说职场中每个人每天跟同事在一起的时间远远超过家人，如果不能和大家和睦相处，日子会过得很灰暗，对事业影响很大。她还说在职场上保持自我个性，不要强行改变自己，不必刻意去学交往技巧，那会给人圆滑的感觉。“在职场中真诚最重要。”她建议我说话要讲究分寸，让对方感觉舒服，要学会补台，不要拆台，有成绩时说“我们”，犯错误时说“我”，同事聊天插不上话就微笑倾听，“因为倾听也是一种参与”。

我从小住校一直不会做饭，但心里非常渴望做大厨。后来我发现和女同事聊烹饪是和她们亲近的一个重要途径。每当我咨询红烧肉和各式炒菜的做法时，年长的女同事就两眼发光，大谈她的厨艺和营养观，给我出谋划策。

我暗爽，终于在办公室找到像家一样的温暖了。

年底联欢会，我为每一位上台唱歌的同事鼓掌。不是刻意拍马屁，而是我五音不全，我觉得每个能唱到调上的，都是人才，好羡慕他们。没想到这个友善的举动让大家非常感动，有时我工作中出错了，同事们都愿意替我兜着，不向上司汇报。

对不好相处的同事我会在MSN、QQ和邮件上说事或发个短信，事儿就解决了。既没有争执，还不用看别人的脸色办事，效率颇高。

在职场上要善待每一位同事，但不必刻意地把每一个人都处成哥们儿朋友，合则聚，不合则距。

课堂实训

1. 实训题目

对求职简历、求职信和求职面试过程进行实训练习。

2. 实训内容和实训步骤

1）每人撰写一份求职简历，交给指导教师评阅。

2）每人撰写一封求职信，交给指导教师评阅。

3）将全班学生分成四个小组，每组选出三人扮演招聘方的考官（一名主考官，两名辅考官），其余均扮演成求职应聘的大学生。各组主考官按照指导教师事先设计好的问题提纲向应聘者提问，各位应聘者轮流上阵接受面试。第一轮面试结束后，每组推荐出二名优秀者参加第二轮面试（第二轮面试仍逐个进行，由指导教师担任主考官），其他未参加第二轮面试的同学均在旁边观摩。

3. 实训要求

通过实训，使学生熟悉和掌握求职过程中的基本礼仪。

4. 实训地点

教室或礼仪训练室。

5. 实训课时

两个课时。

6. 成绩评定

由指导教师分别对求职简历、求职信和求职面试做出总体点评，最后对全班同学分别给出实训成绩。

思考题

1. 个人求职简历一般包括哪些内容？
2. 求职信包括哪些内容？其中应注意哪些礼仪？
3. 电话求职应注意哪些礼仪？
4. 参加求职笔试应注意哪些礼仪？
5. 求职面试时在仪态仪表和行为举止方面应注意哪些礼仪？
6. 新走上工作岗位时应注意哪些礼仪？
7. 每日早上到公司上班时应注意哪些早安礼仪？
8. 每日结束工作下班时应注意哪些礼仪？
9. 工作时间接待来访者应注意哪些礼仪？
10. 工作中上门拜访应注意哪些礼仪？
11. 向上级汇报工作时应注意哪些礼仪？
12. 上级听下级汇报工作时应注意哪些礼仪？

第十一章 节庆礼仪

本章导读

节日，是世界人民为适应生产和生活的需要而共同创造的一种民俗文化。各民族和地区都有自己的节日，有的节日源于传统习俗，如中国的春节、中秋节等。有的节日源于宗教，如基督教国家的圣诞节。有的节日源于对某人或某事件的纪念，如中国的端午节、国庆节等。另有国际组织提倡的运动指定的日子，如劳动节、妇女节等。所有的节日都有特定的内涵以及纪念和庆祝方式，每一个节庆日都是礼仪的大考场，稍不留神，也许就会贻笑大方。只有记住了节庆礼仪的法则，让礼仪成为自己的生活习惯，才能够应付自如，尽情享受节日期间交往的乐趣。本章主要介绍中外民族的节日特点和节庆礼仪。

1. 了解国际性节日及节庆礼仪。
2. 熟悉我国主要的民间节日及节庆礼仪。
3. 了解外国主要的民间节日及节庆礼仪。
4. 掌握世界主要国家和地区的风俗和礼仪。

关键词

中国民间节日（chinese folk festivals）
外国民间节日（foreign folk festivals）
国际性节日（international holiday）
节庆礼仪（festival etiquette）

在人类漫长的发展过程中，由于生产力发展的不平衡，世界各地两千多个民族（包括我国的 56 个民族）中，欧美大部分国家已率先进入了现代化社会，而发展中国家的一些民族仍处于原始的落后状态。处于不同发展阶段的民族，由于地域、种族、历史、文化背景和宗教信仰的差异，产生了与之相适应的文化、生活方式、风俗习惯和节日。各国节日可谓种类繁多，内涵丰富，既有世界各国统一的节日，也有各国各自传统的民间节日和宗教节日。各国各民族所拥有的丰富多彩的节日，已经成为人类社会生活以及文化领域的重要内容，它不仅能够反映出不同国度、不同民族独特的历史面貌和社会风情，同时又构成了不同民族五颜六色的生活环境和文化园地。所以在国内、国际交往中，我们有必要了解和遵守各国节庆期间的特定礼仪，使节日活动成为各国、各民族人民增进了解、建立友谊的纽带。

第一节　国庆和国际性的节庆礼仪

各国各民族都有很多节庆日，简而言之，节庆礼仪有如下几个特点：①约定性，它有规定的时间。②民俗性，绝大多数节庆来自民族习俗和宗教习俗，礼仪的一个出处就是习俗，古人讲："礼出于俗，而俗化为礼。"③地域性，不同国家，不同地区，礼仪的习惯有所不同，具体来讲，节庆礼仪要学习的可以归纳为七个字：衣、食、住、行、访、谈、送。下面介绍国际性的主要节日。

一、国庆日

国庆日是世界各国人民的盛大节日，具有重要的政治意义，各国政府对此都非常重视，一般都要举行活动以示庆祝。一年一度的国庆招待会是各国庆祝国庆比较通常的做法。

国庆招待会的形式各式各样，一般以茶话会、文艺演出或舞会为多。各国驻当地的外交使节、商务代表、留学生代表往往也被邀请参加有关的活动。

国庆时，一般都规定法定假期，举国欢庆。遇有逢五逢十的大庆，庆祝规模就会更隆重些。军事检阅和群众游行是某些国家的主要庆典仪式，除本国领导人和军事官员出席观礼外，还邀请正在当地进行国事访问的外国领导人和各国驻该国的外交使节出席，并对他们给予较高的礼遇。有的国家在节日之夜还举行文艺活动、放节日焰火等活动。

为庆祝国庆日，各当事国驻外使馆在驻国首都一般都举行国庆招待会。这类招待会规模不一，多以酒会形式，邀请驻在国的政府领导人和有关方面人士以及各建交国使节夫妇和主要的外交官参加。

对别国的国庆日，国际上通常是发电、发函祝贺，一般以国家元首和政府首脑致对方相应领导人，少数国家在对等的基础上，以国家或国会的名义发贺电。各国对发来的电函以相应的方式复谢。

二、新年（元旦）

新年，对于世界上大多数国家来说是一年的开始，含有“一元复始”的意义。目前世界上多数国家都使用公元纪年，这一天也被称为元旦，在这一天，各国一般都要举行活动辞旧迎新，虽然形式各异，内容不一，但都含有除旧布新、祝福、祈求来年丰收之意。元旦期间，各友好国家领导人之间或友好人士之间常常互相沟通，祝福新年快乐。有些国家还要组织团拜活动，各界人士相聚在一起互相表示祝贺。

也有些国家和民族不以公元纪年，他们的新年有其特殊的日子。比如泰国传统的新年是宋干节（“宋干”是梵语的译音，有求雨的意思），也叫泼水节或求雨节，在每年的4月13～15日。泰国人信奉佛教，因此，一切礼仪都沿用佛教的礼仪，庆祝仪式从除夕下午开始，善男信女老老少少都喜气洋洋，到寺庙参加“浴佛”盛典。将佛像迎至会场里搭起来的佛坛上，用香水淋洒佛像，献供、膜拜、诵经，然后民间开始拜年并泼水祝福。

三、三八国际妇女节

三八国际妇女节的全称是联合国妇女权益和国际和平日，在中国又称国际妇女节、三八节和三八妇女节。从1909年3月8日美国芝加哥妇女争取“男女平等”游行集会以来，至今已走过了一百多年的历程。中国妇女和世界各国妇女一样，都为世界和平，国家独立、解放、革命、建设和人类的发展进步做出了巨大的贡献和牺牲，涌现出了数以万计的巾帼英雄和三八红旗手。党和政府为维护广大妇女的合法权益，制定了较完善的法律法规和规章制度。

世界各国把每年的3月8日定为三八国际妇女节，这一天许多国家由妇女组织发起组织各种报告会、座谈会、茶会等活动来庆祝这一重大节日。

四、五一国际劳动节

1866年，第一国际日内瓦会议提出八小时工作制的口号。1886年5月1日，以美国芝加哥为中心，在美国举行了约35万人参加的大规模罢工和示威游行，示威者要求改善劳动条件，实行八小时工作制。5月3日，芝加哥政府出动警察进行镇压，开枪打死两人，事态扩大。5月4日，罢工工人在干草市场广场举行抗议，由于不明身份者向警察投掷炸弹，最终警察开枪，先后共有4位工人、7位警察死亡，史称干草市场暴乱或干草市场屠杀。在随后的宣判中有8位无政府主义者以谋杀罪被起诉，4位无政府主义者被绞死，1位在牢中自杀。为纪念这次伟大的工人运动及抗议随后的宣判，在世界范围内举行了工人的抗议活动。这些活动成为国际劳动节的前身。

1889年7月，在恩格斯组织召开的第二国际成立大会上宣布将每年的5月1日定为国际劳动节。经过艰苦的流血斗争，终于获得了胜利。为纪念这次工人运动，1889年7月14日，由各国马克思主义者召集的社会主义者代表大会，在法国巴黎隆重开幕。大会上，与会代表一致同意：把5月1日定为国际无产阶级的共同节日。这一决定立即得到世界各国工人

的积极响应。1890 年 5 月 1 日，欧美各国的工人阶级率先走向街头，举行盛大的示威游行与集会，争取合法权益。从此，每逢这一天世界各国的劳动人民都要集会、游行，以示庆祝，并公众放假。

中国人民庆祝劳动节的活动可追溯至 1918 年。1949 年 12 月，中央人民政府政务院将 5 月 1 日定为法定的劳动节。

五一国际劳动节是世界各国工人阶级自己的节日。鉴于各国制度不一，庆祝的方式也各不相同。有些国家举行盛大的群众游行和军事检阅，邀请外宾参加，而有些国家则不举行任何庆祝活动。

五、国际护士节

每年的 5 月 12 日是国际护士节，是为纪念现代护理学科的创始人——弗洛伦斯•南丁格尔，于 1912 年设立的。1860 年，南丁格尔在英国圣多马医院建立了世界上第一所正规护士学校，并撰写了多部护理学专著。她的办学思想由英国传到欧美及亚洲各国，南丁格尔因此被誉为近代护理专业的鼻祖。1910 年，南丁格尔去世。

为纪念南丁格尔对护理事业所做的贡献，1912 年，国际护士理事会将她的生日（5 月 12 日）定为国际护士节，其基本宗旨是倡导、继承和弘扬南丁格尔不畏艰险、甘于奉献、救死扶伤、勇于献身的人道主义精神，借此激励护士继承和发扬护理事业的光荣传统，以爱心、耐心、细心、责任心对待每一位病人，做好护理工作。从 1988 年开始，每年的国际护士节都设有一个主题。

六、六一国际儿童节

国际儿童节（又称儿童节）定于每年的 6 月 1 日。为了悼念 1942 年 6 月 10 日的利迪策惨案和全世界所有在战争中死难的儿童，反对虐杀和毒害儿童，以及保障儿童权利，1949 年 11 月，国际民主妇女联合会在莫斯科举行理事会议，中国和其他国家的代表愤怒地揭露了帝国主义分子和各国反动派残杀、毒害儿童的罪行。会议决定将每年的 6 月 1 日定为国际儿童节。它是为了保障世界各国儿童的生存权、保健权和受教育权、抚养权，为了改善儿童的生活，为了反对虐杀儿童和毒害儿童而设立的节日。目前世界上许多国家都将 6 月 1 日定为儿童的节日。

从 1949 年开始，中华人民共和国正式确定每年 6 月 1 日为儿童节。学校一般会为此组织相关的集体活动，并要求学生正式着装（普及校服前为白衬衣和蓝线裤）。但民间在约定俗成下，中国香港儿童节的日期与中国台湾儿童节的日期一样，即每年的 4 月 4 日，民间庆祝的方式多以送礼物给小朋友，或陪小朋友外出吃大餐或游玩。

第二节 我国主要的民间节日

我国是一个历史悠久的多民族国家，在漫长的岁月和不同的历史时代，经过沿袭相传，形成了生动的多姿多彩的民俗节庆活动。除此之外，我国还有元宵节、中秋节、端午节、三月三（上巳节）等各具特色的民间节日，人们都以不同的形式进行庆祝。其中以少数民族节日最富于特色。

我国有 56 个民族，每个民族都有自己的风俗习惯，自然也就有自己的民族节日习俗。通常所说“千里不同风，百里不同俗”就是这个意思。因此，为增进与各民族的感情，必须入乡随俗，了解并尊重各民族的风俗习惯，才能把我们国家建设成一个各族人民大团结的社会。本节主要介绍我国的主要民间节日和几个主要少数民族的节日习俗。

一、除夕

每年农历十二月三十为除夕，俗称大年三十儿。它是春节的序幕，过节一般从此开始。除夕这天，人们合家团圆，张灯结彩，贴春联、放鞭炮以除旧迎新。除夕的晚饭是最丰盛的一餐，全家团拜共祝吉祥。一般吃馒头，象征团圆；年糕，象征生活水平一年更比一年高；鱼，象征年年有余等。我国历来有“守岁”的习俗，除夕之夜，吃罢年夜饭，晚辈向长辈行礼辞岁，长辈则赏以压岁钱，以示吉祥。然后全家围坐叙谈，彻夜不眠以待天明，取“辞旧迎新”之意。

二、春节

农历正月初一为春节，这是中国人民最隆重、最热闹的新年节日。各家游子归乡，亲人团聚，其乐融融。这一天，人们一大早就燃爆竹开门，以示开门大吉，然后着新衣出门拜年，见面互道“新年好”“恭喜发财”等。一般是晚辈向长辈拜，学生向师长拜。人们还直寄新春贺卡，遥祝远方的亲人一年平安发达。春节国家法定放假七天。春节又叫过年，是我国汉族和少数民族共同的节日。在古代，每年的农历大年初一是一年的第一个早晨，所以也称元旦。辛亥革命以后，我国宣布采用公历，为区别起见，将 1 月 1 日称为新年、元旦，将旧历（农历）新年称为春节。

按旧俗，春节庆祝活动要持续五天。在几千年的文化历史中，我国的春节形成了许多风俗习惯，如扫尘、贴春联、挂年画、拜年、逛庙会、守岁、吃年糕等极富生活情趣的各种活动。

春节的由来与传说

春节和年的概念，最初的含意来自农业，古时人们把谷的生长周期称为年，《说文 · 禾部》:

“年，谷熟也。”在夏商时代产生了夏历，以月亮圆缺的周期为月，一年划分为十二个月，每月以不见月亮的那天为朔，正月朔日的子时称为岁首，即一年的开始，也叫年，年的名称是从周朝开始的，到了西汉才正式固定下来，一直延续至今。但古时的正月初一被称为元旦，直到中国近代辛亥革命胜利后，南京临时政府为了顺应农时和便于统计，规定在民间使用夏历（即农历），在政府机关、厂矿、学校和团体中实行公历，以公历的元月一日为元旦，农历的正月初一为春节。

1949年9月27日，新中国即将成立，在中国人民政治协商会议第一届全体会议上，通过了使用世界上通用的公历纪元，把公历的元月一日定为元旦，俗称阳历年；农历正月初一通常都在立春前后，因而把农历正月初一定为春节，俗称阴历年。

传统意义上的春节是指从腊月初八的腊祭或腊月二十三的祭灶开始，一直到正月十五元宵节结束，其中以除夕和正月初一为高潮。在春节这一传统节日期间，我国的汉族和大多数少数民族都要举行各种庆祝活动，这些活动大多以祭祀神佛、祭奠祖先、除旧布新、迎禧接福、祈求丰年为主要内容。活动形式丰富多彩，带有浓郁的民族特色。

三、元宵节

农历正月十五为元宵节，又称为上元节、上元佳节或灯节，是中国汉族和部分兄弟民族的传统节日之一，亦是汉字文化圈的地区和海外华人的传统节日之一。汉族传统的元宵节始于2000多年前的秦朝。汉文帝时下令将正月十五定为元宵节。汉武帝时，太一神的祭祀活动定在正月十五（太一神：主宰宇宙一切之神）。司马迁创建太初历时，就已将元宵节确定为重大节日。正月是农历的元月，古人称夜为宵，而十五日又是一年中第一个月圆之夜，所以称正月十五为元宵节，又称为小正月、元夕或灯节，是春节之后的第一个重要节日。每逢是日，家家户户要吃元宵（或汤圆），晚上上街看灯会。至此，春节正式结束。

四、清明节

清明是一年二十四节气之一，时间在仲春与暮春之交，也就是冬至后的第108天，一般在4月4日、5日或6日。清明节是中国的传统节日，也是重要的祭祀节日之一，是祭祖和扫墓的日子。中国汉族传统的清明节大约始于周代，距今已有2500多年的历史。受汉族文化的影响，中国的满族、赫哲族、壮族、鄂伦春族、侗族、土家族、苗族、瑶族、黎族、水族、京族、羌族等24个少数民族，也有过清明节的习俗。虽然各地习俗不尽相同，但扫墓祭祖、踏青郊游和放风筝是基本主题。所谓扫墓，就是去墓地将祖先的坟墓加以修整，除去杂草，将带来的祭品（酒菜、果品、鲜花和纸钱）供奉在墓前，并恭行祭拜，以悼念已故的亲人。

五、端午节

端午节为每年农历五月初五，又称端阳节、午日节、五月节等。端午节为中国法定节假

日之一，并被列入世界非物质文化遗产名录。

端午节起源于中国，最初是中国人民祛病防疫的节日，吴越之地春秋之前有在农历五月初五以龙舟竞渡形式举行部落图腾祭祀的习俗；后因诗人屈原在这一天死去，便成了中国汉族人民纪念屈原的传统节日；部分地区也有纪念伍子胥、曹娥等说法。

端午节有吃粽子，喝雄黄酒，门边挂菖蒲、蒿草、艾叶，薰苍术、白芷，赛龙舟和在室内燃文慧香的习俗。吃粽子、喝雄黄酒和赛龙舟是为了纪念古代爱国诗人屈原，其他的是为了避邪驱虫。

六、七夕节

农历七月初七为七夕节，又称女儿节、乞巧节、七巧节或七姐诞，发源于中国，是华人地区以及部分受中华文化影响的东亚国家的传统节日，在农历七月初七庆祝。来自于牛郎与织女的传说，相传每年这天晚上牛郎织女要相会一次。由于古代女子希望以织女为榜样，因此每逢七夕节，她们都会向七姐献祭，祈求自己能够心灵手巧，获得美满的姻缘。这是中国传统节日中最具浪漫色彩的一个节日，所以，又被称为中国的情人节。

七、中元节

中元节，俗称鬼节、七月半，佛教称为盂兰盆节。中元节在农历七月十五，部分在七月十四。原是小秋，有若干农作物成熟，民间按例要祀祖，用新米等祭供，向祖先报告秋成。因此每到中元节，家家祭祀祖先，供奉时行礼如仪。七月十五上坟扫墓，祭拜祖先。

传说该日地府放出全部鬼魂，众鬼可自由出入，悠游人间，故又称鬼节。这段时节，民间普遍进行祭祀鬼魂的迷信活动，上坟烧纸祭祖，在家中设酒菜供品，晚上放焰火、放河灯等，以超度亡灵，供死者享用。这一天，凡有新丧的人家，要上新坟，而一般在地方都要祭孤魂野鬼，所以，它是以祀鬼为中心的节日，系中国民间较大的祭祀节日之一。

八、中秋节

农历八月十五为中秋节，因其恰值三秋之半，故得名。也有些地方将中秋节定在八月十六，又称月夕、秋节、仲秋节、八月节、八月会、追月节、玩月节、拜月节、女儿节或团圆节，是流行于中国众多民族与东亚诸国中的传统文化节日。

中秋节始于唐朝初年，盛行于宋朝，至明清时，已与元旦齐名而成为中国的主要节日之一。受中华文化的影响，中秋节也是东亚和东南亚一些国家，尤其是当地华人华侨的传统节日。2006 年 5 月 20 日，该节日经国务院批准列入第一批国家级非物质文化遗产名录。自 2008 年起中秋节被列为国家法定节假日。

中秋节这天，我国民间有赏月、吃月饼的习惯。在外工作、学习的人，在条件允许的情况下，一般都要回家和家人吃团圆饭，合家欢聚。晚上，等明月升起，摆放月饼、糖点在月下，全家围坐，叙谈家事，庆祝团圆。中秋节也是中国三大灯节之一，过节要玩灯。但

中秋节没有元宵节那样的大型灯会，玩灯主要在家庭、儿童之间进行。

中秋节的由来

一种说法是，中秋节起源于古代帝王的祭祀活动。《礼记》记载“天子春朝日，秋夕月”，夕月就是祭月亮，说明早在春秋时代，帝王就已开始祭月、拜月了。后来贵族官吏和文人学士也相继仿效，逐步传到民间。

还有一种说法是，中秋节的起源和农业生产有关。秋天是收获的季节，“秋”字的解释是“庄稼成熟曰秋”。八月中秋，农作物和各种果品陆续成熟，农民为了庆祝丰收，表达喜悦的心情，就以“中秋”这天作为节日。“中秋”就是秋天中间的意思，农历的八月是秋季中间的一个月，十五日又是这个月中间的一天，所以中秋节可能是古人“秋报”遗传下来的习俗。

九、重阳节

农历九月初九为重阳节。因古人认为九是阳数，月日述九，故称重阳。这一天，人们习惯登高和饮菊花酒，以避除邪恶之气，抵御仲秋初寒。不出门的人则在家吃糕，因“糕”与“高”谐音，也如登高。重阳时间，秋高气爽，登高远望，心旷神怡，有益身心健康。

每年的农历九月初九，也是中国传统四大祭祖的节日。重阳节，早在战国时期就已形成，到了唐代被正式定为民间的节日，此后历朝历代沿袭至今。现在的重阳节，将传统习俗与现代文明巧妙结合，已成为尊老、敬老、爱老、助老的老年人的节日。我国在 1989 年将每年的这一天定为老人节，每到这一日，各地都要组织老年活动，不少家庭的晚辈也会搀扶年老的长辈登山秋游、开阔视野、交流感情、锻炼身体。

十、腊八节

农历十二月初八为腊八节。十二月为腊月，原为古人祭祀祖先和天地神灵的节日，称作腊祭。南北朝时期，佛教盛行，相传这一天也是纪念佛祖释迦牟尼成道的节日，便把两者合二为一。佛教寺庙于此日举行诵经仪式，并效仿佛成道前牧女献乳糜的传说，取香谷、果实等造粥供佛，称为腊八粥。这一习俗很快就流传到民间，人们也在这一天食用腊八粥。现在吃腊八粥已超越了佛教的意义，而成为庆祝五谷丰登的习俗。

十一、冬至节

冬至是二十四节气之一，时间是公历 12 月 22 日或 23 日。冬至节很受民间重视，人们在这一天都要全家团聚，以示庆贺。冬至节也是一个食俗非常丰富多彩的节日，冬至日正值隆冬，人们认为经过夏秋两季，体力消耗很大，冬季又寒冷，为增加热量和营养，人们就利

用冬至进补。冬至经过数千年的发展，形成了独特的节令食文化，诸如馄饨、饺子、汤圆、赤豆粥、黍米糕等都可作为节日食品。事实证明，这不失为一条养生之道。另外，民间还有冬至家祖修墓的习俗。

十二、祭灶节

农历十二月二十三（或二十四）为祭灶节，又称小年夜。旧时民间每逢此日有“祭灶神”的习俗，即将灶神供奉于灶头，以为灶神掌管一家祸福。传说灶神在这一天升天，向玉皇大帝汇报各家情况。因此，人们就在家备上酒菜点心献祭灶神，希望灶神能替自己美言几句，以求来年得福避祸。不过现在这一节日已改作扫尘除垢、迎接新春的“除尘日”了。

十三、壮族歌墟节

农历三月初三是广西壮族自治区人民的歌墟节。从初三到初五，壮族男女青年穿着节日盛装，在山脚下、水溪边，即兴对歌。

歌墟活动的内容主要有三个方面，一是歌场交情，即以歌择配；二是赛歌赏歌，有盘歌、猜歌、对子歌、连故事和别具特色的抢歌、斗歌等；三是文体自娱歌墟，墟期伴有抛绣球、抢花炮、斗蛋、博扇活动等，甚至还有壮剧、师公戏、采茶戏等文艺演出。活动期间男女青年还将绣球抛给心上人，以表达爱慕之情。

“歌墟”是壮族群众在特定时间、地点举行的节日性聚会歌唱活动形式，壮语称为“墟欢”“墟逢”“笼峒”“窝坡”等。歌墟在壮族地区有不同的称谓，但均有“坡地上聚会”“坡场上会歌”或“欢乐的节日”的意思。它是壮族民间传统文化活动的节日，也是男女青年进行社交的场所。由于这种活动相互酬唱，彼此对歌，所以古人称之为“墩墟”。

十四、傣族泼水节

傣族泼水节是傣族人民一年中最盛大的节日，也是云南少数民族影响面最大、参加人数最多的节日。泼水节每年四月中旬举行（傣历新年期间），为期三天（农历四月十三至十五）。

节日清晨，傣族男女老少穿上节日盛装，挑着清水，先到佛寺浴佛，或将佛请到龙亭浴佛。众人虔诚地双手合十，伏地跪拜聆听和尚诵经。诵经祈福，浴佛除疟，这是傣族泼水节中最隆重的仪式。诵经完毕后，人们来到泼水场的泼水亭，泼水亭里有一条像水渠式的长龙，当寨主把第一盆圣水倒进龙身时，龙头开始喷水，村民们端着从龙嘴里接满水的桶，开始泼水节的狂欢。圣洁的水花高高地在天空中飞洒，人们用水互祝吉祥、幸福、健康，人人都沉醉在欢快的泼水中，谁被泼得越湿、越多，就是最幸福的人。泼水声、鼓锣声响彻云霄，场面十分壮观。

泼水节时，还要放高升和夜晚放孔明灯来增强节日的气氛。高升是傣族自制的一种烟火，将竹竿底部填以火药和其他配料，置于竹子搭成的高升架上，接上引线燃放。放高升时，点燃的引线使火药燃烧便会产生强劲的推力，将竹子如火箭般推入高空；竹子吐着白烟，发出

嗖嗖的尖啸声，同时在空中喷放出绚丽的烟火，犹如花团锦簇，光彩夺目。谁放得越高越响，谁就越吉祥。

入夜，将烛灯点燃，放到纸糊的白色孔明灯罩内，让一盏盏孔明灯放飞上天。在放飞前，都要在心里默默许愿，并祈祷愿望实现。

节日期间，也是傣族男女青年谈情说爱的好日子。青年男女喜欢到林间做丢包游戏，通过丢包、接包，互相结识。

此外，龙舟比赛、跳象脚鼓舞和孔雀舞、斗鸡等，也是泼水节的活动内容。

十五、苗族踩山节

农历正月十五为苗族踩山节，踩山节又称花山会、花杆会、踩山会。是苗族一年一度的盛大节日，流行于重庆市彭水苗族土家族自治县，四川省叙永县、兴文县、巩县、筠连县等苗族聚居区，其中以合乐的宝佤山最热闹、人数最多。举办时间在每年的正月初一至十五，各地时间不一。

每年农历正月十五，在四川南部一带的苗家，便举行一年一度的踩山节。踩山节时正值新春之际，微风吹拂、花蕾满枝。人们便在叙永县城外约 50 华里的宝佤山的山顶，竖起一根花杆。居住在叙永、古蔺两县方圆百里的苗族同胞，便兴高采烈地纷至沓来，互致问候，恭贺新春。这一天，更是苗族青年男女的欢乐日子，姑娘们穿着鲜艳的百褶裙，打着花花小伞，围住花杆翩翩起舞；小伙子们身着蓝色衣衫，胸前特别镶上宽大的花边，手捧芦笙，边吹边跳。往往在歌舞之中，他们就选好了情侣，然后以腰带作为定情之物，互相赠送，许下终身。这种风俗也就是人们常说的“换腰带”。

十六、瑶族达努节

农历五月二十九为瑶族达努节，又称二九节、祖娘节、祝著节、瑶年。“达努”是瑶语“不要忘记”的意思，达努节是永远不要忘记母亲恩情的节日，是瑶族的母亲节。达努节这天，瑶家山寨打扫一新，男女老少身着节日盛装在山寨的空场上敲锣比武，唱歌赛马，欢庆胜利，赞美母亲。达努节这一天，家家户户杀猪宰羊，宴请宾客，同时还举行铜鼓舞、斗画眉、赛弓箭、赛马等文娱活动。达努节经历史变迁，逐渐从民间宗教节日变成丰收节和平安节。

十七、彝族火把节

农历六月二十四至二十六为彝族火把节，流行于云南、四川的彝族地区。每逢此节，人们白天饮酒祝贺，举行斗牛、射箭、赛马、摔跤等活动。晚上则在村头、广场举行篝火晚会。人们手举火把，在山岗原野上游行，表示驱除虫害邪恶，迎来幸福吉祥。姑娘们跳起优美的民族舞“阿西跳月”，青年男子吹起笛子，弹起动听的月琴和大三弦，直到次日天明才结束。

十八、侗族斗牛节

斗牛节是侗族同胞的传统节日。侗家喜欢斗牛，村村寨寨都饲养着善斗的“牛王”。斗牛节在每年农历的二月或八月逢“亥”的日子举行。节前，各自约好对手，做好斗牛的准备。节日这天清晨，铁炮三响，“牛王”在锣鼓和芦笙的乐器声中进入斗牛场。这时一支支队伍，手持金瓜、月斧，举着各种旗帜，前呼后拥，绕场三周，算是入场式，也叫踩场。接着，各队牵着自己的“牛王”，举着火把，严阵以待。铁炮一响，他们便将火把往前一抛，参斗的两头牛从两端四蹄腾空，冲上去斗做一团，难解难分，直到分出最后的胜者。气氛紧张热烈，十分壮观。

十九、藏历年和望果节

藏历年，每年藏历正月初一举行，节期为5～7天。十二月初，家家就开始培育青稞苗，用来供于佛前；酿制青稞酒，用酥油、白面和糖，炸“客赛”以供佛祖或来客食用。每家都要准备一个绘有彩色花纹图案的五谷斗，内装满酥油和的糌粑、炒青稞粒、人参果等食品，上插青稞穗，并准备一个彩色酥油塑的羊头。各种祭物均标志着一年的丰收，并预祝新的一年风调雨顺，五谷丰登，人畜兴旺。

节前，各家进行大扫除，摆上新卡垫，贴上新年画。并在正中墙上用干面粉撒上“八吉祥徽”，在大门上画象征吉祥的“卐”万字符号，往屋梁上撒面粉，以示粮食满仓。在正屋佛龛前叠放四五层各式“卡赛”（油炸果子）和各种水果、干果、酥油、砖茶、盐块等物，以表庆祝节日。

除夕傍晚，全家依长幼次序就位坐定，同吃团圆饭“吐巴”。藏历大年初一，每家屋顶上都燃起象征吉祥的松脂，桌上摆上“祝苏其玛”等食品。天刚亮，妇女们就成群结队到河边背吉祥水，给家中大人小孩洗脸洗手。然后穿上节日盛装，按辈分顺序坐下，长辈祝大家吉祥如意，晚辈回贺，祝长辈身体健康。接着吃手扒肉、奶饼、油煎人参果，互敬青稞酒。这一天，多为家人团聚欢度新年，一般互不访问。从初二开始，亲朋好友相互拜年，一般持续三五天。节日期间，城乡演唱藏戏，跳锅庄和弦子舞，牧区牧民通宵达旦尽情歌舞，并举行角力、投掷、拔河、跑马射箭等一系列娱乐活动。

望果节，在藏历八月秋收前择吉日举行，历时一到三天，至今已有 1500 多年的历史。“望果”意为“巡游田地”。届时，男女老幼身着节日盛装，或手持青稞穗，或背负经书，打着彩旗，抬着由青稞穗、麦穗扎成的系着洁白哈达的丰收塔，敲锣打鼓，唱着颂歌，绕行于田间地头。之后集会于河坝林间，饮酥油茶、青稞酒，唱歌跳舞预祝丰收吉祥。现在有些地方还举行赛马、射箭、竞技、藏戏表演等活动。节日一过，紧张的秋收也就开始了。

二十、蒙古族那达慕大会

每年夏秋季牧闲的七八月间牲畜肥壮的季节，是游牧的乡亲们聚会庆祝丰收的日子，蒙

古族人要举行传统盛大的狂欢节——那达慕大会。“那达慕”是蒙古语“娱乐”或“游戏”之意。届时，将举行丰富多彩的活动，如摔跤、赛马、射箭、赛布鲁、套马、下蒙古棋和歌舞等，另外还有马球、马术及乌兰牧骑演出等内容，有的地方还有田径、拔河、篮球等体育项目。节日期间，同时举办物资交流等活动，也是一年一度最大的购物节。

2006 年 5 月 20 日，那达慕经国务院批准列入第一批国家级非物质文化遗产名录。

第三节　外国的主要民间节日

世界各国几乎都有各自传统的民间节日，每逢重大节庆日，各国都要以各自的方式举行各种庆典仪式和纪念活动。了解并掌握这些国外节日民俗的内容和礼节要求，对于认识世界，开阔视野，适应日益扩大的对外交往活动的需要，有着重要意义。

一、圣诞节

圣诞节是基督教纪念耶稣诞辰的一个重要节日，其庆祝活动具有浓厚的宗教色彩。在今天，圣诞节已不仅仅在基督教徒中盛行，它已超出宗教的范围，成了整个西方国家的重要节日。在许多国家，圣诞节甚至比新年还隆重。它的时间是每年的 12 月 25 日，而且节期很长，一直延续到 1 月 6 日。

圣诞老人是西方童话人物，也是圣诞节活动中最受欢迎的人物。圣诞老人名叫圣尼古拉，据称是一位身穿红袍、头戴红帽的白胡子胖老头。每年圣诞节他驾着鹿拉的雪橇从北方而来，由烟囱进入各家，把糖果、玩具等圣诞礼物送到孩子们的床头上或火炉前。因此，12 月 24 日晚临睡前孩子们都要在壁炉前或枕头旁放一只袜子，第二天早晨醒来时都会看到装满袜子的礼物。在西方，在圣诞节扮演圣诞老人也成了一种习俗。

为了庆祝圣诞节，西方国家的家家户户在节日前要布置居室，圣诞树是主要的室内装饰品，他们用砍来的杉、柏之类呈塔形的常青树装点起来，挂上五颜六色的彩灯、各种礼物或各色银光纸剪成的小人，树顶上有一颗大星星，还要点上圣诞蜡烛，这些都是欢乐和幸福的象征。节日的餐桌上，摆满了令人垂涎的美味佳肴，最具传统的食品有火鸡、火腿、水果饼、葡萄干布丁等。

西方人在圣诞节见面时，要互道“圣诞快乐”。家家户户欢聚一堂，亲戚朋友还彼此赠送圣诞礼物。亚洲的菲律宾有很多人信奉天主教，菲律宾的圣诞节为每年的 12 月 16 日至次年的 1 月 6 日，是世界上最长的圣诞节。12 月 16 日雄鸡报晓，城市和乡村的钟声便敲响了，以迎接圣诞节的到来。从 12 月 16 日至 24 日，每天清晨 4 点钟开始，教徒都到教堂做弥撒。24 日为灯节，教徒通宵不眠，凌晨听到教堂的钟声，便提着各种彩灯去迎神游街，以迎接 25 日的到来。12 月 25 日是圣诞节最热闹的一天，家家户户欢聚一堂，安放神像，装设圣诞树，悬挂彩灯，亲戚朋友彼此赠送圣诞礼物。

二、复活节

复活节即耶稣复活节，是基督教国家和地区仅次于圣诞节的又一个节日。传说耶稣基督被钉死在十字架后第三天复活，这就是复活节的由来。如同圣诞节一样，它也被大大地世俗化，成为欧美各国的主要节日。它的时间是每年春分（3 月 21 日或 22 日）月圆后的第一个星期天。

现代复活节的许多象征都传自古代和宗教。复活节这天，西方国家的家庭成员都团聚在一起，准备各种各样的传统肉食品。晚宴的传统主菜是羊肉或火腿。千百年来，用羊祭祀是基督教徒的古老传统，而猪则一直象征着幸运。

复活节所赠送的礼物主要是鸡蛋，在古代，鸡蛋象征多子多孙，后来又被作为耶稣复活的坟墓。这种把鸡蛋染成各种颜色的古风俗，至今仍很盛行。这天清早，教堂、学校或家庭就把煮熟的鸡蛋藏在树穴、草丛或山石后面，让孩子们四处寻找，充满了生活情趣。

另外，复活节的小兔子糖及各种兔子的故事仍是孩子们过节时不可缺少的一项重要内容。因为兔子是繁殖力最强的动物，所以选择它作为新生命的象征。

复活节在欧美各国都是主要节日。英国、法国、澳大利亚等国规定休息 4 天，德国休息两天，美国休息 1 天。节日期间，西方国家大都要举行传统的游行活动。比如美国的化装游行活动，其中有受人欢迎的动画人物——米老鼠和唐老鸭，极富民间特色。

三、情人节

在欧洲、美洲和大洋洲的一些国家，每年的 2 月 14 日是一个特别的节日——情人节，又称圣瓦伦丁节。青年男女们把圣瓦伦丁节（即情人节）当成了选择配偶的节日。这一天，处于爱情中的人们，喜欢互赠礼品或鲜花表示祝贺。

情人节的来历

一种传说是圣瓦伦丁是一个基督徒，公元 3 世纪，他因带头反抗罗马帝国的统治而被捕入狱。在狱中，他受到监狱长女儿的悉心照顾，两人建立了感情。但圣瓦伦丁终未能幸免于难，在公元 270 年 2 月 14 日被处死。临刑前，他给情人写了一封信，表达自己的感情。从此以后，基督徒为了纪念这位殉教者，便把 2 月 14 日定为圣瓦伦丁节，也叫情人节。另一种传说来自英国，认为 2 月 14 日这一天是鸟儿选择配偶的日子。所以，青年男女把这一天作为谈情说爱的节日。

四、感恩节

每年 11 月份的第四个星期四是美国的感恩节，在美国，它类似中国人的春节，是一个

盛大的节日。节日期间，全国放假三天隆重庆祝节日。

感恩节起源于400多年前。在1620年9月16日，102位对英国国教不满的英国贫苦农民、工匠、契约奴和被迫害的清教徒为了逃避迫害，乘坐驶往北美的第一艘英国移民船“五月花号”从英国出发来到北美，一登陆就遇到了严重的困难。后来，印第安人教会了他们捕猎、种植；第二年，移民们获得了丰收。其中一位长者提议，为了感谢上帝，并答谢当地人的情谊，特地在1621年11月底的一个星期四，他们在普利茅斯大开筵席，欢聚节日。以后，这个欢乐的节日渐渐在北美一些国家流传开来，人们称为感恩节。

感恩节是美国传统中家庭团聚的日子，晚上围着温暖的壁炉，谈天说地，充满浓郁的人情味。此外，美国人一年中最重视的一餐就是感恩节的晚餐。丰富的食品包括必备的火鸡肉和南瓜派，还有玉米面包等。

五、万圣节

中国民间在农历七月十五有祭祖的传统，俗称鬼节，即在这一天给家人上坟烧纸，以寄托对故去亲人的怀念。在西方国家，亦有类似的纪念活动，称为万圣节。万圣节起源于美国，先传入哥伦比亚及其他拉丁美洲国家，后来在西方各国广为流传。

万圣节定为11月1日，菲律宾人称这一天为全圣节。在菲律宾的华侨则通称为亡人节，类似中国的清明节。这一天人们纷纷去公墓悼念先人，并通宵守在墓地。

法国西部教会规定，教徒这天放假，法国人也往往在这几天内去墓地凭吊已故的亲人并献上深秋的菊花；英国人过去每逢万圣节，到处都燃起篝火或火把，借以驱邪逐妖，同时这个节日也是占卜命运和纪念亡人的日子。

第四节　世界部分国家和地区的风俗礼仪

全世界有二百多个国家和地区，这里只对十个国家和地区的风俗礼仪做简单介绍。

一、日本

日本人社交习俗总的特点可以用这样几句话来概括：待人处事彬彬有礼，微笑相迎精神欢喜；见面问好鞠躬行礼，谦让礼貌讲求规矩；语言文明说话客气，交谈乐于轻声细语；白色、黄色受人爱昵，绿色、紫色民间为忌；乌龟、鹤类长寿吉利，狐狸和獾人人厌弃。

日本人在社交活动中，爱用自谦语言，并善于贬己怡人。“请多关照”“粗茶淡饭、照顾不周”等，是他们经常使用的客套话。

他们很重视衣着仪表的美观，在公开场合，一般都要着礼服，以西装套服较为常见。他们最喜爱的服装是和服。

日本人忌讳“4”，认为“4”是不吉利的数字。因为“4”和“死”的发音相同。他们有

崇拜、敬仰“7”的风俗，据说这与日月星辰给人间带来了光明、温暖和生命有关。

日本人有喝茶的习惯，一般都喜欢喝温茶。斟茶时，他们的礼貌习惯是以斟至八成满为最恭敬客人。他们饮茶时，喜欢主客间相互斟茶，不习惯自斟自饮，即客人在主人为其斟茶后，马上接过茶壶给主人斟茶。认为这样相互斟茶能表示主客之间的平等与友谊。

日本人不习惯以烟待客。他们自己吸烟时，一般不向客人敬让。因为吸烟有害健康，不能用来招待至亲好友。

日本自古以来就是喜欢饮酒的民族，喝得酩酊大醉也不为耻。成年人不仅在宴会上饮酒，在一天工作后，也往往要走进酒馆喝上两杯再回家。按照日本人的风俗，饮酒是重要的礼仪。同日本人共同进餐饮酒，应随时注意将别人及自己的酒杯斟满，酒不满杯在日本人看来是不礼貌的。在日本，客人在主人为其斟酒后，应马上接过主人的酒瓶给主人斟酒，这就是日本人相互斟酒的习俗。在宴饮之中，客人和主人均不往自己酒杯里斟酒，而是互相斟酒。

日本人的等级观念很强，上、下级之间，长、晚辈之间的界限分得很清楚。妇女一般对男子极为尊重。

日本人有互赠名片的习惯，若是初次相识，就习惯于交换名片。在日本的生活中，一般送自己的名片用右手，接对方的名片用左手。如果已接受了对方名片，然后再到处寻找自己名片被认为是失礼的。

日本人在社会交往中喜欢送礼，比如同事荣升、结婚、生孩子、生日、过节等都会赠送礼物，而且送礼要注意实惠。日本人送礼特别讲究礼品的颜色，一般在遇吉事送礼时喜用黄白色或红白色，在遇到不幸的事时，送礼惯用黑、白色或灰色。他们对白色感情较深，视其为纯洁的色彩；日本人还偏爱黄色，认为黄色是阳光的颜色，给人以生存的喜悦和安全感。但日本人喜欢在礼品包装上系蝴蝶结，用红色的彩带包扎礼品象征身体健康，不要给日本人送有动物图案的礼品。他们喜欢乌龟和鹤类等动物，认为这些动物给人以吉祥和长寿的印象。

日本人喜欢的图案是松、竹、梅、鸭子、乌龟，而荷花、菊花是日本皇族的标志，尤其是黄色的菊花，被认为是日本皇族的徽号并以赏菊、品菊为高雅。

菊花是日本的国花，但他们最喜爱的是樱花，喜爱樱花纯洁、清雅和高尚的风姿；喜爱樱花给人们带来美好的春光；喜爱樱花那种毫不迟疑地开落的豪爽性格。他们视樱花为日本民族的骄傲，把樱花作为勤劳、勇敢、智慧的日本人民的象征。

日本人在彼此交谈中，除关系极密切外，一般不打听对方的工资收入，对年轻女士更不要打听其年龄，以免造成尴尬场面。

每年的 1 月 15 日是成人节，是满 20 岁青年的节日，届时青年男女要互赠礼品。3 月 3 日是女孩子节，又称雏祭，这天父母要买玩具娃娃送给自己的女儿。5 月 6 日是男孩子节，每逢这一天，父母总要买个人偶娃娃送给孩子，愿他们勇敢、强壮和健康。

二、韩国

韩国是个礼仪之邦，特别是在与长辈握手时，要以左手轻置于右手之上。他们在社会交往、日常生活中，无不对长辈表示敬重，不敢怠慢。如跟长辈同座的时候，他们总是保持一定的姿势，绝不敢掉以轻心；若要吸烟，一定要先得到长辈的允许；用餐时，切不可比年长者先动筷子，小孩绝不会比父母吃得快或比父母早离开座位。韩国人绝不说长辈的坏话，更不会背地里批评长辈。

无论在什么场合，韩国人都不大声说笑，妇女笑时用手遮掩住嘴巴。他们对日常的礼节相当重视，当几个人在一起，要根据身份和年龄来排定座次。身份、地位、年龄都高的人排在上座，其他人斜坐在低一层的地方。男女同坐的时候，一定是男士在上，女士在下。要吸烟时，他们要问一声上座的人："可不可以吸烟？"

韩国人很重视交往中的接待，宴请一般在饭馆或酒吧间举行，而夫人很少在场。吃饭时所有的菜一次上齐。用餐时，不可边吃边谈。到韩国人家里做客，最好带些鲜花或一些小礼物，要双手递给主人。主人不要当着客人的面打开礼物。

走人行道和上下楼梯时，要注意靠左边走。若在街道上和他人谈话，而别人要通过时，交谈者应向后移动，让第三者从中间走过去而不是从背后走过去。韩国人口味偏淡，不喜油腻，但特别喜欢吃辣味菜肴，辣泡菜和汤是不可缺少的。

韩国人非常重视仪表，以示尊严。一切场合都要衣着整齐清洁，他们喜欢穿白色衣料，俗称白衣同胞。平时，男人上班或参加商务活动穿一身深色服装，打领带、穿白衬衣。在非正式场合，穿比较保守的大裤子。在正式场合通常穿一套灰色或海军蓝衣服，内着白衬衣，打领带。按照韩国的礼俗，宜穿着保守式样的西装。社交活动、拜访必须事先约会。和外国人打交道时，非常准时。宜持英文、韩文对照的名片，可在当地速印。

三、马来西亚

马来西亚人一般访问穿白衬衫，打领带，穿长裤即可。但访问政府办公厅宜穿西装外套。

应邀去马来西亚人家做客，进入家里以前，要先脱鞋，并摘掉太阳镜。社交活动中，男士相互握手表示问候，但男女之间很少这样做，尤其是在老一辈人中，安排会晤要提前进行，而且大家都希望彼此能准时。

马来西亚人宴请通常在饭店进行。他们吃饭用手和匙，一般用右手抓取食物，进食时必须把手洗干净。在马来西亚，左手被认为是不洁之手，吃饭和递东西给别人，绝对不能用左手。

马来西亚人禁酒，因此用餐时不能以酒招待客人，可以用热茶和白开水。

在马来西亚，送礼并不普遍，但他们喜欢客人本国和美国的东西。

马来西亚是一个多种族国家。相处时最好不要谈论宗教和人种。同时注意识别对方宗教及其民族种类。当地人认为绿色具有宗教意味，伊斯兰教地区喜爱绿色，忌用黄色（死亡）。一般马来西亚人不穿黄色衣服。单独使用黑色被认为是消极的。喜欢红、橙以及鲜艳的颜色。禁忌"0""4""13"。马来西亚人最禁忌的动物是猪、狗，而极爱猫。他们忌食猪肉和狗肉。

四、英国

英国的礼俗丰富多彩，彼此第一次相识时，一般都以握手为礼，不像东欧人那样常常拥抱。随便拍打别人被认为是非礼的行为。

英国人注意服装打扮，穿着要因时而异。他们往往以貌取人，必须注意仪容态度。

英国人待人彬彬有礼，讲话十分客气，“谢谢”“请”等用语不离口。所以，和英国人讲话也要客气，不论他们地位高低，都要以礼相待。请他办事时讲话要委婉，不要使人感到有命令的口吻，否则，可能会使你遭到冷遇。英国人特别尊重妇女，“女士优先”的社会风气很浓，丈夫通常要偕同妻子参加各种社交活动，而且总是习惯先将妻子介绍给贵宾认识。

英国人的时间观念很强，拜会他人时，必须事先约定时间，准时很重要，但不能提前十分钟以上。

英国各民族还有遵循传统的习惯，宜避免老用“English”一词来表示英国的，宜用“British”一词。

去英国人家里做客，最好带点价值较低的礼品，一般有高级巧克力、名酒和鲜花。注意不要送白色的百合花，因为它代表死亡，菊花在任何欧洲国家只用于万圣节或葬礼，也不宜送人。

英国的饮宴以俭朴为主，他们讨厌浪费的人。而且在正式宴会上，一般不准吸烟。英国人很会保养，早上一睁眼就先喝“被窝茶”。一日三餐并不讲究数量，但绝对讲究质量。要求清淡、鲜嫩、焦香，不要辣的，而且各种调味品一应俱全，自由挑选以配合自己的口味。

除一日三餐外，英国人十分讲究“午后茶”。公司机关每天下午4时半，免费供应红茶，另加白糖、牛奶或少许点心。在上层社会，邀请朋友饮茶仅次于设宴，是一种社交方式。饮茶还往往被认为是绅士派头的标志之一。

在英国，邀请对方午餐、晚餐、到酒吧喝酒或观看戏剧等，会被当作送礼的等价。主人提供的饮品，客人饮量以不超过三杯为宜，如果感到喝够了，可以将空杯迅速转动一下，然后交给主人，表示喝够了、多谢的意思。

在英国，忌谈个人私事、家事、年龄、职业、收入。由于宗教的原因，他们非常忌讳“13”这个数字。设宴或出行时，一定要避开13日又是星期五的日子，因为这是双倍的不吉利日。不能手背朝外，用手指表示“二”这种V形手势，是蔑视别人的一种敌意做法。

另外，英国的所有车辆靠左行驶。

西方人忌讳数字“13”的由来

据《圣经》记载，耶稣被钉死在十字架前夕，曾邀请他的12个门徒共进晚餐，在这13

个人中，犹大是叛徒，他为了30块金币出卖了耶稣。后来耶稣遇害的那天正巧也是13日。在中古时代，刽子手的薪金是13个钱币，绞台有13级……正是如此众多历史上传说的因素，积淀成许多西方人心灵深层的“数字13恐惧症”。所以，西方人都忌讳“13”这个数字。

五、法国

法国烹饪誉满全球，从17世纪开始，所谓西餐一般都指的是法国菜。法国人非常讲究吃，就餐是法国人的一大快事。一般喜欢晚宴，不喜欢午宴会谈。进餐时，法国人对味道很敏感，所以当客人把夸奖的菜肴吃完的时候，一定会再端一盘新的上来。

法国是名酒白兰地、香槟的故乡。据说约在1668年，法国北部的香槟省有位叫当·派里朗的修士，他对酿酒很有兴趣，偶然的一次，他觉得酿出的餐酒不够甜，便拿了些糖放在酒里，白糖不能完全溶解，他便将酒加热。岂料糖加热后放出二氧化碳，冒出小气泡，自此，香槟省便以名贵的香槟酒闻名了，为了纪念这位修士，就以当·派里朗作为最高级、最名贵的香槟酒牌子。

不仅酿酒业闻名世界，而且法国人还有“饮酒冠军”的美称。他们喝酒非常讲究，一般吃肉和家禽配舍利酒、麦台酒；野味配红酒；吃海鲜则配白兰地；喝汤时配葡萄酒；各种水果和点心大都配甜酒。

法国人喜欢花，生活中离不开花，特别是探亲访友、应邀赴会时，总要带上一束美丽的鲜花。但应注意不要送菊花，其他黄色的花，象征夫妻之间的不忠贞，也不宜送。在法国，康乃馨被视为不祥的象征，他们喜欢玫瑰。送花通常要逢单数，但要避开不吉利的“13”。

法国人的衣着十分讲究，尤其是巴黎人以服饰的优美和华丽精致而享誉世界。法国妇女是世界上最爱打扮的妇女。化妆品和奢侈品也驰名于世。

法国人待人彬彬有礼，礼貌语言不离口。乐于助人，谈问题不拐弯抹角，但不急于做出结论，做出结论后都明确告诉对方。男女一起看节目，女士坐在中间，男士则坐在两边。

法国人行吻礼时，规矩十分严格，朋友、亲戚、同事之间，只能贴面颊，长辈对小辈是亲额头，只有爱人和情侣之间才真正接吻。

圣诞节和复活节前后两周不要登门访问，因为这个时间段是他们的度假期。

六、德国

德国人的礼俗，宜穿带背心的三件套式西装。往访北部时，戴帽子更佳。上午10时前，下午4时后，不宜定约会。称呼对方时，最好互称头衔。

应邀到别人家做客时，通常应带鲜花去，它是送给女主人的最好礼物，但必须是单数，5朵或7朵即可。而且进门时要去掉花的包装，注意不要送红玫瑰，它代表浪漫，表示你暗恋着女主人。同时，也不要带葡萄酒去别人家做客，因为这种举动显示你认为主人对选酒的品位不够好。威士忌可以作为礼物，烈性威士忌比低度威士忌更受欢迎。

德国人的用餐最符合营养学家关于“早吃好，午吃饱，晚吃少”的建议。他们一向对早

餐、午餐较重视，晚餐较简单。像其他欧洲国家一样，喜欢吃猪肉、牛肉和野味，以及蛋糕、甜点和各种水果，尤其爱喝啤酒，有“啤酒王国”之称，慕尼黑是世界闻名的啤酒城。同时，他们吃饭时有个规矩，应先喝啤酒，再喝葡萄酒，否则就被认为是有损于健康的。

按照德国的习俗，若送刀叉餐具、刀具，则请对方付一个硬币给你，以免所送的礼物伤害彼此之间的友谊。送高质量的物品，即使礼物很小，对方也会喜欢。德国人对礼品的包装很讲究，但忌用白色、黑色或咖啡色的包装纸，更不要使用丝带作为外包装。

在德国，信仰基督教和天主教的人数各占一半，同样，圣诞节与复活节也是他们的传统节日，在此前后两周勿往访。此外，狂欢节是德意志民族自古以来就有的一个传统节日。从每年的11月11日11时开始，到第二年复活节前的40天为止，要持续两三个月，而其高潮是在最后的一个星期。在狂欢节结束的前一天，一定是星期一，这一天被称为疯狂的星期一。在此之前的最后一个星期四，称为女人节，而且是狂欢节进入高潮的标志。女人节要表演妇女夺权的喜剧，许多地方的妇女还拿着剪刀在街上专门剪男人的领带，特别是漂亮的领带，并且剪下来拿回家去钉在墙上供欣赏。疯狂的星期一主要活动有两项，一是化装大游行，一是大型的狂欢集会，一直进行到午夜。

七、美国

在美国，大约有30%的美国人信仰基督教，20%信仰天主教，其他人则信仰东正教、犹太教等。

在日常生活中，美国人不像英国人那样总要衣冠楚楚，而是不讲究穿戴。他们穿衣服以宽大舒适为原则，自己爱穿什么就穿什么，别人是不会议论和讥笑的。但在正式场合，美国人也比较讲究礼节。接见时，要讲究服饰，注意整洁，穿西装较好，特别是皮鞋擦亮，指甲要干净。

美国人一般性格开朗，乐于与人交际，而且以不拘礼节著称，与人见面不一定以握手为礼，时常是点头微笑致意，礼貌地打声招呼就可以了。男性之间，最忌互相攀肩搭臂。谈话时不喜欢双方离得太近，习惯于两人身体保持一定的距离。一般应保持在120～150厘米，不得小于50厘米。

在美国，人们喜欢别人直接称呼自己的名字，很少用正式的头衔来称呼别人。正式头衔一般只用于法官。

美国的饮食习惯和英国相近，一般不爱喝茶，爱喝矿泉水、可口可乐、啤酒等饮料，而威士忌、白兰地等酒平时则当茶喝，喝饮料喜欢放冰块。餐前一般饮番茄汁、橙汁，吃饭时饮啤酒、葡萄酒和汽水，饭后喝咖啡，一般不饮烈性酒。

美国人十分讲究时间和效率。他们对一日三餐的要求是既营养、又美味，还要快速方便。因此，快餐业应运而生，如今典型的美国式饮食就是快餐。美国快餐中比较受欢迎的食品是热狗、汉堡包和炸面包圈等。

在美国，一般浅洁的颜色比较受人喜爱。忌“13”“星期五”等，在西方曾出现过因日

期遇到“13”而推迟飞机试飞、轮船试航等事件。同时，忌蝙蝠作为图案的商品、包装品，认为它是凶神的象征，忌穿睡衣迎接客人，忌在一般情况下送厚礼，忌问个人财产、收入，对妇女忌问婚否、年龄，也忌送香水、化妆品或衣物（可送头巾和手帕）。

八、澳大利亚

澳大利亚人办事爽快、认真，喜欢直截了当。见面时的礼节是握手，握手时很热烈，彼此称呼名字。他们乐于交朋友，碰见陌生人喜欢主动聊天，共饮一杯酒后，就交上了新朋友。

澳大利亚人在过圣诞节时，正是该国仲夏时节，所以澳大利亚圣诞节别有风趣，圣诞老人穿着皮衣服，带着雪橇，与一般人汗淋淋只穿背心、短裙形成鲜明的对比，是世界上独一无二的庆贺景象。

澳大利亚人时间观念很强，会见必须事先联系并准时赴约。应邀到家里做客时，可以给主人带瓶葡萄酒，最好给女主人带上一束鲜花。

澳大利亚人在饮食上习惯以英式西菜为主，其口味喜清淡，忌食辣味菜肴，有的人还不吃酸味的食品。他们喜欢喝咖啡、吃水果。

澳大利亚人不论在任何场合都很少大声喧哗，熟人即使在路上巧遇时，也不会大声喊叫，特别是在楼外喊人被认为是不礼貌的粗野行为。

另外，澳大利亚人有个绝对无法通融的习惯：每周日上午，一定要到教堂听道。因此，要避免在周日上午约他们出来。

九、埃及

埃及人中大部分人是阿拉伯人，他们信奉伊斯兰教，占少数的科普特人信奉基督教。

埃及人的主食是不发酵的面做成的饼，拌以称为“富尔”的煮豆白乳酪和汤。副食爱吃豌豆、萝卜、洋葱、土豆、南瓜、茄子等。伊斯兰教徒不吃猪肉，忌饮酒。埃及人对虾蟹和除肝以外的动物内脏及形状奇怪的食物也忌讳食用。他们爱喝红茶和咖啡。

埃及人进食时，如果没有必要，一般不与人交谈。他们认为浪费食物，尤其是浪费“耶柬”（即面饼）是对神的亵渎。

埃及人普遍内向、敏感，他们能宽容人，正直，有幽默感，热情好客。对埃及人，无论收送礼物或递东西，均要用双手或右手，千万不要只用左手。与他们谈话的内容可以是埃及有声望的领导人的事迹及埃及的古老文明，最好不谈中东政治和冲突。他们的休息日是星期五，当他们礼拜时不要打扰他们。

埃及人禁忌的颜色是蓝色和黄色，他们认为蓝色如同恶魔，而黄色代表不幸。他们还忌讳熊猫，因为熊猫长得有点像猪。

十、巴西

巴西人性格豪放，待人热情而有礼貌，他们的风俗很有趣。例如，男人喜欢在自己的胸

前画一只虎爪，以示英勇，或者在胸前画一支箭，表示自己是最好的射手，他们还把一种稀有的金桦果视为幸福的象征。

巴西人善于表露感情，人们在大街上相见时也热烈拥抱。无论男女，见面和分别时都握手。妇女们相见时脸贴脸，用嘴发出接吻时的声音，但嘴不接触脸。

和巴西人相约时，要准时。谈判时要亲热，要离得很近，但不要有失庄重。不管那里天气多热，穿深色服装都是适宜的。

巴西人在饮食习惯上以吃欧式西菜为主，但有的巴西人喜欢吃中国菜。

在巴西，以棕色为凶丧之色，紫色表示悲伤，黄色表示绝望，他们认为深咖啡色会招来不幸。

在巴西人家里做客后的第二天，应托人给女主人送一束鲜花或一张致谢的便条。鲜花千万别送紫色的，紫色是死亡的象征。

另外，巴西的印第安人有一种习俗颇有趣，洗澡和吃饭是他们生活中最重要的内容，若有人到他们家中做客，主人便邀请客人一起跳进河里去洗澡，一次又一次，有的一天要洗上十几次。据说，这是他们对宾客最尊敬的礼节，而且洗澡次数越多，表示对宾客越客气、越尊重。

中国主要传统节日

1）春节：农历正月初一，又称过年、新年、新春等；
2）元宵节：农历正月十五，又称灯节、上元节；
3）清明节：公历4月5日前后，是上坟、祭祖、扫墓、踏青的日子；
4）端午节：农历五月初五，又称端阳节、重五节等；
5）七夕节：农历七月初七，又称七巧节、女儿节、中国的情人节；
6）中秋节：农历八月十五，又称团圆节；
7）重阳节：农历九月初九，又称老人节；
8）腊八节：农历腊月初八；
9）除夕：农历腊月三十，俗称大年三十儿。

世界性（包括中国官方）节日

1）元旦：1月1日；

2）日本的成人节：1 月 15 日；
3）国际麻风节：1 月最后一个星期日；
4）世界湿地日：2 月 2 日；
5）国际气象节：2 月 10 日；
6）情人节：2 月 14 日，是欧美及大洋洲一些国家的节日；
7）意大利狂欢节：2 月中旬；
8）丹麦的忏悔节：2 月末；
9）巴西狂欢节：2 月或 3 月，为期 3 天；
10）加拿大的枫糖节：每年 3 月，枫糖采制季节；
11）国际海豹日：3 月 1 日；
12）中国全国爱耳日：3 月 3 日；
13）日本的桃花节（女孩节）：3 月 3 日；
14）中国青年志愿者服务日：3 月 5 日；
15）国际妇女节：3 月 8 日；
16）中国保护母亲河日：3 月 9 日；
17）中国植树节：3 月 12 日；
18）白色情人节：3 月 14 日；
19）国际警察日：3 月 14 日；
20）世界消费者权益日：3 月 15 日；
21）世界森林日：3 月 21 日；
22）复活节：每年春分（3 月 21 日或 22 日）之后的第一个星期天；
23）世界睡眠日：3 月 21 日；
24）世界水日：3 月 22 日；
25）复活节：每年春分（3 月 21 日或 22 日）之后的第一个星期日；
26）世界气象日：3 月 23 日；
27）中国中小学生安全教育日：3 月最后一个完整周的星期一；
28）世界防治结核病日：3 月 24 日；
29）愚人节：4 月 1 日，欧美；
30）中国清明节：4 月 5 日；
31）世界卫生日：4 月 7 日；
32）新加坡的食品节：4 月 17 日；
33）世界地球日：4 月 22 日；
34）英国莎士比亚戏剧节：4 月 23 日；
35）国际秘书节：4 月 25 日；
36）世界知识产权日：4 月 26 日；

37）开斋节（伊斯兰教节日）：4月或5月，回历10月1日，又称放肉节；
38）国际劳动节：5月1日；
39）世界哮喘日：5月3日；
40）中国青年节：5月4日；
41）日本男孩节：5月5日；
42）中国全国碘缺乏病日：5月15日；
43）国际红十字日：5月8日；
44）佛诞节：农历四月初八；
45）国际护士节：5月12日；
46）母亲节：5月第二个星期日；
47）国际家庭日：5月15日；
48）世界电信日：5月17日；
49）国际博物馆日：5月18日；
50）中国全国学生营养日：5月20日；
51）中国全国助残日：5月第三个星期日；
52）国际牛奶日：5月23日；
53）世界无烟日：5月31日；
54）英国银行休假日：5月31日；
55）国际儿童节：6月1日；
56）世界环境日：6月5日；
57）中国全国爱眼日：6月6日；
58）保加利亚的玫瑰节：6月第一个星期天；
59）世界防治荒漠化和干旱日：6月17日；
60）仲夏节：夏至（6月21日或22日）前后，瑞典、罗马尼亚等国；
61）父亲节：6月第三个星期日；
62）国际奥林匹克日：6月23日；
63）中国全国土地日：6月25日；
64）国际禁毒日：6月26日；
65）国际建筑日：7月1日；
66）中国共产党诞生日：7月1日；
67）中国人民抗日战争纪念日：7月7日；
68）世界人口日：7月11日；
69）世界住房日：10月第一个星期一；
70）中国人民解放军建军节：8月1日；
71）日本筷子节：8月4日；

72）国际青年节：8 月 12 日；
73）中国人民抗日战争胜利纪念日：9 月 3 日；
74）国际扫盲日：9 月 8 日；
75）中国教师节：9 月 10 日；
76）敬老节（老人节）：日本是 9 月 15 日，美国是 9 月的第二个星期日；
77）中国脑健康日：9 月 16 日；
78）国际臭氧层保护日：9 月 16 日；
79）中国全国爱牙日：9 月 20 日；
80）世界停火日：9 月 21 日；
81）国际聋人节：9 月 22 日；
82）世界旅游日：9 月 27 日；
83）烈士纪念日：9 月 30 日；
84）中华人民共和国国庆节：10 月 1 日；
85）国际音乐日：10 月 1 日；
86）国际老年人日：10 月 1 日；
87）国际减轻自然灾害日：10 月 2 日；
88）世界动物日：10 月 4 日；
89）世界教师日（联合国教科文组织确立）：10 月 5 日；
90）国际住房日：10 月 7 日；
91）世界视觉日：10 月 8 日；
92）中国全国高血压日：10 月 8 日；
93）世界邮政日：10 月 9 日；
94）世界精神卫生日：10 月 10 日；
95）德国啤酒节：10 月 10 日；
96）世界标准日：10 月 14 日；
97）国际盲人节：10 月 15 日；
98）世界农村妇女日：10 月 15 日；
99）世界粮食日：10 月 16 日；
100）国际消除贫困日：10 月 17 日；
101）中国扶贫日：10 月 17 日；
102）联合国日：10 月 24 日；
103）世界发展新闻日：10 月 24 日；
104）中国男性健康日：10 月 28 日；
105）国际生物多样性日：10 月 29 日；
106）北美南瓜节：10 月 31 日；

107）万圣节（又叫万灵节、亡人节）：11 月 1 日和 2 日夜晚；
108）中国记者节：11 月 8 日；
109）中国消防宣传日：11 月 9 日；
110）世界糖尿病日：11 月 14 日；
111）国际大学生节：11 月 17 日；
112）国际消除对妇女的暴力日：11 月 25 日；
113）美国感恩节：每年 11 月第四个星期四；
114）世界艾滋病日：12 月 1 日；
115）世界残疾日：12 月 3 日；
116）中国全国法制宣传日（国家宪法日）：12 月 4 日；
117）世界足球日：12 月 9 日；
118）南京大屠杀死难者国家公祭日：12 月 13 日；
119）圣诞节：12 月 25 日，天主教徒、基督教徒的宗教节日，现已成为欧美国家的主要节日；
120）国际生物多样性日：12 月 29 日。

课堂实训

1. 实训题目

对部分主要节庆礼仪进行实训练习。

2. 实训内容和实训步骤

1）选择中国部分主要节日（如国庆节、春节、端午节、中秋节）进行礼仪实训。
2）选择国外部分主要节日（如圣诞节、感恩节）进行礼仪实训。
3）将全班学生分成六个小组，每两组结成对子，分三个场地分别进行实训，每个场地的安排如下：一组的同学上场实训，另一组的同学观摩并事后点评，两组轮换进行，每次选定一个节庆日进行礼仪实训。一个实训结束后，再选第二个节庆日实训，中外节庆日交替进行，一直进行到规定的时间。三个实训场地分别向指导教师做出概要性汇报，最后由指导教师做出总结性点评。

3. 实训要求

通过实训，使学生熟悉和掌握中外主要节日应该注意的礼仪。

4. 实训地点

教室或礼仪训练室。

5. 实训课时

两个课时（分组实训 1.5 课时，汇报和点评 0.5 课时）。

6. 成绩评定

最后由指导教师对全班同学给出实训成绩。

1．国际性的节日包括哪些？各有何来历？
2．各个国际性节日有何节庆习俗和礼仪？
3．我国主要有哪些民间节日？
4．我国各主要民间节日分别有哪些风俗和礼仪？
5．外国主要有哪些民间节日？
6．外国主要的民间节日有何节庆风俗和礼仪？
7．世界各国和地区各有何不同的风俗和礼仪？
8．中外各传统节日分别是每年的什么时间？

第十二章 文书礼仪

本章导读

现代社会交往离不开各种文书，包括公务文书、信函、手机短信、电子邮件以及微信和QQ等。在这些文书的撰制、传输、接收、管理等过程中，每一个环节都离不开礼仪。因此，在现代社会，应用好文书礼仪，对于增进友好关系、促进事业成功、获得幸福生活以及传播正能量等都是非常重要的。本章介绍文书礼仪。

1. 了解各种公文礼仪。
2. 熟悉各种信函礼仪。
3. 掌握手机短信礼仪。
4. 掌握电子邮件礼仪。
5. 熟悉书信礼貌用语。

关键词

公文礼仪（document etiquette）
信函礼仪（letter of etiquette）
短信礼仪（SMS etiquette）
电子邮件礼仪（E-mail etiquette）
书信礼貌用语（polite letters）

文书礼仪即在各种文书当中应该注意的礼仪，由于文书当中处处渗透着礼仪，因此将带有礼仪的文书称为礼仪文书。礼仪文书是指人们在各种社会交往、礼仪活动中，用于沟通感

情、增进友谊、改善关系时使用的文书。它是开展礼仪活动和社会交往中传播信息、交流感情、融洽关系、相互联络的主要传播媒介，是必不可少的社交工具。因此，在现代社会，写好、用好礼仪文书，对于增进友好关系、促进事业成功、获得幸福生活等都是非常重要的。

礼仪文书的类别包括公文类（命令、议案、决定、指示、公告与通告、通知、报告、请示、批复、函、会议纪要等）、邀请类（邀请书、请柬等）、迎送类（欢迎词、欢送词、答谢词等）、喜庆类（贺信、贺电、祝词、题词、喜庆联语等）、慰唁类（慰问信、慰问电、讣告、悼词、碑文等）、公关类（求职信、推荐信、求助启示、鸣谢启示等），等等。另外，随着通信技术的快速发展，利用网络媒体传输电子文书（如电子邮件、QQ、skype、手机短信、微信、微博等）已经逐步取代传统的通信工具。本章仅对公文礼仪、信函礼仪、手机短信礼仪、电子邮件礼仪以及书信礼貌用语等进行介绍。

第一节　公文礼仪

公文，即相对私人文书而言的公务文书的简称。各级行政机关的公文，就是各级公务员在公务活动中所使用的书面文字材料。广义的公文还包括图表、录像、录音、物证等各种适应实际需求的内容。

公文是传达、贯彻党和国家的方针政策，发布行政法规和规章，施行行政措施，请示和答复问题，指示和商议工作，以及报告情况和交流经验的重要工具。公文具有政治性、程式性、权威性、实用性和工具性等特点。公文礼仪，即基层公务员在撰制和办理公文时应当遵守的规范和惯例。我国公文礼仪的基础，即 1996 年 5 月中共中央办公厅发布的《中国共产党机关公文处理条例》和 2000 年 8 月国务院发布的《国家行政机关公文处理办法》。现在执行的是最新的 2012 年 4 月中共中央办公厅、国务院办公厅联合印发的《党政机关公文处理工作条例》（中办发〔2012〕14 号）。

一、公文的种类

2012 年 4 月中共中央办公厅、国务院办公厅联合印发了《党政机关公文处理工作条例》（中办发〔2012〕14 号，以下简称《条例》)，已从 2012 年 7 月 1 日起施行。《条例》规定现行各类党政机关的公文种类有 15 种，分别是决议、决定、命令（令）、公报、公告、通告、意见、通知、通报、报告、请示、批复、议案、函、纪要。同时对每一类每一种公文的具体内容、适用范围、适用对象都做了具体的规定。

1. 决议

决议适用于会议讨论通过的重大决策事项。

2. 决定

决定适用于对重要事项或者重大行动做出的决策和部署，奖惩有关单位和人员，变更或者撤销下级机关不适当的决定。它是要求机关各部门和下级机关或有关单位贯彻执行的指令性公文。

3. 命令（令）

命令是法定行政公文的一个文种。它是指法定的领导机关或领导人对下级发布的一种具有强制执行效力的指挥性公文。它适用于依照法律规定公布行政法规和章程，宣布施行重大强制性行政措施以及批准授予晋升衔级、嘉奖有关单位和人员。

根据用途的不同，命令可分为公布令、行政令、嘉奖令、任免令、通缉令、赦免令等。

1）公布令。公布令用于发布主要法规、规章、规定、办法等。

2）行政令。行政令用于发布重大的强制性措施，如戒严令、动员令、通缉令等。

3）嘉奖令。嘉奖令用于嘉奖有关人员。它是中央机关对个人、集体取得重大功绩进行公开表彰的文书。

4）任免令。任免令主要用于任免国务院等高级机关的组成人员。

5）通缉令。通缉令是指司法机关为了抓捕在逃犯罪分子，在一定范围内，利用张贴、广播、电视、网络等手段，对犯罪分子发出的通缉文书。

6）赦免令。赦免令是指司法机关以行政权免除罪犯全部或部分的服刑，但不赦罪（即赦刑不赦罪）时发出的赦免文书。

县人民政府禁火令

为有效预防和遏制森林火灾发生，保护森林资源，维护生态安全。根据国务院《森林防火条例》规定，为做好禁火工作，特发布本令。

一、禁火时间：从每年9月1日起至次年4月30日止。

二、禁火区域：全县行政区域内所辖林区。

三、禁火内容：

1）严禁丢烟头火种、烧马蜂窝、野外烧火取暖、野炊、点火把照明、小孩玩火；严禁烧山边田塍、土塍；严禁烧稻草、草皮、土灰；严禁烧木炭。

2）清明节扫墓期间，禁止烧坟山。野外烧香、烧纸、烧蜡烛、燃放鞭炮时，必须有坟主责任人看守，做到人离火灭。

3）未经批准严禁进行炼山造林等生产性用火。

4）未经林业主管部门批准严禁在禁火区内进行实弹演习、爆破等活动。

四、凡违反本令规定的，由林业主管部门和森林公安机关等部门严格依照《中华人民共

和国治安管理处罚法》《森林防火条例》等法律法规规定，依法处以罚款或拘留；情节严重构成犯罪的，依法追究刑事责任。

举报电话：××××××××，××××××××。

二〇一五年××月××日

4. 公报

公报适用于公布重要决定或者重大事项。

5. 公告

公告适用于向国内外宣布重大事项或者法定事项。

6. 通告

通告适用于在一定范围内公布应当遵守或者周知的事项。

7. 意见

意见适用于对重要问题提出见解或处理办法。

8. 通知

通知适用于发布行政法规和规章，批转下级机关的公文，转发上级机关或不相隶属机关的公文，传达要求下级机关和有关单位需要周知或共同执行的事项，任免和聘用干部。

9. 通报

通报适用于表彰先进、批评错误、传达重要精神和告知重要情况。

10. 报告

报告适用于向上级机关汇报工作、反映情况、提出意见或建议，答复上级机关的询问。

11. 请示

请示适用于向上级机关请求指示、批准。

12. 批复

批复适用于答复下级机关的请示事项。

13. 议案

议案适用于各级人民政府按照法律程序向同级人民代表大会或者人民代表大会常务委员会提请审议事项。

14. 函

函适用于互不隶属的机关之间商洽工作、询问和答复问题，向有关主管部门请求批准和答复审批事项等。

15. 纪要

纪要适用于记载和传达会议主要情况和会议精神。

二、公文的作用

各级行政机关的公文在公务活动中发挥着极其重要的作用。

1. 法规和准绳作用

有的公文本身就属于法规文件，有的公文则是法规的具体化。它们对所涉及的对象都具有强制的约束力和规范作用，是个人和单位行动的准绳。

2. 领导和指导作用

通过互行公文，上级机关可传达领导意图，下级机关则可遵照贯彻、执行领导意图。

3. 教育和宣传作用

国家行政机关可通过公文进行自上而下的宣传，以达到教育、启示、动员、释疑解惑、说明的作用。

4. 联系和知照作用

通过互行公文，各级行政机关可互相交流、沟通信息、了解情况、掌握实情，从而提高办事效率和领导水平。

5. 依据和证明作用

公文是发文单位开展公务活动的记载，也是收文单位联系和开展工作的书面凭据，起着公认的“立此存照”的作用。

正是因为公文在国家行政工作中扮演着如此重要的角色，所以遵行公文礼仪成为基层公务员的一项基本职责。

三、公文的撰制

公文是国家行政机关的喉舌，也是联系政府与群众和各级行政机关的重要纽带。因此基层公务员撰制公文时必须严格遵守有关规定和要求，任何疏漏都有可能耽误公务的执行。

1. 公文的内容要求

任何类型的公文，不论其发文机关和发文目的是什么，都应当在内容上遵循如下两条基本指导原则。

1）严守法规。公文的观点和内容必须符合国家的法律法规，必须符合党和政府的方针政策。如果发现公文所需贯彻的领导意图与党和国家的有关政策法规相抵触，应及时向领导提出，并予以纠正。如果要提出新的政策规定，则应加以具体说明，切勿使之前后矛盾。

2）真实准确。公文所反映的情况必须真实、准确。不仅基本的事实材料要真实，而且具体的细节、背景、数据也要准确无误。这就要求基层公务员深入实际、密切联系群众、实事求是，要克服官僚主义、形式主义和文牍主义，更不可弄虚作假、敷衍了事。

2. 公文的格式要求

公文是一种规范性极强的应用文体，因此基层公务员在撰制公文时务必遵守具体的格式要求。

1）选择恰当文种。国务院规定的 15 种公文形式，每一种都有近似但却有所区别的格式要求。因此，基层公务员在撰制公文时务必根据本机关的职权地位和发文目的选择恰当的文种，采取相应的格式。

2）遵守具体格式。公文讲究格式，是公文管理标准化和现代化的必然要求，也是公文合法性的保障。概括地说，公文格式可分为文头、正文、文尾和标记四部分内容。

第一部分：文头。文头包括文件名称与发文字号。文件名称，由发文机关名称加“文件”两字组成，如“中共中央文件”。文件名称往往用套红大字印刷，被称为“红头文件”。发文字号，由发文机关代字、年号、文件顺序号三者组成。若是几个机关联合发文，一般只注明主发机关的发文字号。年号应由“〔〕”括注，而不能使用“（）”。

第二部分：正文。正文包括以下七个方面的内容。

一是公文标题。由发文机关名称、事由和文种三部分组成，应简要准确地概括公文的主要内容，体现发文主旨。如果公文版头已注有发文机关，或已在文尾注明了发文机关，公文标题即可省略发文机关；如果难以用少量文字概括所发公文的内容，或公文内容较为简单，可省略发文事由。公文标题除法规、规章名称需加书名号外，一般不加其他标点符号，而以空格代之；标题字数太多需分行书写时，注意不得将固定词语拆开分写。

二是主送机关。即负责受理或答复该公文的机关。上行文只有一个主送机关，即文件责任的直接承担者；下行文可有多个主送机关，书写于左首顶格处，按级别高低顺序排列。

三是正文。这是公文的主体，表述公文具体内容的部分，写在主送机关名称之后。

四是附件。即附属于正文的材料，用于对公文的补充或参考。附件名称要在正文之后注明，附件本身既可单独成件，也可与文件主体装订一起投送。

五是发文机关。即公文的法定作者名称，应采用机关全称或规范化简称，写于正文或附

件名称之后一定距离的右下方。如需以机关领导人名义行文，则应在领导人姓名前冠以职务。联合行文时，应将主发机关排列在前。

六是发文日期。用于表明公文的生效时间，写于发文机关下方，使用年月日全称。

七是印章。即发文机关对公文的效力负责的凭证，盖于发文机关名称和发文日期的字面上。

第三部分：文尾。文尾包括以下三个方面的内容。

一是主题词。用于标示公文的核心内容，便于公文的计算机检索与管理。主题词不同于公文标题，其确定应从公文内容范畴、主题内容、特征和文种这四个方面入手，而不能简单地从公文标题中提取。主题词一般不超过七个，每个主题词之间要空一格，写于发文日期之后，用黑体字印刷。

二是抄送抄报机关。即除主送机关外还应了解公文内容的有关机关。上行文为抄报，平行文或下行文为抄送。

三是制发机构和制发时间。即公文的印制单位和时间，书写于同一行。单位居左，顶格；时间居右，顶格。

第四部分：标记。标记包括以下四个方面的内容。

一是秘密等级。按公文的机密性质，公文可分为内部文件、公开文件和保密文件三类，其中保密文件又可分为秘密文件、机密文件和绝密文件三等。秘密等级标在左上角，以醒目的黑体字印刷。

二是紧急程度。公文有紧急公文和非紧急公文两类，紧急公文又可分为急公文和特急公文两等。紧急程度应以黑体字标在密级上方。

三是阅读范围。即以工作需要和保密范围为依据所确定的公文的行文范围和阅读对象，写于发文日期之后，主题词之前。

四是印刷份数。指该公文的实际印制数量，用括号标注在文件左下方。

另外，公文纸一般采用 16 开型于公文左侧装订。页边距如下：上 35 毫米，下 25 毫米，左 22 毫米，右 25 毫米，版心内正文应有 25 行 20 列。特殊公文，如“布告”“通告”等用纸大小可视实际需求而定。公文书写顺序应自上而下、自左至右。

3. 公文的语言要求

公文的语言虽然只是一个形式的问题，但却能影响公文的内容，对公文整体起到举足轻重的作用。哪怕是一个小小的文字或标点错误，都有可能影响对公文的理解和执行。因此基层公务员务必要注意公文撰制过程中的语言问题。一般而言，要做到准确、朴实、简明。

1）准确。公文的语言要求准确，是指公文的用字用词要恰当，语句段落要通顺，数字标点要规范。

2）朴实。公文具有政治性和严肃性的特点，因此公文的语言应当力求质朴无华，少用描写和抒情的手法。要直话直说，不可拐弯抹角或以含蓄的笔法委婉地表达意思。

3）简要。公文语言的简要，是快速高效地传递信息的需要。冗长的公文不仅会让人望

而生厌，而且不利于主旨的突出和重点的把握。要使公文语言简要，就需开门见山，尽快道出主题，紧扣主题，摒弃套话，并学会熟练使用一套常用的事务性词汇，简要地对事物进行表达。

四、公文的行文

行文即公文的运转，行文关系则是指公文运转过程中发文机关与收文机关之间的关系，也即各级机关之间公文的授受关系。

1. 行文分类

按照公文在各级机关之间的运行方向，可将行文分为三类：上行文、平行文和下行文。相应地，行文关系也可分为上行文关系、平行文关系和下行文关系三种。

1）上行文。上行文即下级机关向上级机关呈递的公文，一般可分为逐级行文、多级行文和越级行文三种。由于下级机关要对自己的直接上级机关负责，因此逐级行文最为普遍。只有在特殊情况下才可采用多级行文和越级行文的方式。上行文包括报告、请示和议案三种公文类型。

2）平行文。平行文即互相没有隶属关系和业务指导关系，同级或不属同一系统的机关部门之间的行文。平行文多采用公函文件。

3）下行文。下行文即上级机关对所属下级机关制发的文件，一般可分为逐级行文、多级行文、直到基层行文三种。下行文的文种较多，有决议、决定、命令、公报、公告、通告、意见、通知、通报、批复、纪要等 11 种。

2. 行文规则

各级机关之间互相行文时，务必遵守如下规则。

1）行文机关应明确发文权限，在自己的职权范围内制发公文。对超出自己权限的待处理事项，应行文商请职权部门发文或双方联名行文，不可越俎代庖。越权而行之公文没有任何权威和约束力。

2）下级机关应向自己的直接上级机关负责，不可随意越级向上行文。如有特殊情况必须越级请示，则应抄报所越机关。上级机关如有必要越级向下行文时，亦应同时抄送受文机关的直接上级机关。

3）受双重领导的机关上报公文，应根据内容写明主报机关和抄报机关，由主报机关答复请示的问题。上级机关向受双重领导的下级机关行文时，应同时抄送另一上级机关。

4）贯彻党政分开原则，实行党政分别行文。凡属政府的工作，应以政府名义行文；凡属党委的工作，则应以党委名义行文。

5）若待办事项涉及多个机关的职权范围，或多个机关遇有相同问题需请示和报告时，各机关可联合行文。联合行文的各方应是同一级别。各部门若对某一问题未形成一致意见，

均不得擅自向下行文。

6）经批准在报刊上发表的行政公文，应被视为正式公文而依照执行。如不另外行文，发文机关应在报刊上发表该文时加以注明。

7）本着精简高效的原则，严格控制发文的数量、投送范围。尽量减少行文的中间环节，不重复行文。

五、公文的办理

依照国家有关规定："公文办理一般包括登记、分办、批办、承办、催办、拟稿、审核、签发、缮印、用印、传递、归档、销毁等程序。"一般而言，公文办理是指各级行政机关和公务人员在收到公文后对它进行的办复。

1. 基本要求

基层公务员办理公文务必遵循准确、及时、安全三项基本要求。

1）准确。所谓办理公文要准确，是指办理公文的每个环节都要井然有序，办理公文的顺序要合理，衔接要紧凑，办理的形式和方法要力求规范、标准。

2）及时。为提高办事效率，基层公务员办理公文时务必及时，要避免因公文误期而影响工作。一是要强化时间观念，养成限定时间内办好公文的良好习惯。对于紧急公文，更须及时处理。二是要缩短运转周期，要尽量缩短公文的传递、留办时间，促进公文高效运转，避免在公文传递过程中浪费不必要的时间。三是要简化办文程序，要尽量减少公文办理所需的手续和环节，防止因环节复杂、程序繁多而导致的效率低下。

3）安全。基层公务员在办理公文时要恪尽职守，确保经办公文的安全。这里的安全有两层含义：一是指要确保公文物质上的安全，防止公文受损或遗失；二是指要确保公文政治上的安全，严守国家机密，防止国家利益受损。

2. 收文程序

收到公文后，基层公务员一定要按程序对其进行处理。

1）登记。各级行政机关在收到公文后，务必对所收公文进行登记。各种公文一般可按"上级文件""下级文件""需承办文件""一般性文件"四个类型分类登记。登记内容包括收文序号、收文日期、来文单位、来文标题、密级、领导批示与承办情况、归卷号及备注等。收文登记时字迹要清晰工整，平件、密件要明确区分，急缓程度要严格分清。登记的基本要求是准确、翔实。

2）拟办。拟办即基层公务员在收到来文后提出初步的办理方案或建议，供领导参考。拟办意见应简明扼要，并可随同附上与来文有关的材料，交领导参看。

3）批办。批办即机关领导对需要办理的公文进行批示，提出执行、办理的原则与方法，并签署姓名与日期。批办要及时、迅速，批示的意见要明确、具体。

4）承办。承办即基层公务员根据领导批示意见，对公文的具体执行办理。承办时应当统筹规划、妥善安排。要分清来文的主次缓急，有步骤、有计划地办理，优先办理重要的公文。一般而言，特急件应随收随办，当时或当天办结；急件也应随收随办；限时处理的公文当以规定时间为限，不得拖延；其他一般公文也应尽快办理。

5）催办。催办即对公文办理的督促与检查，主要是指在收到公文后，对本机关各承办部门的公文处理工作进行监督与检查。各级行政机关应建立健全机关公文催办系统和催办的登记、分层逐级汇报制度，以落实催办工作。

第二节 信函礼仪

信函，是书信的正式称呼。在人际交往中，信函是一种应用极为广泛的书面交流形式。对于广大基层公务员而言，信函在实际工作中扮演着举足轻重的角色。因此，每一位基层公务员都必须熟练掌握信函的书写和使用规范。

尽管公务信函和私人信函都属于信函的一种，但由于适用范围和使用目的大相径庭，两者在书写和办理上存在很多不同之处。本节拟就公务信函的内容与格式、回复与管理等方面需要严格遵守的规范要求进行具体阐述，并举例说明特殊公务信函的书写方法。

一、内容与格式

信函的最大功效和目的在于传递信息，因此其内容必须完整无缺，其表述必须准确清楚。如果信函的内容不够完整，表述不够规范，甚至词不达意，就难以准确有效地传递信息，进而延误公务的开展，而且耗费读信者不必要的时间和精力。

要使信函的内容完整无缺，表述准确清楚，关键一点就在于要严格遵守信函的书写格式。信函的格式如同信函的骨架，贯穿信函始末，支撑起所有的内容。没有完整而准确的信函格式，信函就像是散了架的机器，没有任何功效和意义。

公务信函的格式与私人信函大致相同。具体而言，可分为笺文格式和封文格式两种。

1. 笺文格式

笺文，即写于信笺上的书信内容。笺文一般由抬头、启词、正文、祝词、落款以及附言等几部分组成。

1）抬头。它是对收件人的称呼，于信笺首行顶格书写，并且单独成行。基层公务员在书写公务信函的抬头时，通常适用的称呼有如下几类：一是以姓氏加上称谓词，如“李先生”“陈同志”等；二是以姓氏加上职衔，如“张科长”“苏主任”等；三是以字号相称，文人雅士多有字号，平辈之间采用字号称呼是较为正规、讲究的做法。

称呼前可加一些适当的形容词，如“尊敬的”“敬爱的”等；称呼之后亦可加一些适当

的提称词。提称词多用于以书面语言写成的信函中。使用提称词应注意使之与称谓配合使用。例如，对尊长应用“尊鉴”，对平辈应用“惠鉴”，对晚辈应用“青鉴”，对女性应用“涉鉴”，等等。当今时代，人们撰写信函一般都不使用提称词。

2）启词。启词是正文之前的开场白。既可表示客气寒暄，也可提示写信原因。启词应于抬头之下另行空两格书写，一般应单独成段。公务信函的启词应力求篇幅简短，不可过于啰唆。采用“您好”一类的简略启词可使之成为正文首句，而不必单独成段。

3）正文。正文是书信的主体部分，是写信者叙述的正事所在。为方便阅读，正文可酌情分段，每段句首空两格，转行后顶格书写。

正文虽是公务信函的“主心骨”，但亦应力求简明扼要，以简单的语言说全、说清书信的主旨。切忌啰啰唆唆、拖沓冗长，甚至词不达意、文不对题。

正文的语言要求平实朴素但不失礼貌优雅。语言的朴实是基层公务员“人民公仆”形象的内在要求；语言的优雅则不仅体现着一个人的文化修养，而且也体现着对交往对象的尊重。

4）祝词。祝词即写信者在笺文结尾向收信者所表达的祝愿、钦敬、勉慰之语。祝词一般包括两部分内容。一是应酬语，即笺文结尾特以一两句话结束正文的语句。应酬语应当简洁而自然。有时亦可同时再用一些敬语，以示谦恭，如“草此”“肃此”“敬此”等。二是问候祝福语，即出于礼貌而对收信人所作的不可缺少的祝颂或问候，如“敬颂春安”“即颂大安”“祝您成功”等。书写时应字斟句酌，具体对象具体对待。

祝词的书写格式要求较严。如果祝词较多，可单独成行，空两格后书写。也可将祝词分成两部分书写，其法有二：一是将“敬颂”“敬请”一类词单独成行，前空四格，而将“春祺”“大安”一类词另行顶格书写；二是将“敬请”“敬颂”一类词置于正文末句之后，不另行书写，则将“大安”“春祺”一类词另起一行顶格书写。

5）落款。落款包括署名和日期两部分。署名应位于祝词之后另起一行的右方。若有写信者领导或同事的附问或写信者对收信者领导或同事的致意，则应另起一行书写，或直接写于署名之后。

一般而言，日期应具体到年月日，可写于署名之后，只空一格；亦可另起一行，写于署名的正下方。

6）附言。附言是写信者对正文的补充。附言往往以“又”“另”一类词引出，或不写引出词，而以“又及”“再及”一类词结束。

附言应在署名与日期之后另起一行空两格书写，且不必分段。附言力求简洁，无须另用信笺。切勿在信笺的上下左右乱写附言，令人眼花缭乱而不知所云。

2. 封文格式

封文，即写在信封上的书信内容。国内邮寄信函、国际邮寄信函与托人代转的信函，其封文有着不同的具体格式内容。

1）国内邮寄信函。在交付邮寄的国内信函信封上，应先在左上角写清收信者所在地的邮编。然后另起一行书写收信者的详细地址。收信者姓名应以稍大字体书写于信封的正中央。信封的右下方，应写清寄信者的地址、姓名（有时可只写姓氏）和邮编。

2）国际邮寄信函。在交付邮寄的国际信函的信封上，收信者的姓名、地址和邮编应写在信封正面的中央偏右下方；寄信者的姓名、地址和邮编则应写在信封正面的左上方或信封背面的上半部。书写的具体顺序应是姓名、地址、邮编、国名。书写地址时应自小而大，与国内写法相反。书写时应尽量使各行文字左右对齐。

3）托人代转的信函。在托人代转信函的信封上，内容一般较为简洁。信封左上角可视具体情况写上“专送”“面交”等字样。收信者地址、姓名写法不变。如托带人知道收信者地址，可以不写地址而只写姓名。信封右下角一般只注明写信者姓名，不必写其地址。收信者和写信者的邮编均不必写。

不同的信函封文除了上述不同的格式要求外，还有许多普遍的规范和要求，基层公务员应当严格遵守。

一是信封款式。信封有直式和横式两种。直式信封以中间印有红色长方框的最为适宜，横式信封则以纯白色为佳。吊唁用的信函，当使用素色信封。

二是封文字体。封文字体的书写，可用钢笔、圆珠笔、毛笔等，但切勿使用铅笔。颜色则以深蓝色或黑色为佳，忌用红色、绿色等彩色笔书写。写给长辈的信，应以端正的字体书写，以表尊敬。

三是封文称呼。封文上的称呼供邮递员或捎信人对收信者称呼之用，因此必须采用邮递员或捎信人所能接受的称呼。“先生”“同志”或其他以职衔所作的称呼是普遍适用的，但切勿采用表示亲友、辈分关系的称呼，如“姥爷”“四叔”等。

四是邮编、邮票。为便于邮局作业，寄信人务必使用带有邮政编码的标准信封。书写要清晰工整，一字一格。直式信封的邮票应贴于信封的左上角，横式信封的邮票则应贴在右上角。邮票应贴得端端正正，给人以尊重、踏实之感。寄航空、挂号等信函时，需加贴标签。标签应粘贴端正。

二、回复与管理

对于公务信函的发送者而言，重要的是信函的撰写；而对于公务信函的接收者而言，重要的则在于信函的回复与管理。

1. 回复信函

使用公务信函必然是有事要谈，有事要办。公务信函在发出后能否及时无误地送到预定对象手中，是发信者最牵挂的事。因此，基层公务员在收到公务信函后，务必以适当的方式予以及时回复，以示对对方的尊重。

1）回复及时。基层公务员在收到公务信函后应尽快回复，切不可拖拉、懒散，甚至不予理睬和回复。否则便会被视为不尊重他人，导致发信者忧心忡忡，公务也不能及时办理。

2）回复方式。公务信函的回复应以函复函。如果因故改变回复方式，应向对方道明原因。为尽早消除对方的担忧之情，可在收到重要信函后先挂电话告诉对方信函已收到，然后再及时复函。

3）解释延误。基层公务员在收到公函后，如果当时确实无法及时回复，则必须先电告对方，并致以歉意，向对方解释原因，然后再抽时间予以回复。

如果在回函时遇到困难，如对方所提要求超出了本人力所能及的范围，切不可不予理睬、束之高阁，更不能假装"没收到"。即使帮不了忙，也应尽早答复，并致以歉意，要表现出坦诚的态度。

2. 妥善管理

每一封公务信函都可算是各级行政机关开展公务的重要文件或资料，即使在回函之后也有一定的参考和保留价值。因此，基层公务员必须加强对公函的管理。

1）严格保管。基层公务员应当对收到的公函进行分类整理，妥善保存于安全之处。按照常规，未经允许或批准，基层公务员不得将公函进行公开传阅或发表。涉及党和国家机密的信函，更应严格管理，不得随意进行口头扩散或书面引用。

2）定期销毁。对于那些没有保存价值的信函，基层公务员可予以定期销毁。根据有关规定，销毁信函应经过鉴别和主管领导批准，并应登记在册。销毁时应有专人在场监督，保证不丢失、不漏销。销毁应当完全、彻底，不遗漏。

切勿将信函随便当垃圾扔掉，或当废纸卖掉。也不可随便挪作他用，比如作为物品的包装、孩子的玩耍之物等。

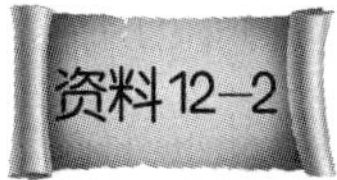

上司办公桌上的机密文件

冯琳是上海某公司销售部经理的秘书，不过她当秘书还不到一个月。这天上午，冯琳的上司被公司市场总监叫出去站在办公室门口谈事。上司办公桌上的电话铃响了，冯琳过去接电话时，发现上司的桌子上有份印有"公司机密，不得外传"的文件翻开在那里。面对这种情况，冯琳应该怎么办？下面有五个选项：

a. 因为是在上司的办公室，公司外部的人也看不见这份文件，所以，这样放着没什么事。

b. 给正在与市场总监谈话的上司发短信，请示他如何处置办公桌上的机密文件。

c. 将文件放进保险柜里，等上司回来后，马上向他报告。

d. 给老同事张冬梅打电话，问她可否在上司返回座位之前自己把文件先保存起来。

e. 机密文件这么摊着可能会被外人看到，所以用其他资料将文件盖上。

请从上面五个选项中挑选出一个你认为最合适的，并说明理由。

答案：最合适的选项应该是 e。

理由：公司的机密文件让不该看到的人看到了会惹出麻烦，所以，作为助手，秘书有责任帮上司保管好文件。但是，上司毕竟没有走多远，也许一会儿就回来了，所以，只要简单把它盖好就行了。

三、特殊公函

除了上述一般的公务信函之外，基层公务员还会在工作中经常遇到一些有特定目的和使用场合的公函，如祝贺函、感谢函、慰问函、邀请函等。每一种特定公函都有相应的写作规范和使用要求，基层公务员应予以严格遵守。

1. 祝贺函

祝贺函简称贺信，即在对方取得重大成绩、有了喜庆之事时向对方表示祝贺的信函。

1）格式要求。祝贺函一般由标题、称谓、正文、落款四部分构成。标题即在首行正中位置书写的“贺信”二字。称谓即被祝贺单位或个人的名称。落款即发函者的署名及发函日期。

祝贺函的正文由三部分构成：一是以简要的篇幅向对方表示热烈祝贺，写清向谁祝贺、为什么祝贺等。二是祝贺的内容，即所贺之事的重大意义。三是发函者的希望和祝愿。上级写给下级的可写希望、要求；写给会议的，则可用“祝大会圆满成功”等话语。

2）注意事项。祝贺函的语言要充满热情、喜悦之意和温暖、愉快之感，并给人以鼓励和希望。颂扬与赞美之词要恰如其分，不能过分夸大或拔高。祝贺信函的发送要及时，要赶在有关活动之前。

2. 感谢函

感谢函是得到某人或某单位的帮助、支持或关心后答谢别人的书信。感谢函对于弘扬正气、树立良好的社会风尚，促进社会主义精神文明建设有着重要意义。

1）格式要求。①标题：空一行正中写“感谢函”三字。②顶格写被感谢的单位名称或个人姓名、称呼，后加冒号。③正文：写感谢的内容，叙述先进事迹，赞扬好的品德作风以及产生的效果。④结尾：写表示感谢、敬意的话。⑤署名：写单位名称或个人姓名、日期。

2）注意事项。①内容要充实，应确有其事，不可夸大溢美。评誉要恰当，不可拔高或失真。谢意要真诚，说到做到。②用语要适度，不可过分雕饰。叙事要精炼、简洁，不可篇幅过长。

3. 慰问函

慰问函是机关单位或个人对某人、某集体表示慰问而写的信件。在对方取得突出成绩时，或在对方遇到困难、遭到不幸时，均可以写慰问函表示慰勉、鼓励、安慰和同情。

1）格式要求。慰问函的构成同祝贺函基本相同，在格式上也很相似，只是正文内容有

所区别。

慰问函的正文由两部分构成：一是慰问的背景和原因，并致以诚恳亲切、充满关怀之情的慰问之语。二是对对方辛劳的工作或所受的遭遇表示深切的同情和慰勉，或对对方所做出的重大贡献和所具有的某种精神表示褒扬和嘉奖。

2）注意事项。要根据不同对象用不同的写作素材及慰勉用语。感情要真挚热情，充满亲切之情。文字简练，篇幅须短小。

慰 问 函

尊敬的离退休干部：

至此喜迎新年之际，谨向你们致以节日的祝福和亲切的问候！

回顾 2015 年，我们共铸辉煌，丰收的喜悦激荡人心：全市生产总值完成 439 亿元，增长 11.7%；工业增加值 286.6 亿元，增长 15%；财政总收入 47.76 亿元，增长 8.2%，其中，公共财政预算收入 28.85 亿元，增长 13.1%；城镇居民可支配收入 21136 元，增长 12.3%；农民人均纯收入 10555 元，增长 13%。累累硕果充分证明我市经济实现了又好又快的发展，在我市发展史上留下了浓墨重彩的一页。

2016 年是全面贯彻党的十八届三中、四中、五中全会精神的重要之年，我们将一如既往地做好老干部工作，政治上尊重老干部，思想上关心老干部，生活上照顾老干部，让广大老同志生活得更加幸福！我们衷心地希望你们在安度晚年的同时，继续关心支持全市的工作，为全面建设美丽××做出新贡献！

祝新年愉快，身体健康，阖家幸福，万事如意！

中共××市委组织部
中共××市委老干部局
二〇一六年元月

4. 邀请函

邀请函又叫请柬，也称请帖，是单位、团体或个人邀请有关人员出席隆重的会议、典礼，参加某些重大活动时发出的礼仪性书信。它不仅表示礼貌庄重，也有凭证作用。

1）格式要求。请柬一般由标题、称谓、正文、落款四部分组成。①标题即用大字书写的“请柬”二字，在第一行中间，或者占用一页，当作封面。②称谓即被请者的单位名称或姓名，另起一行或一页顶格书写，姓名之后写上职务、职称等，如“同志”“先生”“教授”“经理”“主任”等。③正文应写清活动时间、地点、内容、要求，并用“敬请参加”“敬候光临”“敬请届时光临”等语结束。④落款即发函者的署名与发函日期。

2）请柬的形式要美观大方，不可用书信纸或单位的信函纸草草了事，而应用红纸或特制的请柬填写。所用语言应恳切、热诚，文字须准确、简练、文雅。

3）注意事项。①请柬的递送方式很有讲究。古代无论远近都要登门递送，表示真诚邀请的心意；当代亦可邮寄。一定注意不能托人转递，转递是很不礼貌的。请柬如果是放入信封当面递送，要注意信封不能封口，否则造成又邀客又拒客的误会。②在正文后可根据不同的情况采用“敬请光临”“恭请光临”“请光临指导”“请届时光临”等结语。“届时”是到时候的意思，表示出邀请者的诚意。有些请柬把“届”改成了“准”字，这样就成了命令式，体现了邀请者的高高在上，对被邀请者不尊敬，在请柬中应该避免出现这样的结语。

第三节　电子书信礼仪

随着通信技术的迅猛发展，截至 2015 年 12 月底，我国手机用户数达 13.06 亿，手机用户普及率达 95.5 部/百人，中国网民规模达 6.88 亿，互联网普及率为 50.3%。现在人们主要是通过电话或网络进行沟通和联络，而传递信件和日常联络既经济实用又便捷的方式则应该是电子邮件、手机短信、QQ 和微信等电子书信了。据统计，如今互联网每天都传送着数百亿条电子信息，但是大量的垃圾信息也给人们带来了很多烦恼。“在社会交往中要尊重一个人，首先就要懂得替别人节省时间”，电子书信礼仪的一个重要方面就是节省他人时间，只把有价值的信息提供给需要的人。下面介绍电子书信中的礼仪问题，希望能给读者的工作与生活带来帮助。

一、短信礼仪

1. 发短信一定要署名

短信署名既是对对方的尊重，也是达到目的的必要手段。每当一个传统的节日到来之时，铺天盖地的祝福短信又将会挤满大家的手机，需要提醒大家的是：在送上美好祝福的同时别忘了署上你的姓名，当你的朋友收到短信时，他会备感亲切和温暖。

发短信要署名

元旦前一天工作繁多的杨先生收到了 100 多条祝福短信，其中有 60 多条没有署名，而且很多条短信内容都相同。杨先生也搞不清楚这些人都是谁和谁。这种祝福发了等于没发，如果是正事，不署名更会耽误事。

一个手机持有者的自述

前天女朋友把一个不用的手机借给我，让我去办一张北京本地卡，我来北京有段时间了，但一直用的都是天津的卡。第二天早晨，我想起来应该给在北京的朋友们发个短信告知一下："实在不好意思麻烦各位，这是我的北京号码，以后不变了，与我原来天津的号码同时使用，谢谢!"群发完后我开始编写一条给我女朋友的短信，紧接着就有好多新的短信进来，我想大概是我的朋友们发来的，我还纳闷，大家反应那么快？打开一看，竟然都是"你是？""你哪位？""你谁啊？"……糟糕！忘写名字了。

2. 短信祝福一来一往足矣

现在每逢节日，人们都会发短信祝福。来而不往非礼也，所以别人发来短信，自己就要回一条短信。接到对方短信回复后，一般就不要再发致谢之类的短信，因为对方一看，又得回过来。就祝福短信来说，一来一往足矣，二来二往就多了，三来三往就成了繁文缛节。

3. 有些重要电话可以先用短信预约

有时要给身份高或重要的人打电话，知道对方很忙，可以先发短信"有事找，是否方便给您打电话？"如果对方没有回短信，一定是不方便，可以在一段时间之后再拨打电话。

4. 及时删除自己不希望别人看到的短信

一些人经常把手机放在桌上，如果出办公室办事或者去卫生间，也许有好奇之人就会顺手翻看短信。如果上面有一些并不希望别人看到的短信，就可能引起麻烦。如果不幸被对方传播出去，后果就更严重，夫妻之间亦是。每个人难免会有异性同事、朋友发一些语言亲昵的短信，其实可能是因为双方熟了，随便开开玩笑，但如果让爱人看见，就会引起不必要的误会，因此经不起推敲的短信一定要及时删除。

5. 上班时间不要没完没了发短信

上班时间每个人都在忙着工作，即使不忙，也不要没完没了地发短信，否则就会打扰对方工作，甚至可能让对方违纪。如果对方正在主持会议或者正在商谈重要事项，闲聊天式的短信更会让对方心中不悦。

6. 发短信不能太晚

有些人觉得晚上10时以后不方便给对方打电话了，发个短信告知就行。短信虽然简便，但如果太晚，也一样会影响对方休息。

7. 提醒对方时最好用短信

如果事先已经与对方约好参加某个会议或某项活动，为了怕对方忘记，最好事先再提醒一下。提醒时适宜用短信而不要直接打电话，打电话似乎有不信任对方之感。短信就显得非正式且亲切得多，短信提醒时语气应当委婉，不可生硬。

8. 回短信要及时

很多时候，发条短信给对方，对方会等几个小时甚至几天才回你的短信，假如你遇见这样的情况，心里肯定也不会舒服。如果正在忙，那可以利用手机短信的快速恢复功能说“正在忙”，如果连这点时间也抽不出来，过后回短信时应该加以说明并说声抱歉，这样才能让对方理解。

9. 短信内容的表达要清楚有序

因为一条短信有字数限制，因此很多人发短信时由于懒得多打字或多发条信息而把一件事情浓缩成一条短信或一条特别简短的信息，再加上一些人文字能力不好，又没打草稿，因此会造成对方不理解短信或歪曲信息的内容。

二、电子邮件礼仪

1. 主题要提纲挈领

添加邮件主题是电子邮件（E-mail）和信笺的主要不同之处，在主题栏里用短短的几个字概括出整个邮件的内容，便于收件人权衡邮件的轻重缓急，分别处理。

1）一定不要空白标题，这是最失礼的。

2）标题要简短，不宜冗长。

3）最好写上来自×××公司的邮件，以便对方一目了然又便于留存，时间可以不用注明，因为一般的邮箱会自动生成发件时间，写了反而累赘。

4）标题要能真正反映文章的内容和重要性，切忌使用含义不清的标题，如“王先生收”；也不要用无实际内容的主题，如“嘿!”或是“收着!”

5）一封信尽可能只针对一个主题，不在一封信内谈及多件事情，以便于日后整理。

6）可适当使用大写字母或特殊字符（如“*!”等）来突出标题，引起收件人注意，但应适度，特别是不要随便就用“紧急”之类的字眼。

7）回复对方邮件时，应当根据回复内容的需要而适当更改标题。

8）主题是给别人的第一印象，千万不可出现错别字和不通顺之处，切莫只顾检查正文却在发出前忘记检查主题。

2. 关于称呼与问候

1）恰当地称呼收件者，把握尺度。邮件的开头要称呼收件人。这既显得礼貌，也明确

提醒某收件人希望给出必要的回应。如果对方有职务，应按职务尊称对方，如“×经理”；如果不清楚职务，则应按通常的“×先生”“×小姐”称呼。不熟悉的人不宜直接称呼英文名，对级别高于自己的人也不宜称呼英文名。称呼全名也是不礼貌的，不要逮谁都用个“Dear ×××”，显得很熟络。关于称呼的格式是第一行顶格写。

2）电子邮件开头结尾最好要有问候语。最简单的开头英文写一个“Hi”，中文写个“您好”，开头问候语是称呼换行空两格写。结尾写个“Best Regards”，中文写个“祝您顺利”之类的也就可以了，若是尊长应使用“此致敬礼”。注意，在非常正式的场合应完全使用信件标准格式，“祝”和“此致”为紧接上一行结尾或换行开头空两格，而“顺利”和“敬礼”为再换行顶格写。俗话说得好，“礼多人不怪”，礼貌一些，总是好的，即便邮件中有些地方不妥，对方也能平静地看待。

3. 正文

1）电子邮件正文要简明扼要，行文通顺。若对方不认识你，第一件应当说明的就是自己的身份、姓名或你代表的企业名，以示对对方的尊重，点明身份应当简洁扼要，最好是和本邮件以及对方有关，主要功能是为了收件人能够顺利地理解邮件来意。比如联系方式之类与正文无关的信息应在签名档中表明。

电子邮件正文应简明扼要地说清楚事情；如果具体内容确实很多，正文应只做摘要介绍，然后单独写个文件作为附件进行详细描述。正文行文应通顺，多用简单的词汇和短句，准确清晰地表达，不要出现让人晦涩难懂的语句。最好不要让人家拉滚动条才能看完你的邮件。

2）注意电子邮件的论述语气。根据收件人与自己的熟络程度、等级关系，邮件是对内还是对外性质的不同，选择恰当的语气进行论述，以免引起对方不适。尊重对方，“请”“谢谢”之类的语句要经常出现。

3）电子邮件正文多用“1、2、3、4”之类的列表，以清晰明确。如果事情复杂，最好列几个段落进行清晰明确的说明。保持每个段落简短不冗长，没人愿花更多的时间仔细看没分段的长篇大论。

4）一次邮件交代完整信息。最好在一次邮件中把相关信息全部说清楚，说准确。不要过两分钟之后再发一封什么“补充”或者“更正”之类的邮件，这会让人很反感。

5）尽可能避免拼写错误和错别字。注意使用拼写检查，这是对别人的尊重，也是自己态度的体现。如果是英文电子邮件，最好把拼写检查功能打开；如果是中文电子邮件，注意拼音输入法带给你的同音别字。在邮件发送之前，务必仔细阅读一遍，检查行文是否通顺，拼写是否有错误。

6）合理提示重要信息。不要动不动就用大写字母、粗体斜体、颜色字体、加大字号等手段对一些信息进行提示。合理的提示是必要的，但过多的提示则会让人抓不住重点，影响阅读。

7）合理利用图片、表格等形式来辅助阐述。对于很多带有技术介绍或讨论性质的邮件，单纯以文字形式很难描述清楚。如果配合图表加以阐述，收件人一定会表扬你的体贴。

8）不要动不动就使用“^o^”之类的笑脸字符。在商务信函里面随便使用笑脸字符会让对方感觉你比较轻佻。商务电子邮件不是你的情书，所以笑脸字符最好慎用。

4. 附件

1）如果邮件带有附件，应在正文里面提示收件人“请查看附件”。

2）附件文件应按有意义的名字命名，最好能够概括附件的内容，方便收件人下载后管理。

3）正文中应对附件内容进行简要说明，特别是带有多个附件时。

4）附件数目不宜太多，一般不超过四个，当数目较多时应打包压缩成一个文件。

5）如果附件是特殊格式文件，应在正文中说明打开方式，以免影响使用。

6）如果附件过大（不宜超过 2MB），应分割成几个小文件分别发送。

5. 语言的选择和汉字编码

1）只在必要的时候才使用英文邮件。英文邮件只是交流的工具，而不是用来炫耀和锻炼英文水平的。如果收件人中有外籍人士，应该使用英文邮件交流；如果收件人是其他国家和地区的华人，也应采用英文交流，由于存在中文编码的问题，你的中文邮件在其他地区可能显示为乱码天书。

2）尊重对方的习惯，不主动发起英文邮件。如果对方与你的邮件往来是采用中文，请不要自作聪明地发送英文邮件给他；如果对方发英文邮件给你，也不要老土地用中文回复。

3）对于一些信息量丰富或重要的邮件，建议使用中文。你很难保证你的英文表达水平或收件人中某人的英文理解水平存在问题，而影响邮件所涉及问题的解决。

4）选择便于阅读的字号和字体。中文最好用宋体或新宋体，英文就用 Verdana 或 Arial 字型，字号用五号或 10 号字即可，这是经研究证明最适合在线阅度的字号和字体。

不要用稀奇古怪的字体或斜体，最好不用背景信纸，特别是公务邮件。不要为突出内容而将字号设置过大，拉滚动条是很麻烦的事情；也不要过小，以免对方读起来既费神又伤眼睛。

6. 结尾签名

每封邮件在结尾都应签名，这样对方可以清楚地知道发件人的信息。虽然你的朋友可能从发件人中认出你，但不要为你的朋友设计这样的工作。

1）签名信息不宜过多。电子邮件消息末尾加上签名档是必要的。签名档可包括姓名、职务、公司、电话、传真、地址等信息，但信息不宜行数过多，一般不超过四行。你只需将一些必要信息放在上面，对方如果需要更详细的信息，自然会与你联系。引用一个短语作为你的签名的一部分是可行的，比如你的座右铭，或公司的宣传口号，但是要分清收件人对象

与场合，切记一定要得体。

2）不要只用一个签名档。对内、对私、对熟悉的客户等群体的邮件往来，签名档应该进行简化。过于正式的签名档会让你与对方显得疏远。你可以在 Outlook 中设置多个签名档，灵活调用。

3）签名档文字应与正文文字匹配，如选择简体、繁体或英文等，以免出现乱码。字号一般应选择比正文字体小一些。

7. 回复技巧

1）及时回复电子邮件。收到他人的重要电子邮件后，应即刻回复对方，这是对他人的尊重。理想的回复时间是两个小时以内，特别是对于一些紧急重要的邮件。因为对每一份邮件都立即处理是很占用时间的，对于一些优先级的邮件可集中在一特定时间处理，但一般不要超过 24 小时。如果事情复杂，无法及时确切回复，那至少应该及时地回复说“收到了，我们正在处理，一旦有结果就会及时回复”。不要让对方苦苦等待，请记住：及时做出响应，哪怕只是确认一下收到了。如果你正在出差或休假，应该设定自动回复功能，提示发件人，以免影响工作。

2）进行针对性回复。当回件答复问题的时候，最好把相关的问题抄到回件中，然后附上答案。不要图省事，那样太生硬了，应该进行必要的阐述，让对方一次性理解，避免再反复交流，浪费资源。

3）回复不得少于 10 个字。对方给你发来一大段邮件，你却只回复“是的”“对”“谢谢”“知道”等字眼，这是非常不礼貌的。适当多写几个字，也会显示出你的尊重。

4）不要就同一问题多次回复讨论，不要盖高楼。如果收发双方就同一问题的交流回复超过三次，这只能说明交流不畅，此时应采用电话沟通交流后再做判断。因为电子邮件有时并不是最好的交流方式，对于较为复杂的问题，应该选择更好的沟通方式。

5）要区分单独回复和回复全体。如果只需要单独一个人知道的事，单独回复给他一个人就行了。如果你对发件人提出的要求做出结论响应，应该“replay all”，让大家都知道，不要让对方帮你完成这件事情。如果你对发件人提出的问题不清楚，或有不同的意见，应该与发件人单独沟通，不要当着所有人的面，不停地与发件人讨论。不要向上司频繁发送没有确定结果的邮件。点击“回复全部”前，要三思而行。

6）主动控制邮件的来往。为避免无谓的回复，浪费资源，可在文中指定部分收件人给出回复，或在文末添上以下语句：“全部办妥”“无须行动”“仅供参考，无需回复”。

8. 正确使用发送、抄送、密送

区分收件人、抄送人、秘送人。

1）收件人是要受理这封邮件所涉及的主要问题的，理应对邮件予以回复响应。

2）而抄送人则只是需要知道这回事，他没有义务对邮件予以响应，当然如果抄送人有建议，当然可以回复电子邮件。

3）而秘送人是秘送，即收信人是不知道你发给了秘送人的，这个可能用在非常规场合。

4）收件人、抄送人中的各收件人的排列应遵循一定的规则。例如，按部门排列，按职位等级从高到低或从低到高都可以。适当的规则有助于提升你的形象。

5）只给需要信息的人发送邮件，不要占用他人的资源。

6）转发邮件要突出信息。在你转发消息之前，首先确保所有收件人需要此消息。除此之外，转发敏感或者机密信息要小心谨慎，不要把内部消息转发给外部人员或未经授权的接收人。如果有需要还应对转发邮件的内容进行修改和整理，以突出信息。不要将转发了几十层的邮件发给他人，让人摸不着头脑。不发送垃圾邮件或者附加特殊链接。

三、微信及 QQ 礼仪

随着通信技术的迅猛发展和智能手机的普及，使用微信和 QQ 进行交流已经越来越普遍，用微信和 QQ 交流时除了要遵守常规的书信礼仪外，还应注意如下礼仪。

1. 尽量使名称简化，节省沟通成本

朋友圈交流建议使用容易辨认的昵称和头像，让对方一眼就知道你是谁；群名称也要清晰明了，让朋友们一看到就知道这是个什么群；用微信或 QQ 沟通时，不能太多地寒暄，要直接明了，以降低大家的沟通成本。

2. 不要公群私聊

公共群就像一个主题茶馆，发起人开设了一个群，给大家一个聊天喝茶的地方，但既然是主题茶馆，就要切合主题，不要无限跑题，非常私密的话题可以单独私聊（请私下加好友），不要让大家围观。

3. 不要发宗教和诅咒转发的帖子

不可强制别人转发你的作品，如转了将走大运、发大财，不转将会如何如何，这种在朋友圈里乱发宗教和诅咒骂人的帖子，是 QQ 群和微信交流的大忌。QQ 群和微信是公共交流的平台，不是你说教的课堂。

4. 不要转发过分低俗的内容和图片

一个人转发的作品是转发者自身品位高低和形象好坏的客观反映，当你转发低级庸俗的内容和图片时，就代表着你就是一个低级庸俗的人，请不要自己诋毁自己。

5. 拒绝谣言和诈骗

当收到带有明显激进政治色彩或某种带有金钱、色情诱惑的内容和图片时，请务必明辨是非，慎重考虑，不要随意认同或转发，应尽快远离是非之地。

6. 不能泄露他人隐私

不能随意发表未经他人同意、带有个人隐私性质的内容和图片，这既涉及人权和肖像权，也是交往中应遵循的规矩。

7. 不要发大图和长的语音

即使你是有无线网络或者不在乎流量的土豪，也请照顾那些包月套餐内流量不多的朋友，这是美德。如果想使用语音，首先要看与对方的熟悉程度，如果对方是你的重要客户或是高端人士，一定要先征求对方的意见，语音尽量使用标准的普通话，在安静的环境下发送；不经对方允许不能发很大的视频或者文件。

8. 积极为朋友点赞

看到别人的精彩文段和图片意欲转发时，应该先“赞”再转，及时满足好朋友的虚荣心。切记要避免直接揭穿朋友发图的真相，这既是礼貌，也是涵养。

9. 尽量多传播正能量

朋友圈发信息应该彰显个人品位，反映富足美好的人民生活和社会主义精神文明，不在朋友圈中传递负面情绪，不要随便传发莫名其妙的感叹、无厘头的咒怨等影响他人心情的言辞，尽量多传播正能量。

10. 莫让QQ群和微信绑架你的现实生活

再好的东西也是双刃剑，把握好尺度才能让QQ群和微信更好地服务于我们的工作和生活，决不能成为低头一族，影响工作、生活和健康。有句话说得好：“世界上最远的距离是你坐在我对面，却在低头玩手机。”

11. 自我炫耀要把握尺度

晒自拍照要把握尺度，女生避免在后半夜卸妆后晒照；每周晒娃也不要过多；当你的生活质量明显比朋友圈大多数人高出一大截时，只可隐晦表达，避免直接晒“炫富帖”；将一日三餐常晒给朋友们也是不可取的。

12. 学会与朋友分享礼物

收到朋友送的礼物（如红包）时，请分享到朋友圈作为回报，尤其是朋友希望你分享的更应如此。

13. 晒天气也要有选择

鉴于目前的雾霾现象，PM2.5浓度300以下时禁止晒单，鼓励多晒蓝天；当下雪厚度不超过0.5毫米时，北方人应避免在朋友圈中晒雪。

14. 评论应彰显诚意

朋友在朋友圈的评论应及时回复，评论应彰显诚意，不要惜字如金，只用单纯的笑脸表情；超过 24 小时的朋友圈可以不点赞处理。

15. 朋友圈交流要用语文明

朋友圈交流要用语文明，不使用低级粗俗的语句，不带脏字和歧视，图片信息应健康无害。

16. 及时回复

收到消息应第一时间回复，如果有特殊情况，如在开会或者开车，一定要说明情况，并约好回复时间。

第四节　书信礼貌文雅用语

书信是人们相互交往、联系的一种形式，既要讲究修辞、文法，又要讲究文明礼节、礼貌。平常通信，如果能够熟练使用书信的格式、用语，自然显得高雅、生动、鲜明，给人一种美的享受。中国是礼仪之邦，文化历史悠久，尤其与港、澳、台、海外侨胞通信来往，注重通信格式和礼貌用语更显得重要。

一、提称知照语

1）对父母：膝下、膝前、尊前等。

2）对长辈：尊前、尊右、尊鉴、赐鉴、座下、座右、前鉴、钧鉴、侍右、侍下等。

3）对平辈：阁下、足下、台鉴、大鉴、雅鉴、惠鉴、台右、礼鉴、台启、亲鉴、爱鉴（爱人）、公鉴（多人）等。

4）对妇女：懿鉴、慈鉴等。

5）对晚辈：知之、知悉、阅悉、亲阅、亲鉴、收阅、收览等。

6）对领导：勋鉴、钧鉴、钧座、台座、麾鉴、尊鉴、惠鉴等。

7）对师长：函丈、帐下、讲席、座右、道席、坛席等。

8）对学者：英鉴、伟鉴、台鉴、史席、撰席、文几、案前等。

二、请候语

请候语在正文结束后空两格书写，常用的有恭叩、敬请、恭请、敬颂、即请、顺候等。

三、祝颂问安语

1）对平辈、朋友：顺致安好、即此颂好、祝进步等。

2）对长辈、尊者：恭颂、敬祝、福安、金安、大安、荣寿等。

3）对晚辈：顺祝、即问、望等。

4）对夫妇、新婚：俪安、俪祉等。

5）对病人：痊安、愈安、健康、早愈等。

6）对教师：教祺、教安等。

7）对军人：戎安、勋祉等。

8）对学生：学祺、进步等。

9）对领导：请复示、请指正、请指示、请教正、妥否请批复等。

10）对旅行者：一路顺风、旅居平安等。

11）针对四季、节日：春祺、春安、夏祺、冬安、日棋、刻祉、新禧、新年吉祥、国庆好等。

12）用于祝福问安：顺颂大安、专此祝好、即问近祺、此请召绥等。

四、问候语

1）对父母：金安、福安等。

2）对师长：道安、铎安、教安等。

3）对长辈：尊安、福安等。

4）对平辈：台安、大安、近安等。

5）对晚辈：近佳、近好等。

6）对文教界：道安、文祺、撰安等。

7）对财经界：筹安、财安、商安等。

8）对宗教界：道安、法安、教安等。

9）对主管部门：钧安、钧祺等。

10）通用问候语：

春寒料峭，善自珍重。阳春三月，燕语雕梁，想必心旷神怡！

当此春风送暖之际，料想身心均健。春日融融，可曾乘兴驾游？

春光明媚，想必合家安康。时欲入夏，愿自珍重。赤日炎炎，万请珍重。

渐入严寒，伏福躬无恙。入秋顿凉，幸自摄卫。汗暑无常，伏维珍重自爱。

春雨霏霏，思绪绵绵，近况如何？盛暑之后，继以炎秋，务望珍摄为盼。

炎暑日蒸，千万珍爱。兹际炎暑，好自为之。秋高气爽，希善自为乐。

入秋顿凉，幸自摄卫。秋色宜人，望养志和神。秋雨绵绵，万请自爱。

秋风萧萧，至祈摄卫。秋风多厉，为国珍摄。近日天寒，谅已早自卫摄。

渐入严寒，伏维自爱。日来寒威愈烈，伏维福恙躬无。

严风极冷，请厚自珍爱。近来寒暑不常，恳祈珍重自爱。

气候多变，希自珍卫。近来天气变化无常，请多珍重。

值此盛夏之际，未知起居如何，请对身体多加珍重。
近日天气渐渐寒冷，希望你多加保重。

五、开头语

颁来手示，诵悉一切。承赐教言，十分感激。大示拜读，心折殊深。
大函细读，尊意俱悉。得书自喜，喜不自胜。大札拜读，敬佩之至。
惠书敬悉，情意拳拳。兹蒙惠书，快慰莫名。昨得手书，反复读之。
顷接手示，如见故人。拳拳盛意，感莫能言。顷接手示，甚欣甚慰。
久不通函，至以为念。前上一函，谅已入鉴。喜接来函，欣慰无量。
敬悉康和，至为欣慰。谕书敬读，不胜欣慰。顷奉惠函，谨悉一切。
得书甚慰，千里面目。得书之喜，旷若复面。喜接来函，不胜欢慰。
数奉手书，热挚之情，溢于言表。棒读惠书，欣慰无量。
顷接手教，敬悉一切。顷奉手教，敬悉康和，至为欣慰。
接奉大札，敬悉种切。久未闻消息，唯愿一切康适。
手书已接多日，今兹略闲，率写数语。
不日前曾奉一函，意其已抵左右。

六、问病语

大示细读，尊蒜极念。闻君欠安，甚为悬念。闻病甚念，务请安心静养。
顷闻您卧病数日，心甚念之。闻您抱恙，不胜悬念。知尊恙复发，甚念甚念。
尊恙已有起色，甚以为慰。尊恙愈否？念念。尊蒜大愈否？望珍摄自重。
贵体新痊，诸唯珍重。前遇来函，知尊恙已痊可。重病新愈，望多休息。
欣闻贵体康复，至为慰藉。

七、思念语

岁月不居，时节如流。别后月余，殊深驰系。分手多日，别来无恙。
一别累月，思何可支。海天在望，不尽依依。别后索思，愁肠日转。
离别情怀，今忧耿耿。别来良久，甚以为怀。故园代切，梦寐神驰。
海天相望，思念切切。别后索思，愁肠日转。心路咫尺，灵犀相通。
见信如面，分手多日。久不通函，甚是为念。惠书敬悉，甚以为慰。
久疏通问，渴望殊深。前上一函，谅达雅鉴，迄今未见复音，念与时积。
心路咫尺，瞻言甚慨。近况如何，念念。鸿雁传书，千里咫尺。
相距尚远，不能聚首。转托文墨，时通消息。何日重逢，登高延企。
前上一函，谅达雅鉴，迄今未见复音，念与时积。握别以来，深感寂寞。
久疏问候，多多见谅。何时获得晤叙机会，不胜企望之至。

久疏问候，想必一切佳胜？多日未晤，系念殊殷。久仰大名，时深景慕。

八、请教语

乞复候教、仁候明教、盼中赐教、尚希裁答、敬祈示知。
倘蒙见教，没齿不忘。如何之处，敬候卓裁。风雨同舟，愿闻明教。
倘承不吝赐教，幸甚幸甚。得暇望时赐教言为祷！
倘有所闻，尚祈见告，俾资改进，不胜盼祷！如有所得，祈随时赐示为盼。
上述种种，尊意以为如何，请告。所言之事，尚希拨冗见示为幸。
今冒昧呈上拙作，若蒙赐以修正，不胜感激。拙作幼稚，恳请大加斧正。
尊处若有此类资料，希一查见示为感。

九、钦佩语

奉读大示，向往尤深。大示拜读，心折殊深。大作拜读，敬佩之至。
久钦鸿才，时怀渴望。蒙赐大著，拜服之至。顷读惠书，如闻金石。
奉读大作，向往尤深。喜接教诲，真解矇矣。谨蒙悔语，用祛尘惑。
德宏才羡，屡屡怀慕。谨蒙诲语，用祛尘惑。

十、致歉语

惠书敬悉，甚感盛意，久未通函，迟复为歉。音问久疏，抱歉良深。
抱歉之情，莫可言表。久未请安，深以为歉。未能践约，抱歉良深。
满腔歉意，寤寐难安。有负雅意，尚希恕之。久未通信，甚以为歉。
惠书已悉，因为琐务，未即奉答为歉。久稽回答，幸原谅之。
奉读惠书，久未作复，甚以为歉；数奉台函，未暇修复，抱歉良深。
音问久疏，实深歉疚。惠书早日收到，因事纷繁，迟至今日奉复，甚歉。
所询之事，目前尚难奉复。关于……之事，一时无以奉闻，歉甚。
托付之事，未能尽如人意，尚请多多包涵。前言……，因事繁忘却，歉甚愧甚。
杂务缠身，故托付之事延误至今方作复，歉甚。疏失之处，请少垂宽恕之情。
前事有负雅意，十分抱歉，尚希恕之。前事有逆尊意，不胜惭愧，万望海涵。

十一、自述语

敝寓均安，可释远念。阖寓无恙，请释悬念。愚体初安，承问极感。眷属安健，聊可告慰。
微恙已愈，顽健如昨，请勿挂怀。贱躯如常，眷属安健，聊可告慰。
合家老小安好如常，请勿念为要。幸寓中均平善，勿念可也。惟寓中均平善，可请勿念。
我微恙已愈，现顽健仍如往日，免念。偶然微恙，幸近已痊愈，希勿念为幸。
日前患病，现已复原。贱体初安，承问极感。大示读悉，奖饰过分，实不敢当。

十二、祝贺语

1. 祝事业有成

欣闻……，谨寄数语，聊表祝贺。谨以至诚，恭贺你们……
喜闻……，由衷快慰，匆致此函，诚表贺意。
喜闻……，由衷快慰，遥祝前程似锦。
欣闻……，匆致上函，诚表贺意。
谨具刀笔书遏，恭贺嘉事吉礼。顷闻喜讯，再祝宏图大展。

2. 祝新婚

忽鸣燕贺，且祝新僖。顷闻吉音，欣逢嘉礼。附呈微物，聊佐喜仪，勿弃是幸。
欣闻足下花烛筵开，奉呈薄礼。谨呈不腆之仪，聊以志喜。
得悉你俩有情终成眷属，至为快慰。欣闻你们喜结良缘，无限欣慰。
喜闻足下燕尔新婚，特申祝贺。顷悉你合卺之喜，谨祝幸福，白头偕老。
恭贺你们新婚大喜！百年好合！

3. 祝生育

弄璋之喜，可庆可贺。弄瓦之庆，遥以致贺。闻育祥麟，谨此恭贺。
弄璋之喜，符君夙愿，谨以为祝。闻尊夫妇喜添千金，热忱致贺。
谨祝母子平安无恙，望代致拳拳。

4. 祝寿

遥祝寿比南山，福如东海。恭贺延年寿千秋。心祷口祝，皆贺高寿。
谨祝寿比南山，健康长寿。喜贸福寿双全，恭祝合家安好，寿星高照。

十三、致谢语

承蒙关注，特此感谢。承蒙关照，不胜感激。来示读悉，十分感谢。
厚情盛意，应接不遑，切谢切谢。劳神为谢。费神之处，泥首以谢。
承赐忠言，心感何极。承蒙忠告，铭感铭感。承蒙见教，获益甚多。
承示诚挚，佩其感甚。承蒙惠赠，衷心感谢。前承馈赠，倾感不胜。
承蒙存问，不胜感激。如此厚赠，实深惶悚。费神之处，不胜感激。
既荷盛钱，复蒙躬送，感激无既。感荷高情，非言语所能鸣谢。
备荷关照，铭记五内。顷得惠函并照片种种，感谢之至。

十四、致哀语

惊悉×××不幸逝世，不胜哀悼。顷接讣告，不胜伤悼。

惊闻×××作古，家失柱石，悲痛万分。
尊×逝世，深致哀悼，尚望节哀顺变。
前接×日信，知令×逝去，为之惨然。
××逝去，实足哀伤。良友云逝，伤感自多，尚望珍重。
闻悉××逝世，大出意外，望节哀释念。
接××长逝之耗，凡在相好，无不同深惋惜。
惊承讣告，悲悼不已，专函致唁，并慰哀衷。
近闻××逝世，甚哀悼之。死者已矣，生者恳请多多保重。

十五、请托语

冒昧干请，惟望幸许。拜托之处，乞费神代办，不胜感荷。
谨布区区，尚希鉴察，费神相助。如承俯允，无任感荷。倘蒙照拂，铭感无已。
所恳之事，若蒙慨允，将不胜感激之至。特沥寸函布达，祈勿他言推诿。
值此情形，望您能尽力相助。兹有……，谨祈代为转交，费神感荷。

十六、承诺语

但有见示，愿效犬马。有何要求，请尽早示知，切勿客气。
凡有可效劳之处，自当尽力而为。承嘱各事，皆一一照办，敬请放心。
所言之事，当为设法，请释念。托付之事，时刻不敢忘怀。
有蒙见托，敢不尽心尽力。为君效力，由衷所愿，岂有二话？

十七、婉辞语

托付之事，因……，不便应命，祈获谅解。
能力所及，仅此而已。无法奉命，尚希见谅。
因……，故无法遵命，尚乞海涵。所托之事，实非绵力所能及。
区区苦衷，尚祈鉴有。盛意心领，然非不为也，实不能耳。
前信所言，实爱莫能助，容日后再行设法，请谅。
无以为之，实非得已，伏乞谅鉴为幸。
我情况不明，亦无主张，请自行酌定为盼。
所言之事，问题非小，一时殊难决定。
所需之款，本当尽力筹措，唯我亦有困难，无以为助，殊深抱歉。
蒙惠赠厚物，感谢之至，然实难拜受，尚祈原谅。

十八、商讨语

厚蒙雅爱，沥胆直谏。叨在契末，斗胆直陈，伏维良照，不尽缕衷。
种种尚须斟酌之处，尊意如何？吾敬先生，尤重真理，故直陈，希谅。

微末之言，幸无见阔，不胜大愿。相见以诚，请恕不谦。肺俯之语，请恕直言。

十九、赠物语

寄上薄物若干，尚望笑纳为幸。略表贺意，请笑纳。
微物两包，聊供途中之需，即乞笑纳。兹奉上……，聊表祝意，幸祈笑纳。
所奉礼品虽微不足道，望勿嫌弃。千里鹅毛，聊表寸心。

二十、邀约语

何日来此，愿得晤谈为幸。祈望一会，共叙友情。
敬请光临，若蒙光临寒舍，当不胜荣幸之至。
偶得一佳作，愿与君共赏，恳请光临。

二十一、催促语

立盼速复。请速示知。万望从速赐复为要。有暇希即函复为盼。
余不尽言，唯乞速复为盼、上述之事，唯希从速示复。尊意如何，请即示知。
如蒙速复，不胜感激。奉恳之事，乞速复为荷。

二十二、结束语

草率书此，祈恕不恭。匆此先复，余后再禀。特此致候，不胜依依。
临书仓促，不尽欲言。谨申数字，用展寸诚。言不尽思，再祈珍重。
诸不具陈。谨申微意。情长纸短，不尽依依。日来事忙，恕不多谈。
手此奉复。敬候回谕。书不尽意，余言后叙。书未尽情，余候面叙。
敬颂钧安，即问近好。敬祝健康，此致敬礼。草率书此，祈恕不恭。
专颂台安，匆匆不一，草草不尽，恕不多写。
顺颂大安，专此祝好，即问近祺，此请召绥。
专此奉复，匆此先复，余容后禀。
特此致候，不胜依依。匆杂书复，见谅。

二十三、尊称语

对别人的父母：称令尊、令堂。
对别人的兄妹：称令兄、令妹。
对别人的儿子：称令郎。
夫妻称伉俪、配偶、伴侣、佳偶。
兄弟称昆仲、棠棣、手足。
妇女称巾帼、红袖。
男子称须眉。

称老师为恩师、先生、夫子。
称学生为门生、受业。
称学校为寒窗。
称同学为同窗。

二十四、谦称语

称自己的祖父母：家祖父、家祖母。
称自己的父母：家父（家严）、家母（家慈）。
称自己的岳父、岳母：泰山、泰水。
称自己的兄姐：家兄、家姐。
称自己的弟妹：舍弟、舍妹。
称自己儿女：小儿（犬子）、小女。
称自己家的女婿：东床。
称自己丈夫：外子。
称自己妻子：内人。
称自己的房屋：寒舍。
称自己的学校：敝校。
称自己：敝人（鄙人）、在下、晚生。
称自己的公司：小店、敝公司。
谦称父子两人：愚父子。
谦称兄弟两人：愚兄弟。
谦称夫妻两人：愚夫妇。
老人自谦时：用老朽、老夫、老汉、老拙。
称自己已故的父亲：先父、先严、先考。
称自己已故的母亲：先母、先慈、先妣。
称自己已故的平辈：亡兄、亡弟、亡妹。
称自己已故的晚辈：亡儿、亡女。
夫妻一方亡故叫丧偶。

二十五、启禀词

旧式书信在落款之后，一般还要根据彼此关系写敬词（或称启禀词）。

对长辈：用叩、叩上、叩禀、谨上、敬叩、敬禀、拜上、百拜、再拜（注：叩是叩首，即磕头，这是礼仪书面化的表现，是借以表达敬意的一种方式）。

对平辈：用谨启、鞠启、手书、上言、上书、鞠躬、脱帽、敬上、顿首、谨肃、谨复、敬启、亲笔、谨献（礼信用）。

对晚辈：用字、示、白、谕、手白、手谕、手泐。

课堂实训

1. 实训题目

对公务文书和特殊公函的撰写进行实训练习。

2. 实训内容

练习撰写公务文书（决议、决定、命令、公报、公告、通告、意见、通知、通报、报告、请示、批复、议案、函和纪要等）和特殊公函（祝贺函、邀请函和慰问函等）。

3. 实训要求

掌握各种礼仪公文和礼仪公函的撰写规范和方法。

4. 实训地点

教室。

5. 实训课时

两个课时（撰写练习用 1 个课时，汇报和点评用 1 个课时；也可以将实际撰写安排在课下完成，在课上用两个课时的时间进行汇报交流和点评）。

6. 实训步骤

1）由指导教师事先给每种公文或公函设定几种具体的情景范围，以便分配给大家作为实训练习题目。

2）由指导教师指定（也可以采取抓阄或者指定与自选相结合的方式）分给每位学生 1 个题目进行撰写实训练习。

3）在指导教师的主持下，每个题目抽取一名代表上台（讲台）进行汇报交流，然后由指导教师进行点评（也可适当采取台下学生互动的方式相互切磋）。

4）最后由指导教师对每位同学给出实训成绩。

思考题

1. 现行各类党政机关的公文共有多少种？它们都包括哪些？

2. 公务文书具有哪几个方面的作用？
3. 公文的行文分为哪几类？各是什么含义？
4. 公务信函中的笺文格式包括哪几个部分？
5. 撰写祝贺函、邀请函和慰问函应遵循怎样的格式？撰写时有哪些注意事项？
6. 撰写和发送手机短信（微信）应注意哪些礼仪？
7. 撰写和发送电子邮件应注意哪些礼仪？
8. 撰写书信时应学会使用哪些礼貌用语？

参 考 文 献

曹开英．2014．现代社交礼仪．北京：北京交通大学出版社．

陈柳．2004．职业人形象设计与修炼．上海：上海远东出版社．

方明亮，刘华．2006．商务谈判与礼仪．北京：科学出版社．

关彤．2010．社交礼仪．海口：南海出版公司．

何春晖，彭波．2011．现代社交礼仪．杭州：浙江大学出版社．

金正昆．2013．社交礼仪教程．4版．北京：中国人民大学出版社．

马朝阳．2011．新编现代商务礼仪．北京：电子工业出版社．

王华．2009．现代社交礼仪．广州：华南理工大学出版社．

王茂跃．2014．社交礼仪．北京：高等教育出版社．

王义平．2009．职场礼仪．上海：同济大学出版社．

闫秀荣．2011．现代社交礼仪．北京：人民邮电出版社．

杨狄．2005．社交礼仪．北京：高等教育出版社．

杨海清．2006．现代商务礼仪．北京：科学出版社．

袁平．2011．现代社交礼仪（修订版）．北京：科学出版社．

周芙蓉．2003．礼仪教程．北京：中国长安出版社．